Joska Pintschovius

Zur Hölle mit den Hexen

Abschied von den weisen Frauen

Ullstein

Verlag Ullstein GmbH · Berlin · Frankfurt/M.

Umschlagentwurf: Hansbernd Lindemann, Berlin,
unter Verwendung eines Gemäldes von Francisco de Goya,
Archiv für Kunst und Geschichte, Berlin
Satz: Fa. Dörlemann, Lemförde
Reproduktionen: Meisenbach, Riffarth & Co. –
Bruns & Stauff GmbH, Berlin
Druck und Bindung: Graphischer Großbetrieb Pößneck GmbH,
Ein Mohndruck-Betrieb
Printed in Germany 1991
ISBN 3 550 06519 1

Die Deutsche Bibliothek – Cip-Einheitsaufnahme
Pintschovius, Joska:
Zur Hölle mit den Hexen: Abschied von den weisen Frauen /
Joska Pintschovius. – Berlin; Frankfurt/M.: Ullstein, 1991
ISBN 3-550-06519-1

Ohne Iris Schoof wäre dieses Buch
nicht entstanden.

Inhalt

Einleitung

Für den Schulrektor Ernst Reinstorf aus Wilhelmsburg entsprach es »leider der Wirklichkeit, daß man den alten Volksglauben im Lüneburgischen noch heute an jedem Orte und in allen Ständen antrifft«. Das war im Jahre 1914. Der Schulmann auf der elbumschlossenen Insel zeichnete ein düsteres Bild allenthalben lebendiger Zeugnisse heidnischer Glaubensvorstellungen. Doch, so glaubte er, nähme durch die zunehmende Kultur und besonders der besseren Schulbildung die Verbreitung des Aberglaubens ab.[1]

Der prognostizierte Schwund des Aberglaubens war freilich zu optimistisch. Der verlorene Krieg, der tiefgreifende gesellschaftliche Wandel, der Verlust tradierter feudaler Ordnung ließen auch nach dem Krieg Menschen im Okkulten Zuflucht suchen. Esoterik und Übersinnliches hatten in den zwanziger Jahren Hochkonjunktur. Auf dem Lande verharrte man ohnehin in alten Glaubensvorstellungen, suchte weiterhin Rat bei heilenden und bannenden Kundigen.

Für den »Aufklärer« und »Humanisten« Johannes Kruse war der »Nordische Kurier«, Heimatblatt der kleinen holsteinischen Stadt Itzehoe, das Organ für seinen schulmeisterlichen Kampf gegen den neuzeitlichen Hexenwahn. Als Lehrer war er der Aufklärung verpflichtet und fühlte sich berufen, dieser »geistigen Seuche« entgegenzutreten. Kruse war wohl der letzte seines Standes, der 1967, hoch betagt, auf einen 40jährigen Kreuzzug gegen den Hexenwahn zurückblicken konnte.[2]

Generationen braver Schulmeister hatten freilich vor ihm bereits diesen Kampf gegen Unwissenheit und trotziges Beharren verloren. Das Bündnis wissenschaftlicher Aufklärung und kirchlicher Dämonenjagd hatte in den Schulstuben nichts zu bewirken vermocht. Die dem »Wahn« verfallenen Dörfler schwiegen gegenüber der Geistlichkeit und den unter ihrer Aufsicht stehenden Lehrern, praktizierten im Rahmen dörflichen Brauches unbeirrt vermeintlich dunkles Heidentum.

Ein Schulmeister war es auch, der mir den Weg zu den Hexen wies. Unfreiwillig zwar und in Unkenntnis der Tragweite seiner liebenswürdigen Vermittlung eines Bauern, der über einen Bestand prachtvoller Intarsienmöbel verfügte. Diese Möbel, so wurde mir vom Lehrer anempfohlen, sollte ich doch dokumentarisch aufnehmen. Als ich jenen Bauern anrief, um einen Besichtigungstermin zu vereinbaren, wurde ich freundlich abgewiesen. »Zur Zeit geht das schlecht«, später dürfte ich gern einmal vorbeikommen. Er wäre krank, fühlte sich nicht. Meine anteilnehmende Frage nach der Art des Leidens wurde unbestimmt beantwortet. Er wäre »unter«, glaubte ich gehört zu haben.

Der redselige Gastwirt des Ortes erläuterte mir einige Tage später die ungewöhnliche Krankheit mit dem kargen Hinweis, daß dem alten B. eine bestimmte Person nicht ganz wohlwollte. Das Unwohlsein des Bauern stand also mit dem Unwohlwollen einer anderen Person in direktem Zusammenhang. Der zu Rate gezogene Lehrer wußte zunächst auch keine Erklärung, erinnerte sich jedoch an eine kleine Sammlung heimatlicher Zeitungsartikel im Archiv der Schule. Hier fand sich eine Zeitungsmeldung aus den 50er Jahren über einen Hexenvorfall in der Region. In diesem Artikel war die Bezeichnung »unter« mit einer Behexung erklärt.[3]

Er war also noch erhalten, der alte Glaube an schädigende Zauberer, den fleißige Volkskundler seit Anbeginn dieser jungen Wissenschaft dokumentieren, jedoch zumeist der Ansicht sind, es handele sich um Urväterglaube, der absterbend nur noch rudimentär erhalten sei und unter der Sonne des Fortschritts dahinschmelze.

Der behexte Bauer in O. war für mich die jungfräuliche Begegnung mit einem Schadenzaubervorfall, der gemeinhin mit dem Begriff des Hexenwahns belegt wird. Unfreiwillig auf die Fährte gebracht, blieb ich auf den Spuren dörflicher Hexen und Hexer, wollte erfahren, was da für ein Brauchtum, abseits organisierter Heimatpflege, so hartnäckig überdauern konnte. Brauchtumsforschung war seit Mitte der 60er Jahre eine schlüpfrige Angelegenheit. Zum einen wurde sie heftig von der sich wandelnden wissenschaftlichen Volkskunde bemäkelt, zum anderen hüteten regionale Heimatforscher Brauch und Sitte noch immer als »Blutserbe von Urahn zum Urenkel«. Ungeachtet der heftigen Auseinandersetzung zwischen der traditionellen Volkskunde und den sich neu orientierenden »jungen Leuten« an den Universitäten, wuchs aus dem »Volke« eine aus unterschiedlichen Quellen gespeiste Rückbesinnung unschuldig erscheinender Volkstumspflege. Ein Begriff, der freilich durch die NS-Ideologie befleckt erschien und folglich durch die englische Folklore verschönt wurde. Der neue Folklorismus hütete altes Bauernhausfachwerk, bescherte Trachtengruppen, Spinnstuben und Webkunst, pflegte mundartliches Liedgut, ließ in den Dörfern Neubürger und Einheimische sich beim Volkstanz vereinen.

Zur Ästhetik der neuen Romantik wollte freilich das unschöne Bild nachbarschaftlichen Haders durch schädigenden Zauber schlecht passen. Bereits die alten feldforschenden Volkskundler betonten nachdrücklich das Absterben derartiger Vorkommnisse, rückten erfreulicheres Brauchtum in den Vordergrund: Feste des Jahreslaufes, nachbarschaftliches Miteinander und aufrichtige Artung bodenständigen Bauerntums. Für Hans Strobel war Zauberei und Hexerei das »Eindringen artfremden Gutes« und Ausdruck eines »verdorbenen, unserer Art fremden Aberglaubens«.

Im Februar 1986 beklagten sich Heimatpfleger bei einem heimischen Anzeigenblatt über den Hexenbericht einer überregionalen Zeitschrift. Die Illustrierte hatte über Abergläubisches in meinem Dorf berichtet und mich als Hexenforscher vorgestellt. Unter der Überschrift »Alles fauler Zauber« mokierte sich das Werbeblatt und befragte meine dörflichen Mitbewohner. Eine Frau sagte: »Unerhört, wie dieser Mann unseren Ort in Verruf bringt und aus altem Brauchtum Hexen macht.« Zur Verblüffung der denunzierenden Heimatfreunde blieb ich von Sanktionen meiner dörflichen Nachbarn verschont. Vermehrt wurde mir über solcherart Brauchtum berichtet und der Spitzname »Hexi« beigelegt.[4]

Der als »altes Brauchtum« empfundene Schadenzauber hat in der Tat mit dem aus vielen Strängen zusammengewirkten Hexenglauben nur wenig gemein. Wer aber ist die Hexe, der Hexer? Schadenzauber allein genügt zum Hexenvorwurf nicht. Finden wir sie im Märchen oder sind es die weisen Frauen, von der Kirche dämonisiert?

Der Begegnung mit dem behexten Bauern in O. folgten weitere Gespräche mit Opfern, Tätern, kundigen Bannern und Heilern. Das Phänomen veranlaßte mich, auf Spurensuche zu gehen, meine und meiner Informanten Hexenvorstellungen aufzudröseln, nachzufragen, was es denn auf sich hätte mit dem zuweilen beklagten Hexenglauben der Gegenwart.

An dieser Stelle gilt es noch, meinem langjährigen Mentor, Prof. Dr. Claus Ahrens, Direktor des Helms-Museums von 1966 bis 1985, für die vielfältige Unterstützung und bestärkende Ermunterung bei der Feldforschung zum dörflichen Schadenzauber zu danken.

Symbol des Schicksals und der Angst:

Die Märchenhexe

Vor undenklichen Zeiten, als das Wünschen noch geholfen hat, in einem Reich hinter den sieben Bergen, fern des eigenen Lebenskreises, gab es eine andere Welt, die Märchenwelt. Die Wissenschaft hat das Erzählgut des Volkes sorglich geschieden. Belehrendes ist aus der Fabel zu hören, Furcht und Ehrfurcht erwecken Sagen, erbauend sind die Legenden. Die Märchen sind unglaubwürdige Wunder- und Zaubergeschichten, von »unbekannten Volksdichtern erdacht, durch mündliche Übermittlung bis auf den heutigen Tag überkommen«. Seit Anfang des 19. Jahrhunderts vermutet man, in den Märchen »Überreste eines in die älteste Zeit hinaufreichenden Glaubens« entdeckt zu haben. Angeregt durch die großen Märchensammlungen, zum Beispiel der Gebrüder Grimm, haben bis in die jüngste Zeit regionale Heimatforscher in der näheren Umgebung ihres Wirkungsfeldes Sagen, Märchen und Geschichten aufgenommen, um der Nachwelt zu erhalten, was ehedem am Herdfeuer des bäuerlichen Hauses erzählt wurde. Zuweilen scheinen dabei die Grimms die Feder mitgeführt zu haben, so daß nicht selten regionale Eigenart literarischer Aufarbeitung geopfert wurde. Einige solcher Sammlungen erlauben jedoch, Rückschlüsse über die Herkunft der Märchen anzustellen. Detaillierte Kenntnisse der regionalen Geschichte gestatten, das Erzählgut in einen historischen Zusammenhang zu stellen, den Weg eines volksbewegenden Ereignisses zur märchenhaften Spinnstubengeschichte zu verfolgen.

Im Juni 1971 übersandte mir der in einem bescheidenen Häuslingshaus aufgewachsene Willi R. »vertraulich« seinen selbstverfaßten Bericht »Der Ablauf eines Bauernjahres um 1900«.[1] Neben der Schilderung der harten Arbeitstage auf einem Hof in der Lüneburger

Heide berichtete er auch über dörfliches Brauchtum seines Heimatortes. »Das gesellige Leben der Jungen«, so schrieb er, »begann in den Spinnstuben Ende November oder Anfang Dezember. Jetzt kam man die ganze Woche, außer montags und sonnabends zusammen . . . Es wurden Spukgeschichten erzählt und gesungen . . .«[2] Was waren das nun für Spukgeschichten? In seinem Bericht erzählte er sie nicht. Doch eine Nachfrage ergab, daß ein Nachbar besonders schöne Märchen zu erzählen wußte. Unter anderem die Geschichte von einem feurigen Tier, das viele Häuser mit sich riß. Mythenforscher hätten sicher den Ursprung in einer Drachengeschichte gefunden. Willi R. kannte jedoch noch den Grundstoff des Märchens: die erste Begegnung eines Dorfjungen mit einer Eisenbahn. Aus dem feurigen Tier wurde eine Spinnstubengeschichte. Von den jungen Burschen wurden vornehmlich gruselige Mären gewünscht, sollten sie doch die Mädchen erschrecken und ängstigen, damit sie sich von den Burschen nach Hause begleiten ließen.[3]

An winterkalten Tagen, in der Geborgenheit des Hauses, erzählten Männer und Frauen der Gemeinschaft spinnender Mädchen und flickender Jungen all jene Geschichten, die über eine bedrohliche Welt draußen, außerhalb des Dorfes, berichteten. Tägliche Begebenheiten der in Brauch und Sitte geordneten Dorf- und Familiengemeinschaft, Erfahrungen und Menschenschicksale des täglichen Lebens wurden in traumhaften Bildern zu Märchen verwoben.

Daneben waren es auch Wünsche, die sich in den Geschichten artikulieren, Wünsche, die man gemeinhin auch als Träume zu bezeichnen pflegt, die weniger aus mythischem Urgrund gespeist, sich mehr an Lebensschicksalen orientieren. Das arme Mädchen träumt vom Prinzen, der sie aus dem Elend in ein prachtvolles Schloß führt. In auswegloser Lage sucht man selbst beim Teufel Hilfe, in der Hoffnung, seine Bosheit überlisten zu können. Was immer unter Glück verstanden wird, im Märchen wird es gefunden. Zwischen dem Wunsch und dem Glück liegen jedoch schicksalhafte Hindernisse: Neid, Mißgunst und Bosheit, deren Symbolfiguren stets in gleicher Gestalt erscheinen.

Zum anderen lassen sich drohende Warnungen aus den Geschichten heraushören. So wie unartige Kinder mit dem Schwarzen Mann bedroht werden, so warnen die Erzähler vor der übelwollenden Welt, draußen, außerhalb des Dorfes, verweisen auf die Notwendigkeit der Anpassung und Einbindung in die Gemeinschaft des Miteinanders und Füreinanders. Jenen, die den Vorzug der Geborgenheit nicht erfahren durften, sind zahlreiche Märchen gewidmet: dem entlassenen heimatlosen Soldaten, den ausgesetzten Kindern, der gequälten Stieftochter, dem in Ungnade gefallenen Diener, dem undankbaren Sohn und den verlassenen Altenteilern. Sie alle sind Märchenfiguren, entlehnt der Realität des Alltags und Ausdruck jener »gottgewollten« Ordnung der Feudalzeit, nach der jeder Mensch einen schützenden und wehrenden Herrn hatte, der dafür seinen gehörigen Tribut forderte. Doch die Ordnung war brüchig und keinesfalls so festgefügt, daß es nicht möglich war, aus dem Schutzverhältnis herauszufallen. Die große Schar des »herrenlosen Gesindels«, Menschen, die ohne Herrn rechtlos durch das Land zogen, ist ein beredtes Zeugnis für die wachsende Auflösung der Sozialstruktur der Feudalzeit.

So stehen Hänsel und Gretel, Brüderchen und Schwesterchen für all jene Kinder, deren Stiefmutter sich der Last aus der ersten Ehe des Mannes zu entledigen trachtete und die Kinder in die Ferne schickte. In einer Lebensbeschreibung eines Häuslings aus der ersten Hälfte des 19. Jahrhunderts findet sich der erschütternde Hinweis eines solchen Schicksals: »Ja, bei der Stiefmutter schien die Liebe zu uns Stiefkindern zu erlöschen, als auch sie ihren Gatten mit Kindern beschenkte ... So bekamen denn die Stiefgeschwister bei der Abwesenheit des Vaters den Vorzug. In Gegenwart des Vaters war auch die Stiefmutter lieb zu allen Kindern, doch nachher regierte sie mit Zucht und Strenge. Bei Tisch gefragt, ob wir noch essen möchten, mußten wir älteren Kindern sagen, wir wären satt, trotzdem trieb uns der Hunger manchmal dazu die Brotkrumen aufzusuchen, welche die Stiefgeschwister für uns übriggelassen.«[4]

In jener Zeit durften Kinder freilich nicht mehr ausgesetzt werden, doch gab es andere Möglichkeiten, sich der ungeliebten Esser zu entledigen. In dem Lebensbericht heißt es: »In meinem 10. Lebensjahr hatte mich mein Vater nach W. verdungen. In W. kam ich zu lieben Leuten ...« In den Märchen liest es sich ähnlich: »Brüderchen nahm Schwesterchen an die Hand und sprach: Seit Mutter tot ist, haben wir keine gute Stunde mehr, die Stiefmutter schlägt uns alle

Tage, und wenn wir zu ihr kommen, stößt sie uns mit den Füßen fort. Die Brotkrumen, die übrigbleiben, sind unsere Speise ...«[5] Bald werden die Kinder erfahren: Die Stiefmutter ist eine böse Hexe.

Aber nicht nur den bemitleidenswerten Kindern stellt sich die Hexe in den Weg, auch der, in gleicher aussichtsloser Lage, untaugliche Soldat begegnet dem garstigen Zauberweib. Wie die Kinder »wußte der Soldat nicht, womit er sein Leben frißten sollte. So ging er voll Sorgen fort und ging den ganzen Tag, bis er abends in einen Wald kam, da sah er ein Licht, dem näherte er sich und kam zu einem Haus, darin wohnte eine Hexe.«[6] Die Überwindung dieser Gefahr, der Sieg über die Bosheit der Hexe, führt den armen Soldaten zu seinem Glück: er heiratet eine Prinzessin.

Das Glück ist märchenhaft, doch der Soldat war die Realität nach den Kriegen der Herrscher. Herrenlos war der abgemusterte Soldat, ohne Recht und Anspruch auf eine Versorgung in einer Gemeinde. In den Kirchenbüchern finden sich zuweilen Eintragungen der Pastoren, die das Schicksal der Kriegsveteranen erahnen lassen, wie jenes des 60jährigen Musketiers Nicolaus Koller, den das Regiment Erbprinz Friedrich abmusterte, weil er offensichtlich krank war und Waffendienst nicht mehr leisten konnte. So zog er durch Deutschland, um eine Heimat zu finden. Er starb bei mildtätigen Leuten in einem Bauernhaus, getreu dem Sprichwort: »Alter Soldat, alter Bettler.« Nicolaus Koller vermochte das Schicksal nicht zu wenden, denn zuweilen bleibt das Glück eben doch nur dem Märchen vorbehalten.[7] Die Schicksalsfigur Hexe, die im Märchen stets überlistet wird, in der realen Welt bleibt der Lauf der Dinge zuweilen verhext.

Betrachten wir unsere Märchen, so werden wir feststellen, daß es keine Hexenmärchen gibt. Stets ist die Märchenhexe nur Nebenfigur, und selbst über ihr Aussehen wird nichts erzählt. Karg ist das Bild der Hexe gezeichnet. Sie erscheint als böse Stiefmutter oder neidische Alte, und stets ist sie nur Symbolfigur des Unglücks, das sich den Helden der Geschichte als Hindernis in den Weg stellt. Aber, das Böse wird besiegt, da die blinde Bosheit die Hexe in den Fallstrikken eines gerechten Schicksals enden läßt, entsprechend der Volksweisheit: »Wer anderen eine Grube gräbt, fällt selbst herein.« Das wenig differenzierende Rechtsempfinden des Volkes bestraft die

Hexe mit dem grausamen Flammentod auf dem Scheiterhaufen oder im selbstbeheizten Backofen.

Alt und böse ist die Hexe des Märchens, und stets versteht sie sich auf schädigende Zauberei, zuweilen nährt sie sich vom Fleisch unschuldiger Kinder oder tötet durch Gifttrunk. Den mythischen Urgrund zu finden, muß Spekulation bleiben, denn vieles hat sich zusammengefügt zum Hexenbild des Märchens. Gehörtes und Gesehenes, Erfahrenes und Überkommenes ergeben mosaikhaft das bis in unsere Tage lebendige Bild der Hexe. Ist die Hexe ein Archetypus im Sinne C. G. Jungs, das Altfrauenbild unseres Unbewußten? Die grämlich gewordene Alte, die den Eindruck der Bosheit und des Neides auf die Jugend vermittelt? Welches Kind hat nicht die von der Last des Alters gebeugte Greisin eine Hexe genannt, so wie die verlassene Gebliebte die Nebenbuhlerin als Hexe empfindet und das Klatschweib sich eine solche Bezichtigung durch die betroffene Gemeinschaft einhandelt.

Sie lebt also noch, die Hexe. Und zuweilen taucht sie aus unserem Unbewußten auf, dann nämlich, wenn es gilt, ein irrationales Gefühl der Feindschaft und Ablehnung zu artikulieren. Entsprechend der heimatlosen Häuslingskinder, den abgedankten Kriegern, dem Hans im Glück und all den liebgewonnenen Märchenfiguren ist auch die Hexe aus der Realität der Alltagserfahrungen entstanden, als Personifizierung der Bosheit und des Neides.

Satan, Dämonen und böse Geister:

Der Engelsturz und seine Folgen

Hexen begegnen uns in der Welt der Märchen, und vor allem verweisen wir sie in das finstere Mittelalter mit seinem düsteren Aberglauben. Die Märchen beschreiben sie in ihrer bösen Lust zu schädigen, das Mittelalter glaubte, in ihnen verworfene Weiber zu erkennen, die sich dem Satan hingaben und damit in seine widerlichen Machenschaften eingeweiht wurden. Längst sind die Feuer verloschen, Hexen müssen nicht mehr brennen. Für die Kirchen beider Konfessionen war das ein Betriebsunfall, ein bedauerlicher Irrtum, mit den abergläubischen Verwirrungen des Mittelalters zu erklären. Durch die Eliminierung des Wortes Hexe aus dem kirchlichen Sprachgebrauch ist allerdings der Glaube an böse Weiber, die sich Dämonischem ausliefern, nicht getilgt worden. Zuweilen beunruhigen »okkult Behaftete« – wie heute gemeinhin die Hexen benannt werden – Kirchenleitung und ihre christlichen Gemeinden.

Im Norden Niedersachsens, auf halbem Wege zwischen den alten Hansestädten Lüneburg und Hamburg, finden wir das kleine Städtchen Winsen an der Luhe. Vor 300 Jahren starben hier 26 Frauen den Feuertod; Teufelsbuhlerinnen, die nach Recht und Sitte jener Zeit vom Amtmann der herzoglichen Administration den Flammen überantwortet wurden. Die Prozeßwelle fand 1614 ihr Ende, doch 1985 sollte eine weitere Frau den Verbrannten folgen. Freilich nicht auf den Scheiterhaufen, doch nach dem Urteil weltlicher Jurisprudenz und kirchlicher Dämonenlehre war sie eine höchst gefährliche Person, okkult behaftet, und somit von den unmündigen Kindern aus der ersten Ehe ihres Lebenspartners fernzuhalten. Zwar war sie vermutlich aus Unwissenheit zu der okkulten Behaftung gekommen, arglos benutzte sie ein sogenanntes Qui-Ja-Board, ein Buchstabenbrett, auf dem sie einen Teller kreisen ließ, um – wie sie sagt – »ihr Unbewußtes anzuzapfen«, doch nach kirchlicher Auffassung erfüllt dies den Tatbestand der Geisterbeschwörung. Zudem ließ sie ein Pendel kreisen und griff bei Gelegenheit zur Wünschelrute, gleichermaßen dämonisches Blendwerk.

Kirchliche und juristische Weisheit füllen ein umfangreiches Aktenkonvolut zum Fall Sigrun Koy. Begonnen hatte alles wie in einer Posse zum modernen Hexenwahn: In Begleitung seiner neuen Partnerin wollte der Vater seine Kinder zu gemeinsamem Pläsir abholen. Die Kinder durften das mütterliche Haus nicht verlassen, denn die neue Lebenspartnerin – so die Mutter – wäre eine Hexe. Das wiederum wollte der Vater nicht gelten lassen, überantwortete dem Amtsgericht den Fall zur Entscheidung. Trotz vorgebrachter Beweismittel, Zaubermittel, in Wahrheit jedoch stark duftende Wattebäuschchen, Parfumproben einer Drogerie – wie sich herausstellte –, die Sigrun Koy den Kindern in einem übelriechenden Wartehäuschen eines öffentlichen Verkehrsbetriebes gereicht hatte, wies der Richter die Hexenanwürfe zurück und gestattete dem Vater das uneingeschränkte Besuchsrecht. Der Richter wollte nicht an Zaubermittel glauben, folgte dem Kläger, der beteuerte, es hätte sich um Eau de Cologne gehandelt.[1]

Eine höhere Instanz mußte sich mit den Befürchtungen der Kindesmutter befassen: das Oberlandesgericht Schleswig. Dort waren weitere ruchlose Taten der Sigrun K. aktenkundig geworden, hatte sie doch ebenfalls eine eheliche Gemeinschaft verlassen. Von ihrem geschiedenen Ehemann hatte das Gericht erfahren, daß sie an Schutzgeister glaubte, gute Mächte, die ihre Kinder aus gemeinsamer Ehe begleiteten. Zwar glauben auch viele Christen an fürsorglichen himmlischen Schutz, insbesondere für Kinder und – wie der Volksmund ergänzt – Besoffene, doch das sind keine Geister, sondern Engel. Bei so viel Glaubensuntreue sah sich das Gericht veranlaßt, telegraphisch unverzüglich dem Vater den Kindeskontakt zu verbieten. Am 23. September des Jahres 1983 standen die Parteien vor den Schranken des Gerichts. Frau Koy, als Zeugin geladen, wurde sogleich vom vorsitzenden Richter harsch bedrängt. Mit den Worten »Sie sind doch eine Geisterbeschwörerin« stellte er zu Beginn der Verhandlung klar, daß er ihr schändliches Treiben nicht billigte.

Leichtfertig freilich war er zu dieser Auffassung nicht gekommen, pflichtgemäß überreichte er dem klagenden Vater ein Schreiben der Vereinigten evangelisch-lutherischen Kirche Deutschlands vom 5. September 1983.

Hilfesuchend hatte sich die Kindesmutter kirchlichen Rat erbeten und sogleich auch Antwort erhalten (die auch dem Richter offensichtlich hilfreich war!). »Sie berichten«, so schreibt ein Oberkirchenrat aus Hannover, »daß ihr Mann, der Sie verlassen hat, bei einer Frau lebt, die großen Einfluß auf ihn ausübt und von der er seelisch abhängig geworden ist. Diese Frau betrachtet sich als Medium und spricht konkrete Weissagungen über Menschen in ihrer näheren Umgebung aus ... Da diese Frau selber ihren Mann verlassen hat, ihre Kinder sich aber entschieden haben, auf keinen Fall mit der Mutter zu gehen, sondern beim Vater bleiben, ist Ihnen die Frage gekommen, wieweit Sie Ihre eigenen Kinder jetzt mit der Frau in Berührung bringen dürfen ...« Der fromme Mann aus Niedersachsen wiederholt in seinem Brief die weiteren Schandtaten »der Frau«, die ihm zwar von der Kindesmutter berichtet worden waren und ihr wohl schwerlich bestätigt werden mußten, doch es galt ja, dem Gericht von den Untaten Kenntnis zu geben, weltliche Gerichtsbarkeit mit kirchlichem Rechtsempfinden vertraut zu machen.[2]

»Nun ist Ihre Frage«, so fährt der Kirchenmann fort, »welche Wirkungen einer medialen Praxis okkulter Art zugeschrieben werden können, wie sie offenbar bei der Partnerin Ihres Mannes vorliegen. Im Handbuch ›Religiöse Gemeinschaften‹, Gütersloh 1979, (2. Auflage), ist ein Artikel über den Spiritismus enthalten ... der aber auf die Frage der okkulten Behaftung nur wenig eingeht ... Jedoch endigt der damalige Artikel auch mit dem Satz: Aber es muß eindringlich vor den Gefahren der *Geistergläubigkeit* und *dämonischen* Bindungen gewarnt werden.« Warnungen hielt jedoch der Oberkirchenrat für nicht mehr ausreichend: »Man darf keineswegs davon ausgehen, daß okkulte Praktiken oder Spiritismus harmlose Spielereien seien. Ich kann daher Ihre Sorgen nur teilen, daß bei der einerseits offenkundigen psychischen Abhängigkeit und vielleicht auch Labilität Ihres Mannes, andererseits der okkulten Praxis und Stärke seiner Partnerin es Ihnen nicht möglich erscheint, Ihre Kinder zu Ihrem Mann zu schicken, sobald Sie sicher sind, daß sie auch mit der Frau zusammentreffen werden. Medial veranlagte oder sich gebende Menschen sind oft von einer Durchsetzungskraft, die sich von einer rationalen Kritik nicht mehr erreichen läßt. Von daher kann ich Ihre Zurückhaltung, Ihre Kinder nicht in den Einfluß der Partnerin Ihres Mannes zu geben, voll verstehen und Ihre Erwägungen dieserhalb nur bejahen.«[3]

Die Richter des Oberlandesgerichts folgten den Befürchtungen der Kirche, nahmen kirchliche Lehrmeinung in die Begründung ihres Beschlusses auf, mit dem sie das Besuchsrecht des Vaters einschränkten. Der Fall, zurückverwiesen an das Amtsgericht Schwarzenbek, fand schließlich seinen Abschluß in einem strikten Verbot jeglichen Kindeskontaktes.

Mit der Veröffentlichung des Richterspruchs in der »Neuen Juristischen Wochenzeitung« und dem »Schleswig-Holsteinischen Amtsblatt« wurde deutsches Familienrecht bereichernd ergänzt. Doch die Medien griffen den Fall auf und sorgten für eine weite Verbreitung des anachronistisch anmutenden Rechtshändels, betrieben Richterschelte und mokierten sich über den hannoverschen Kirchenmann. Der so Bedrängte erhielt freilich Unterstützung eines hohen Konsistoriums, der Bischofskonferenz der Vereinigten evangelisch-lutherischen Kirche Deutschlands. Im evangelischen Pressedienst veröffentlichten sie noch heute gültige Lehrmeinung: »Wie Berichte aus allen Teilen der Bundesrepublik zeigen, breitet sich zunehmend eine Welle okkulter Betätigung aus, die neben Erwachsenen auch zahlreiche Jugendliche erfaßt:

Es wird versucht, mittels besonderer Vorkehrungen Kontakt mit Verstorbenen oder mit angeblichen jenseitigen Wesenheiten aufzunehmen. Magische Selbst- und Fernheilmethoden werden praktiziert. Wahrsager, Hellseher und Personen, die sich selbst als Hexen bezeichnen, haben Zulauf. Astrologische Betätigungen werden propagiert, Satansbeschwörungen und Tötungsrituale werden praktiziert. Durch okkulte und spiritistische Praktiken entstehen seelische Bindungen und Ängste, die zu schweren Beeinträchtigungen der Persönlichkeit führen können.

Wer sich auf solche Dinge einläßt, betreibt keine harmlose Spielerei, sondern liefert sich der Macht des Bösen aus ... Aus Sorge um den Menschen aufgrund des ersten Gebotes ›Ich bin der Herr, dein

Gott, du sollst nicht andere Götter haben neben mir‹ warnt die Kirche heute wie zu allen Zeiten vor okkulten Praktiken ...«[4]

Dem theologischen Laien wird vermutlich unklar bleiben, warum die aufgezählten okkulten Praktiken den Menschen in die Macht des Bösen gelangen lassen und weshalb man damit zum Götzengläubigen wird. Die karge bischöfliche Hirtenerklärung bedarf daher einer Erläuterung, ein schweres Unterfangen, denn die christliche Dämonenlehre von Origenes bis Martin Luther wuchs aus vielen Wurzeln, bis sie schließlich Grundlage des Hexenglaubens des 15. und 16. Jahrhunderts werden konnte. Gehen wir also auf die Suche nach den Dämonen, unsauberen Geistern und der Macht des Bösen, von der das Menschenvolk, wie wir hörten, noch immer bedroht wird.

Es war eine große Reisegesellschaft, die sich zu ungünstiger Jahreszeit, im November des Jahres 1147, auf den Weg nach Reims begab. Papst Eugenius III. wollte hier mit seinen geistlichen Fürsten über das Wohl der Christenheit konferieren. Drei Monate benötigten die Männer der Kirche dazu, die drängenden Probleme jener Zeit zu erörtern, manches Bedrohliche galt es abzuwenden und im Sinne der päpstlichen Hierarchie neu zu ordnen. Mit mancherlei Sorgen war das Herz des Heiligen Vaters erfüllt, um so mehr empfand er es als Wohltat vom Erzbischof Heinrich von Mainz über eine Jungfrau zu hören, die auf dem Disibodenberg an der Nahe ein beispielhaft gottgeweihtes Leben führte und durch übernatürliche Erleuchtungen offenkundig Gottes Ratschluß erfuhr. Im Ringen um die Wahrheit der christlichen Lehre und die Weisheit bei der Lenkung der Gemeinden, erschien es dem obersten Hirten wie eine Fügung, von den wunderbaren Vorgängen auf dem Disibodenberg zu hören und so befahl er einer Kommission, mit gebotener Diskretion den Fall an Ort und Stelle zu beobachten.

Noch in Reims wurden Eugenius die in einem Buch gesammelten Visionen der Nonne vorgelegt, von denen er so angerührt war, daß er sie »mit eigenen Händen haltend« der Versammlung vorlas. Mit frommem Jubel, so wird berichtet, begleiteten die hervorragenden Kirchenmänner den hohen Rezitator. Die heilige Frau vom Disibodenberg und spätere Äbtissin des Klosters Rupertsberg bei Bingen war Hildegard von Bemersheim. In sechsundzwanzig Visionen offenbarte sich ihr in mystischen Bildern die göttliche Wahrheit, in einer Zeit, da die Christenheit noch immer um den wahren Glauben rang und von mancherlei Anfechtungen Satans erschüttert wurde. Es war eine surrealistische Vision, die Gott ihr im Zweiten Gesicht offenbarte: der Himmelsturz der Engelschar.

Zunächst erstrahlte vor ihren Augen Lucifer als himmlischer Engel in vollendeter Schönheit und kraftvoller Männlichkeit. Doch diese Wohlgestalt verführte ihn zur Blasphemie. Er trachtete danach, den Platz Gottes einzunehmen und verkündete: »Dort will ich glänzen, wie dieser Gott hier.« Sogleich gesellte sich ihm eine Schar ungetreuer Engel mit dem Ruf »Was du willst, das wollen wir auch« hinzu. Freilich, die himmlische Revolution währte nicht lange. Gott entdeckte die Meuterei und »es erhob sich wie eine feuerspeiende schwarze Wolke der Eifer des Herrn, die Teufelsbrut zerstob, wurde finster und lichtlos«. Hart war die Strafe Gottes für die Verräter. Gott verwies sie der himmlischen Gefilde, und so erschien alsbald »ein tiefer See: Das ist die Hölle, deren Schlund sich öffnet wie eine Grube, feurigen stinkenden Rauch atmet sie aus.«

Die Visionen der heiligen Hildegard zum Engelsturz wurden von den Kirchenoberen besonders dankbar aufgenommen, denn damit bestätigte Gott höchstselbst eine kirchliche Lehrmeinung, die zu allen Zeiten nicht unumstritten war, nämlich die Auslegung der geheimnisreichen Verse im 6. Kapitel des 1. Buch Moses. Dort lesen wir in den Versen 1 bis 4: »Als aber die Menschen sich zu mehren begannen auf Erden und ihnen Töchter geboren wurden, da sahen die Gottessöhne, wie schön die Töchter der Menschen waren und nahmen sich zu Frauen, welche sie wollten . . . Zu der Zeit und auch später noch, als die Gottessöhne zu den Töchtern der Menschen eingingen und sie ihnen Kinder gebaren, wurden daraus die Riesen auf Erden. Das sind die Helden der Vorzeit, die hochberühmten . . .«[5]

Bereits im dritten Jahrhundert, einer unruhigen Zeit harter Auseinandersetzung des Christenvolkes mit Heiden, Sektierern, gefährlichen Irrlehren und politischer Wirren suchten die großen Kirchenschriftsteller aus biblischer Quelle nach einem geistigen Rüstzeug im Kampf gegen diese vielfältigen Bedrohungen. Aus den gefallenen Gottessöhnen machten sie verstoßene Engel. Von Gott mit strahlender Vollkommenheit ausgezeichnet, erhoben sie sich gegen den

Höchsten, der sie zur Strafe als Dämonen aus dem Himmel verwies. Ihre neue Heimat lag im Dunstkreis der Erde. Beschaffen waren sie von feiner dünner Körperlichkeit, ernährten sich vom Rauch heidnischer Opferfeuer. Nun dem Bösen verpflichtet, nutzten sie ihre himmlischen Gaben, die Menschen mit Unheil zu bedrängen. Durch ihre divinatorischen Kenntnisse, aus den Gestirnen lesen zu können, sowie aufgrund ihrer Fähigkeit, scheinbar Wunder zu vollbringen, konnten sie dem Heidenvolk glauben machen, sie wären Götter – und so wären sie zu den Schöpfern der Mythologie und des Kultus des Heidentums geworden.

Weitgehend unbeantwortet ließen die alten Kirchenväter die Frage, warum Gott die Bosheit der Dämonen zuließ. In seiner Schrift ›De ira Dei‹, über den Zorn Gottes, wagte im 4. Jahrhundert der kaiserliche Prinzenerzieher des Konstantinsohnes Crispus, Lactanz, als erster Kirchenvater eine Antwort zu suchen. Sein Fazit war: »Gott will das Böse, denn ohne das Böse zu kennen, wäre der Mensch nicht fähig, das Gute zu suchen und anzunehmen.«[6] Allenthalben offenbarten sich für Lactanz die weltbeherrschenden Gegensätze: Licht und Dunkel, flüssige und feste Formen, Leib und Seele, die er jeweils dem Himmel und der Erde zuordnete. Aber auch das himmlische Gottesreich war von diesem Dualismus beherrscht. Nicht aus biblischer Quelle, sondern einer Eingebung folgend, schilderte er die Schöpfung des Bösen. Gott hatte, so glaubte der Kirchenschriftsteller, vor der Weltschöpfung zwei Wesen geschaffen, seinen Sohn und nach ihm ein zweites himmlisches Geschöpf. Doch dieses hatte sich als nachrangig empfunden und wäre aus Neid boshaft geworden und damit zur Wurzel des Übels. Dieser himmlische Hader erfuhr seine Fortsetzung im Engelsturz, von Lactanz ausführlich interpretierend beschrieben: »Als sich die Zahl der Menschen vermehrt hatte, schickte Gott Engel auf die Erde, die die Menschen vor dem Teufel, dem er von Anfang an Gewalt über die Erde gegeben hatte, schützen sollten. Diese Engel aber machten sich im Verkehr mit den Töchtern der Menschen schuldig, da sie sich mit ihnen vermischten und Söhne zeugten. Infolgedessen wurden die gefallenen Engel, nachdem sie aus dem Himmel vertoßen worden waren, zu Dämonen des Teufels, unsaubere Geister, vom Volke ›malefici‹ genannt, die ebenfalls dem Teufel angehörten. Diese Dämonen und unsauberen Geister strebten nur danach, Gottes Reich zu zerstören und die Menschen zu schädigen. Zu diesem Zweck haben sie auch scheinbare Wunder und Orakel den Völkern vorgetäuscht, daß sie Götter wären und haben das Heidentum mit seiner Mythologie und seinem Kultus geschaffen. Auch sind sie die Urheber der Magie, Nekromantie, Haruspizien, der Auguralkunst und Astrologie. Außerdem richten sie allerlei Verderben an. Doch braucht der Christ ihre Tücke nicht zu fürchten, sondern der Teufel und seine Dämonen müssen vielmehr den Christen fürchten.«[7]

Das besondere Augenmerk, das Lactanz den Dämonen widmete, hatte freilich einen besonderen Grund. Er gehörte zu den hervorragenden Vertretern des Chiliasmus, der Vorstellung vom alsbald mit der Wiederkunft Christi anbrechenden 1000jährigen Reich, voller Herrlichkeit und geistiger, aber auch materieller Vollkommenheit. So stand es in der Offenbarung des Johannes geschrieben, genährt durch zahlreiche unbiblische Schriften des 1. und 2. nachchristlichen Jahrhunderts. Nach Ansicht der Chiliasten sollte unmittelbar vor Anbruch des Reiches Christi das Elend dieser Welt besonders groß werden, Satan allenthalten deutlich sichtbar seine schändlichen Werke treiben, das römische Reich schließlich zusammenstürzen und auf seinen Trümmern die neue heilige Ordnung entstehen. Dann würden die auferstandenen Toten mit den Lebenden in herrlicher Gemeinsamkeit und größter Glückseligkeit im neuen Jerusalem miteinander 1000 Jahre verbringen. Die Dämonenlehre unterstrich den Beweis dieser Prophezeiung, indem sie das Wirken des Bösen und vor allem die Existenz und Herkunft der Dämonen in das christliche Lehrgebäude einband.

Auch in der Bibel sind sie erwähnt, Dämonen und unsaubere Geister, die sich aus der jüdischen Mythologie in die Heilige Schrift hinüberretteten. An die hundertmal begegnen wir ihnen im Alten und Neuen Testament als bedrohliche Versucher und Unruhestifter. Ein solcher Geist verwirrte Saul, als Gottes Wohlwollen ihn verließ, und Christus durchlitt noch in seiner Sterbestunde dämonische Angriffe. Dem Anführer der Schar sind zahlreiche Namen beigelegt, die sein häßliches Tun benennen: Widersacher, Verderber oder Versucher. Doch aus biblischer Quelle ist eine zusammenhängende Dämonenlehre nicht zu entwickeln, das Wirken der bösen Geister wird lediglich als gegeben vorausgesetzt.[8]

Die Lücke füllten die Kirchenväter mit den Vorstellungen der heidnisch-griechischen Philosophen, insbesondere folgten sie den Neuplatonikern, die davon ausgingen, daß sich im Menschen aufbauende und destruktive Kräfte sinnvoll vereinten und zur Wesensentfaltung des Individuums notwendig wären. Weil dies von der Natur so bestimmt, müßte das Böse auch bejaht werden. Diesen strengen Dualismus ergänzten die Kirchenväter mit dem Begriff der »läßlichen Sünde«. Zwar folgten sie der Vorstellung, daß Gott das Böse wollte, doch hätte der Christ die Möglichkeit, zwischen dem Guten und Bösen in freier Entscheidung zu wählen. Zum anderen galt es, der Christenheit, entsprechend den Vorstellungen eines himmlischen Reiches, die Heimstatt der bösen Mächte zu erklären. Wo aus biblischer Quelle nichts zu erfahren war, übernahmen die Kirchenväter Vorstellungen neuplatonischer Dämonologie.

Die Heidenreformatoren, in ihrem Bemühen, die alte Mythologie durch ein neues religionsphilosophisches System zu ersetzen, unterstellten die Götterwelt der Antike einem monistischen Prinzip. Zwischen der höchsten ordnenden Kraft und dem Diesseits siedelten sie ein dämonisches Reich der alten Götter an, verwiesen die bis dahin verehrten, hierarchisch geordneten Gottheiten in den »Dunstkreis der Erde«. Was als Reform des alten Götterglaubens erdacht, erwies sich als verhängnisvolle Ursache der wachsenden Dämonenfurcht, ließ das Zauberwesen geile Blüten treiben und beförderte angstvollen Aberglauben. Dieses heidnische Lehen, durch die Kirchenväter in das Christentum eingebracht, wird sich im Verlauf der theologischen Auseinandersetzungen um das Böse als belastendes Erbe der Spätantike erweisen. Es ist die Wurzel christlicher Dämonologie.

Mit der Verschmelzung heidnisch-christlicher Dämonenvorstellungen rückte das mit großer Macht ausgestattete »Böse Prinzip« verstärkt in das Bewußtsein der Christen. Befördert wurde dieser Synkretismus im 4. und 5. Jahrhundert durch den katastrophalen Zustand der Kirche, die von Häresie und bedrohlichen Spaltungen überschattet wurde. Machtkämpfe trug man nicht mehr allein in geistreichen Disputationen vor dem Auditorium der großen Kirchenversammlungen aus, sondern versuchte, die jeweiligen Glaubensrichtungen mit der Unterstützung marodierenden Pöbels und Knüttel bewaffneter, prügelnder Mönche durchzusetzen. Entsprechend der unterschiedlichen Parteinahme wurde die Dämonenlehre bemüht, den Gegner als Knecht Satans zu diskreditieren.[9]

In dieser Zeit der Irrungen und Wirrungen begab sich der junge Augustinus Aurelius, Sohn einer frommen Christin, auf die Suche nach philosophischer Erkenntnis. Dem »Altweiberglauben« seiner alleinerziehenden Mutter mochte er nicht folgen, suchte Zuflucht in der Sekte der Manichäer, denen man Unzucht und Lasterhaftigkeit unterstellte. Als Bestätigung dieses Vorwurfs mußte Mutter Monnika erkennen, daß auch ihr Sohn seine christliche Erziehung verleugnete und sich neben seinen Studien den Verlockungen der Fleischeslust ungehemmt hingab. Die flehentlichen Gebete der Mutter und ihr verzehrender Kummer veranlaßten ihren Beichtvater zu der tröstlichen Prophezeiung, »daß ein Kind so vieler Tränen nicht verloren gehen könnte«. Er sollte recht behalten, denn nachdem Augustinus die böse Lust ausgekostet hatte, erfuhr er, freilich über einen Umweg, eine wunderbare Läuterung. Die Schriften des in Rom als Lehrer der Philosophie wirkenden Neuplatonikers Plotin führten den Suchenden zu seiner christlichen Wurzel zurück.[10]

Ausgangspunkt augustinischer Überlegung war die Hypostasenlehre des heidnischen Philosophen. Das griechische Wort Hypostasis (= verdinglichen) verdeutlicht den plotinschen Denkansatz, das Unfaßbare, den Urgrund des Seins aus der Realität des Augenscheinlichen zu erklären, es als objektiv gegeben vorauszusetzen, zu »unterstellen«. Dieses, jenseits allen Seins und Denkens nicht vorstellbare, unkörperliche, eigenschaftslose »Eine« ist vom Menschen nicht zu durchdringen. Durch Emanation fließt aus diesem Ursprung der Geist, die Vernunft, die Ideenwelt, das Gesamtprodukt all dessen, was das überfließende »Eine« mit Hilfe der Weltseele hervorbringt. Doch zur Gestaltung der Ideenwelt bedarf es eines Raumes beziehungsweise einer Materie, die die Weltseele im Verlauf der Evolution schuf. Durch die Bildung der Materie, der Körperlichkeit, wird das lichtvolle »Eine« verdunkelt, vorstellbar wie ein Schatten, den ein Körper wirft. Dadurch verlöscht das Urlicht, gleich der Sonne, die, vom Mond überdeckt, sich verfinstert. Materie ist für Plotin, obwohl noch in abgestuften Graden durchleuchtet, der Sitz des Bösen. Auf den Menschen bezogen heißt dies: Eingezwängt im Körper befindet sich die Seele gleichsam in einem Gefängnis. Eine Grundfrage der

Neuplatoniker nun lautete: Wie kommt die Seele in diese Gefangenschaft? Plotin bezweifelte, daß die Materie einzige Ursache des Bösen sei; dies würde ja bedeuten, daß die höhere Stufe der niederen unterlegen wäre. Schicksalhaft – so folgerte er – wäre die Seele von Natur aus zum Abstieg aus der Ideenwelt verurteilt, jedoch nicht ohne Hoffnung, denn durch Reinigung beziehungsweise Loslösung aus der sinnlichen Welt könnte der Mensch dennoch zur Vollendung gelangen, sich dem »Einen« nähern.

Augustinus verwarf den strikten plotinschen Dualismus, das Böse war für ihn keine notwendige Folge der Entfernung vom »Ureinen«. Der gute Gott hatte diese Welt geschaffen, so erinnerte er sich seiner christlichen Wurzel, also wäre sie auch in ihrer Gesamtheit gut. Folglich stellte sich die Frage nach dem Bösen und der Sünde für Augustinus unter dem Aspekt dieser Erkenntnis. Antwort erteilte ihm die Bibel; bei Paulus fand er den Satz: »Durch *einen* Menschen ist die Sünde in die Welt gekommen und durch die Sünde der Tod zu allen Menschen, wie alle gesündigt haben. Der *eine* ist Adam, der wider Gottes Gebot, von seinem Weib verführt, vom Baum der Erkenntnis aß. Freiwillig entschied sich das erste Menschenpaar für das Böse und ist damit auch verantwortlich für das Übel, das die Menschheit zu erleiden hat.«[11]

Augustinus zog daraus Konsequenzen, traf aus freiem Willen seine Entscheidung und entsagte seinem lasterhaften Leben. Mit zunehmendem Alter rückte die durch Adam in die Welt gebrachte Sünde in den Mittelpunkt seines Denkens, quälte ihn die Vorstellung, daß mit jeder Zeugung der boshafte Gottesverrat als Erblast weitergegeben wurde. Der Zustand der Gesellschaft, seine Erfahrungen als bischöflicher Hirte und schließlich die Querelen innerhalb der Kirche bestärkten seine Sicht vom unrettbaren Menschengeschlecht, der »Masse des Verderbens«, die, nur auf die willkürliche Gnade Gottes angewiesen, auf Erlösung hoffen durfte. Nur einzelne, so glaubte er, würden nach Gottes unerforschlichem Ratschluß errettet werden. Der civitas Dei, dem Reich der Engel und guten Menschen, stellte er, vom Schöpfer gewollt, die civitas diaboli der Dämonen und bösen Menschen gegenüber. Zwar hatte die Kirche das Reich des Bösen überwunden, doch allenthalben sichtbar existierte es noch und bedrohte mit großer Macht die »Masse der Sünde«.[12]

Auch Augustinus übernahm die heidnische Vorstellung der Neuplatoniker vom dämonischen Zwischenreich und befestigte damit den bis heute gültigen christlichen Aberglauben. Die Kirchenväter hielten die Künste der Dämonen noch für Imagination, gleichsam für Taschenspielertricks und listige Täuschungen. Augustinus hingegen bereicherte, gestützt auf eigene Erfahrungen und gesammelte Berichte von Zaubervorfällen, die Dämonenlehre mit der Vorstellung tatsächlichen teuflischen Wunderwirkens. In Fallbeispielen berichtete er über vom Satan verführte Weiber, die arglose Männer in Zugochsen verwandelten, Schadenzauber ausübten und Unzucht mit dem Bösen trieben. Schließlich empfahl er, hartnäckige Ketzer nicht zu schonen und, wenn nicht anders zu bessern, sie dem Feuer zu überantworten. Damit hatte der heilige Augustinus den Verbrechenskatalog der Ketzerei zusammengestellt, der den späteren Zaubervorwurf begründete: Die Widersacher Christi, in einem Reich des Bösen organisiert, verführten die Menschen zur Teufelsbuhlschaft und zum Schadenzauber und vermochten sogar, Menschen in Tiere zu verwandeln.[13]

Acht Jahrhunderte beschwerte die Christenheit die Dämonenlehre nicht sonderlich. Weite Gebiete wurden in jener Zeit von weltlichen Mächten für das Christentum erschlossen, im Vordergrund stand folglich die Missionsarbeit, die aller Anstrengung bedurfte und die innerkirchlichen Auseinandersetzungen in den Hintergrund drängen ließ. Die Dämonenlehre erwies sich dabei als brauchbares Rüstzeug für die Verkündigung; die Götzen der Heiden wurden als »unsaubere Geister« und Dämonen in einen niederen Rang degradiert, blieben also existent und mußten sich nun hoffnungslos unterlegen dem neuen Gott stellen.

Noch im 12. Jahrhundert überwog bei den hervorragenden Kirchenmännern das Mitleid für die verängstigten Heiden und das abergläubische Volk. Johannes von Salisbury tröstete und beruhigte die Furchtsamen mit dem Hinweis auf die alten Kirchenschriftsteller, die verkündet hatten, daß die Werke des Satans nur Blendwerk wären. Als Beweis der Machtlosigkeit des Bösen zog er die Beobachtung heran, daß nur dumme alte Weiber Furcht vor bösen Geistern hätten, weil sie in ihrer Unbildung sich der neuen Botschaft verschließen würden.[14] Erst im 13. Jahrhundert entbrannte die innerkirchliche

Diskussion um das Böse erneut mit großer Heftigkeit, ausgelöst durch Krisen der Gesellschaft und der Kirche. Wieder gefährdeten Glaubensspaltung und Ketzerei die Hierarchie. Der Feind, der die Christenheit bedrohte, war altbekannt. Vor allem in Südfrankreich bemächtigten sich gnostische Sektierer der Gemeinden. Ihr Zulauf wuchs beängstigend und veranlaßte die Kirchenoberen zu eilends organisierten Gegenmaßnahmen.

So begab sich im Jahre 1205 der spanische Bischof Diego von Azebes zu einer Missionsreise in das Gebiet der Abtrünnigen. In seiner Begleitung befand sich auch Domingo de Guzman, ein gebildeter Theologe und Rechtsgelehrter. Seine Einschätzung der Lage war für die geistlichen Herren des Ketzergebietes nicht schmeichelhaft: Sie hätten ihre Gemeinden vernachlässigt, überdies ihre christlichen Unterweisungen nicht mit gehörigem Eifer geführt und vor allem mit schlechtem Vorbild Lasterhaftigkeit und materielles Streben befördert. Bereits im Jahre 1206 stiftete Domingo einen Predigerorden, der sich vor allem der Seelsorge und dem Volksunterricht widmete. Doch die Ketzer waren bereits so mächtig geworden, daß die geistliche Fürsorge nicht ausreichte und eine weitere Ordensgründung von Domingo veranlaßt wurde: die Ritterschaft Christi, bestehend aus waffengeübten Rittern und Edelleuten, die mit Feuer und Schwert die ungetreuen Ketzer in den Schoß der Kirche zurückführen sollten. Wo Güte und Milde nicht auf fruchtbaren Boden fielen und verstockte Herzen nicht zu rühren waren, empfahl Dominikus die harte Zuchtrute. Milde und Strenge sollten fortan den Kampf der Dominikaner um die reine Lehre bestimmen, zuweilen überwog dabei freilich die unerbittlich harte Hand inquisitorischer Machtmittel.[15]

Wie der Gründer des Ordens stammte auch Thomas von Aquin aus ritterlichem Hause, mit aller Kraft widerstand er dem Drängen seiner Angehörigen, den Panzer nicht mit der Kutte zu tauschen. Er wählte die Zucht des Ordens zu einer Zeit, da die Kirche aufrechter Männer bedurfte. Bereits zu seinen Lebzeiten genoß der zum »Fürst der Scholastik« erhobene Lehrer größtes Ansehen. Als »höchste Zierde des Ordens« von seinen Brüdern gepriesen, wurden seine Lehrsätze zur gültigen Meinung der Kirche erklärt. Wenige Jahre nach seinem Tode wurden gar unter strenger Strafandrohung die Glieder des Ordens verpflichtet, seine Lehren als unanfechtbare

Lehrmeinung anzuerkennen und zu verteidigen. Dies war freilich notwendig geworden, da die konkurrierenden Franziskaner heftige Kritik an den Werken Thomas von Aquins übten. Sie bemängelten seine dürftige historische Gelehrsamkeit und vor allem die Unkenntnis der alten Sprachen. Seine exegetischen Arbeiten fußten auf lateinische Übersetzungen der Kirchenväter, die zuweilen das Licht neuerer Erkenntnisse eingeholt hatte. Auch der heilige Thomas folgte der allgemeinen Glaubensmeinung vom Wirken der Dämonen, der er jedoch einige Nachbesserungen hinzufügte, indem er vor allem biblische Beweise für die von Augustinus mit heidnischem Aberglauben belegten Untaten Satans suchte.[16]

In einem exegetischen Gewaltakt fand er bei Hiob 40, was er suchte: In Behemot und Leviathan, für ihn der Walfisch und die Schlange, erkannte er Satan. Die beschriebenen Eigenschaften offenbarten den Teufel in Gestalt dieser Untiere: »Groß und mächtig ist das Ungeheuer Behemot, feurige Funken schießen aus seinem Maul, aus seiner Nase gehet Rauch, sein Odem ist wie eine lichte Lohe, auf Erden ist ihm niemand gleich, gemacht ohne Furcht.« Für Thomas war dies unzweifelhaft der Leibhaftige. Nach allgemeiner Glaubensmeinung waren Engel geschlechtslos, also konnte auch der Teufel nicht über die Werkzeuge des Lasters verfügen. Bei Hiob war jedoch über Behemot etwas anderes zu hören: Das Ungeheuer prahlt förmlich mit »seiner Kraft in den Lenden« und seinem »Vermögen im Nabel seines Bauches«, das seinen Ausdruck in seinem wohl erigierten Penis findet, denn »die Adern seiner Scham starren wie ein Ast«. Was aber will der Böse mit soviel Mannbarkeit? Für Thomas war es der Beweis, daß er damit die schwachen Weiber verführen wollte. Ohne dabei für sich nach Wollust trachtend, suchte er um des Lasters willen die Menschen zu verderben und in seine Abhängigkeit zu bringen. Eine weitere, biblisch unbewiesene Behauptung der Alten waren die Flugkünste des Teufels und der Dämonen. Auch für dieses Phänomen entdeckte der heilige Thomas Bestätigung in der Heiligen Schrift: Christus selbst wurde vom Teufel auf die Zinnen eines Tempels getragen, hatte also das Fluggeschick am eigenen Leib erfahren. Thomas schloß daraus, daß der Böse sich auf diese Weise seine Opfer herbeischaffte, sie gewissermaßen zum Sammelplatz der Unzucht einfliegen ließ.[17]

Im 13. Jahrhundert war damit die Dämonenlehre abgeschlossen. Quelle des christlichen Glaubens war die gesamte apostolische Überlieferung, fußend auf die Heilige Schrift, die Apostel und ihre Nachfolger, so, wie es noch das II. Vatikanische Konzil festgehalten hat, daß nämlich »die Heilige Kirche ihre Gewißheit über alles Geoffenbarte nicht aus der Heiligen Schrift allein schöpft. Die Heilige Überlieferung und die Heilige Schrift bilden den einen, der Kirche überlassenen Schatz des Wortes Gottes«.[18] Die Dämonenlehre, so haben wir festzuhalten, entwickelte sich aus biblisch-heidnischer Dämonologie, überdauerte auch die Reformation. Zwar waren die Reformatoren dafür angetreten, nur in der Heiligen Schrift die verbindlichen Normen des Glaubens zu suchen, dies galt allerdings nicht für die Dämonenlehre. Sie einte über alles Trennende hinweg Protestanten und Katholiken.

Auch Martin Luther sah die Herkunft des Teufels im Engelsturz, folgte den alten Kirchenvätern und damit den unbiblischen Legenden, widersprach nicht den katholischen Theologen jener Zeit, die das Böse mit dem Teufel personifizierten und für die beides zwei untrennbare Größen waren. Das düstere Weltbild des Reformators erklärt sich aus seiner Auffassung vom alltenthalben sichtbaren Wirken Satans, für ihn war die Welt im wahrsten Sinne des Wortes »voller Teufel«. Das Papsttum war für ihn vom Teufel gestiftet, die Gegner innerhalb der protestantischen Bewegung hatte Satan gegen ihn aufgebracht, und schließlich erklärte er seine häufigen Unpäßlichkeiten und Krankheiten mit direkten Angriffen des Leibhaftigen. Zudem glaubte er fest an schädigende Zauberinnen, die er zu brennen empfahl, »Teufelshuren, die Milch stehlen, Wetter machen, auf Böcken und Besen reiten. Die Leute schießen, lähmen, verdorren, die Kinder in der Wiege martern, die eheliche Gliedmaßen bezaubern.«[19] In seiner »Hauspostille« sorgte er für warnende Verbreitung seiner Dämonenfurcht unter den protestantischen Christen, beschrieb die vielfältigen Verwandlungskünste des Leibhaftigen und beförderte damit, insbesondere unter dem gemeinen Volk, den Zauberglauben. Die Teufelsängste Luthers kennzeichnen ihn als Kind seiner Zeit. Das Treiben der civitas diaboli, die vielfältigen Angriffe des Bösen beunruhigten nicht nur die dörflichen und städtischen Unterschichten, sondern auch die gebildeten Bürger und adeligen Herren.

Unzählige Menschen erfuhren an sich selbst oder in ihrer nächsten Umgebung die schrecklichen Künste der Hexen und Zauberer. Auch die Familie des Reformators blieb nicht verschont. Sein eigener Bruder starb nach einer Verhexung durch eine berüchtigte Nachbarin, und seine weiteren Geschwister wären wohl kaum mit dem Leben davongekommen, wenn die Person nicht schmachvoll ihr Ende gefunden hätte: auf einem Acker fand man sie erschlagen. Für Margarethe Luther ein Beweis, daß der Teufel sie geholt hatte.[20]

Von Marthin Luther und der auch durch ihn verfestigten spätmittelalterlichen Dämonologie schlagen wir den Bogen in die Gegenwart, zum Fall der ›okkult behafteten‹ Frau Koy. Das gestrenge Urteil der evangelischen Kirchenleitung ist geprägt vom Geist des großen Reformators, der im »kleinen Katechismus« festschrieb, was bis heute die evangelische Christenschar vom Wirken des Teufels zu verinnerlichen hat. Dort läßt er uns fragen: »Was heißt zaubern?« Die Antwort ist unmißverständlich: »Übernatürliche Kräfte und wunderbare Aushilfe wider Gottes Ordnung und ohne Gottes Verheißung suchen.« Und dies geschieht: »Durch allerlei Aberglauben mit Besprechen und Wahrsagen, Zeichendeuten, Geisterbannen und dergleichen, da man das Heilige mißbraucht und die hochgelobte Dreieinigkeit, Gottes Wort, Sakrament und Kreuz lästert oder sonst vorwitzige Kunst treibt. Die solches tun oder andere tun lassen, verleugnen den Glauben und treten wissentlich oder unwissentlich mit dem Teufel in Verbindung.«[21] Der um das Seelenheil der Kinder besorgte Oberkirchenrat verwies in seinem Schreiben auf das Handbuch »Religiöse Gemeinschaften«[22], ein Katalog, in dem die der evangelischen Kirche genehmen, weniger genehmen und verwerflichen Glaubensgemeinschaften beschrieben sind. Spiritistisches Tun, also Geistergläubigkeit – so lesen wir dort –, hat dämonische Bindungen zur Folge. Christen, die über das Ausmaß dieser verwerflichen Bündnisse mehr hören wollen, verweist das Handbuch auf entsprechende kirchliche Publikationen, unter anderem auch auf das Werk des protestantischen Theologen Dr. Kurt E. Koch, »Seelsorge und Okkultismus«[23], der unmißverständlich das Wirken Satans in unserer gegenwärtigen Welt brandmarkt. In seinem Werk »Okkultes ABC«[24] wagt er, »im Namen Gottes« das Böse beim Namen zu nennen, warnt vor psychiatrischen Behandlungen von »vom bösen Geist beherrschter Menschen«, denn der nur allein wissenschaftlich gebildete Therapeut vermag nicht zu unterscheiden, ob die Krankheit eine Auswirkung von Zaubersünden oder lediglich medizinisch begründet sei. Ererbte und erworbene okkulte Belastungen, so fordert er, gehören nicht in die Hand des Arztes, sondern sind vom Seelsorger zu behandeln. Wie leicht nun eine solche »okkulte Behaftung« eintreten kann, belegt er aus eigenem Erfahrungsschatz in alphabetischer Reihenfolge: Vom schlichten Aberglauben, der Akupunktur, Astrologie, dem Besprechen, Feminismus, Fernsehen, der Freimaurerei, der Homöopathie, nichtchristlicher Meditation, der Rockmusik bis zu den Weleda Heilmitteln und dem Weltkommunismus ist alles beschrieben, worin Christen und Nichtchristen Satans Wirken zu entdecken haben.

Freilich, die Kirche, und insbesondere die protestantische, spricht mit vielen Zungen. Eine große Zahl ihrer Glieder mag der mittelalterlichen Dämonologie nicht folgen, doch zu konstatieren ist auch – vielleicht durch die wachsende Identitätskrise in der säkularisierten Kirche –, daß nicht nur bei den sogenannten Kanzelschwalben, bigotten Hüterinnen des wahren Glaubens, die Dämonenfurcht wächst. Das Wirken der allenthalben von den Kirchenleitungen eingesetzten Beauftragten für Weltanschauungsfragen läßt befürchten, daß die Auseinandersetzung mit nichtchristlichen Glaubensvorstellungen von einem wachsenden Dämonenglauben innerhalb der Kirche überschattet wird.

Der gute Geist im bösen Fleisch:

Die Lehre von der Last der Lust

Wilhelm Buschs lustige Bildgeschichten, im »humoristischen Hausschatz« gesammelt, dokumentieren auch – wenngleich häufig übersehen – Zeitgeist des 19. Jahrhunderts. Insbesondere seine zahlreichen politischen Karrikaturen weisen ihn als glühenden Verehrer bismarckscher Politik aus, wobei ihm vornehmlich die Auseinandersetzung des Kanzlers mit der katholischen Kirche Freude bereitete. Pater Filucius, Vetter Franz, der heilige Antonius von Padua stehen beispielhaft für jenen doppelzüngigen Katholizismus, den zu bekämpfen der Kanzler des jungen Reiches angetreten war und dem Busch in lustigen Zeichnungen Gestalt gab: frömmlerische Tugendwächter, Wein und Weib nicht abgeneigt. Literarische Vorlage war ein bereits im Jahre 1845 erstmals erschienenes Buch mit dem Titel »Historische Denkmale des christlichen Fanatismus«. Der Verfasser hieß Otto von Corvin-Wierbitzki, der freilich den durchschlagenden Erfolg seiner »Sammlung sexueller Verirrungen und Verwirrungen der katholischen Geistlichkeit« nicht mehr erleben durfte. Denn erst fünf Jahre nach seinem Tode, 1891, entschloß sich sein Verlag, unter dem neuen Titel »Der Pfaffenspiegel« einen Teil des Gesamtwerkes als Volksausgabe herauszugeben. Das Buch wurde ein Bestseller, so daß der Verleger sogleich einen weiteren Auszug folgen ließ: »Die Geissler«. Die Schilderungen sexueller Verirrungen und Verwirrungen der Geistlichkeit waren freilich nicht dazu bestimmt, bei einem speziellen Leserkreis voyeuristisch-masoschistische Phantasien zu wecken, Absicht war es, Bismarcks Kulturkampf emotional anzuheizen.[1]

Die Quellen, aus denen Corvin schöpfte, belegen, daß diese Form der Auseinandersetzung um Macht und Politik nicht neu war. Im

Verlauf der bewegten Kirchengeschichte wurden die vielfältigen Gegnerschaften nicht nur in gelehrten Disputationen ausgetragen; dort, wo es an Argumenten mangelte oder für das einfache Kirchenvolk die Gründe der Auseinandersetzung nicht nachvollziehbar waren, behalf man sich mit der Enthüllung sexueller Verfehlungen. Kirchenobere warfen ketzerischen Sektierern lockeren moralischen Umgang vor, während diese sich mit den gleichen Vorwürfen revanchierten, indem sie in der Sittenlosigkeit am päpstlichen Stuhl, dem munteren Klosterleben und geilen Beichtvätern die Herrschaft des Teufels festmachten, den Johannes in seiner Offenbarung in grausigen Bildern visionär erfahren hatte. Die babylonische Hure war für sie der Papst, der Völlerei und Hurerei nicht nur duldete, sondern durch schlechtes Beispiel beförderte.

Am Tisch Luthers kolportierten die Gäste römischen Klatsch, Schlüssellochgeschichten, zur Freude des Reformators, der damit die Herrschaft des Antichristen bestätigt sah. Im Volk kursierten derbe Schwänke von Pfaff und Nonne, an der Autorität der Geistlichkeit nagend, pornographisches Erzählgut, von bürgerlichen Schreibern verfaßt. Seit der Mitte des 18. Jahrhunderts suchten Freigeister der Aufklärung Schlüpfriges der Frommen, um den hohen Anspruch der Kirche, über Sitte und Moral zu wachen, an ihren Dienern zu messen. Die katholische Kirche war für sie ein Hindernis auf dem Weg zur geforderten Vernunft, mit deren Hilfe doch die Menschheit veredelt und aus dem finsteren Mittelalter befreit werden sollte.

Was so in Jahrhunderten gesammelt, faßte Corvin in seiner streitbaren Schrift zusammen, in der Hoffnung, den Katholizismus als »überstaatliche Macht« zu erschüttern, der ihm als revolutionären Demokrat der 48er Erhebung hinderlich auf dem Weg zum geeinten deutschen Nationalstaat erschien. Im Faschismus schließlich erreichte diese Qualität der Auseinandersetzung ihren bisherigen Höhepunkt durch Julius Streicher, der in seinem »Stürmer« Internationalisten wie Juden, Freimaurer und Katholiken als Sittenstrolche diffamierte, die deutsche Elternschaft vor geilen Priesterfingern unter dem Chorrock unschuldiger Meßknaben warnte.

So ist allgemeingültig geworden, was, von unterschiedlichen Interessen geleitet, zur Frage der Sexualtät von Kirchenmännern und ihren oppositionellen Kritikern im Verlauf heftiger Auseinandersetzungen gesagt worden war. Vor allem aber wurde ein volkstümliches Bild festgeschrieben: die Verlogenheit des Keuschheitsgebotes, an das sich selbst die Diener der Kirche nicht hielten. Doch hier gilt es, sich eines Widerspruches zuzuwenden, den die Wissenschaft im 19. Jahrhundert in die Diskussion um die christliche Sexualmoral einbrachte. Wenn nun nachgewiesen war, daß Sex den Kirchenmännern nicht fremd, man mit der Sitte nicht so pingelig war, wie es die katholische Moral vorschrieb, warum rückten dann die Frauen in den Mittelpunkt argwöhnischer Sittenwächter, warum diffamierte man sie als »Gefäß der Sünde«? Höhepunkt der christlichen Frauenfeindlichkeit waren die grausamen Hexenverfolgungen, die der katholische Theologe Herbert Haag mit sexualpathologischen Männerphantasien zu erklären versuchte.[2] Der Zölibat, die verqueren Vorstellungen von Erbsünde und Sexualität und schließlich die Selbstmarterungen angefochtener Männer – so war mit der modernen Psychologie zu belegen – mußten zu den perversen Grausamkeiten führen, die sich ausschließlich gegen Frauen richteten.

Der in Mode geratene Hang, einfache Erklärungsmodelle finden zu wollen, historische Entwicklungsprozesse undifferenziert zu sehen und nach Möglichkeit auf eine Wurzel zurückzuführen, prägt die neuere Literatur zum Thema Sexualität und christliche Kirche: Das negative christlich-jüdische Frauenbild, die patriarchale Kirchenhierarchie und schließlich das geforderte Keuschheitsgebot führten zur Mißachtung der Frauen, billigten ihr zwar die schweigende Teilnahme an den Gottesdiensten zu, unterstellten ihr aber eine besonders sündhafte Anfechtung durch den Teufel. Männer fühlten sich dadurch sexuell bedroht, doch nicht minder durch die Verbundenheit der Frauen mit der Natur, der Erde, der Diesseitigkeit.

Wir haben festzustellen, daß dies alles Männer herausgefunden hatten. In ihrem aufklärerischen Bemühen, die Rolle der Frauen in der Gesellschaft neu zu bestimmen, erdachten sie frauenemanzipatorische Modelle, angefangen bei den konkreten Vorschlägen Hippels, bis zu der historischen Aufarbeitung Bachhofens und Wirths. Wo auch immer die Autoren nach schlüssigen Belegen matriarchaler Strukturen früherer Gesellschaften fahndeten, beweisen ließen sie sich nicht. Schriftliche Quellen hingegen dokumentieren aus allen Zeiten das noch heute wohlbekannte Bild der verderbten Weiber, die durch Zucht und Ordnung in Sitte und Brauch eingebunden werden müssen. Männer diktierten ihre Rechte und Pflichten, wobei die Pflichten überwogen.

Bei den Sumerern war es Vorschrift, nicht willfährige Frauen dem Fluß zu überantworten, und im babylonischen Codex Hamurabi, eingegraben in die Dioritstele, findet sich das ungleiche Scheidungsrecht, das Männern gestattete, widerspenstige Frauen, denen es an der gebotenen Sorgfaltspflicht für ihre Angetrauten mangelte, zu verstoßen oder den Haussklaven beizugeben.[3] Strikte Untertänigkeit der Frauen verlangte auch das Gesetzbuch des Manu, das heilige Buch aus der Frühzeit Indiens, mit der Begründung, daß es in der Natur des weiblichen Geschlechts liege, danach zu trachten, den Mann zu verderben.[4] Nicht anders finden wir die Frauen im Alten Testament beschrieben, vom Teufel zur Sünde angefochten, die Männer zu verführen. Zarathustra verlangte von den Frauen, ihre Männer wie Gottheiten anzubeten, und im fernen China warnte Konfuzius vor der Schlechtigkeit des weiblichen Geschlechts, und Buddha befand, daß Frauen bei jeder Gelegenheit zu sündigen bereit wären.[5] Nicht anders empfanden die griechischen Gelehrten, Gesetzesgeber und Staatsmänner. Euripides, Aristoteles, Demosthenes und andere schrieben sich satirisch oder boshaft ihre Erfahrungen mit den Weibern von der Seele. Römische Männer setzten fort, was vor ihnen andere gesagt hatten, ihre Zeugnisse des Widerwillens gegenüber dem weiblichen Geschlecht überdauerten die Zeit, bewahrten sich bis heute in humorigen Kalendersprüchen.

Die großen Gelehrten, Religionsstifter und Philosophen des Altertums auf der zu jener Zeit zur zivilisierten Welt gehörenden Erdenscheibe waren in überwiegender Mehrheit den Frauen nicht wohlgesonnen. Entsprechend dieser offensichtlich vorherrschenden Meinung war die gesellschaftliche Einbindung, die rechtliche Stellung und schließlich auch die Teilnahme an Kulten und Tempeldiensten für Frauen zumeist von niederem Rang. Auf deutschem Boden soll dies alles anders gewesen sein, so belegen uns – freilich aus dürftigen Quellen – die Schöpfer der nationalistischen weisen Heldenfrauen der Germanen. Kritiker hielten diesem Bild germanische Rechtsbräuche entgegen, wonach der Wert einer Frau nur das halbe Wehrgeld betrug. Frauen wurden für ein stattliches Geld aus der

Vormundschaft des Vaters oder ältesten Verwandten entlassen, um unter der Herrschaft des Käufers die Funktion auszuüben, die ihr Dasein bestimmte: Gebären. Taten sie dies nicht, konnten sie verkauft, verschenkt oder verstoßen werden. Vernachlässigten sie ihre übrigen Pflichten, durften sie, gleich den Knechten, Kindern und dem Vieh, geprügelt werden. Wir wissen zwar nicht, ob wir in diesen Regelungen urgermanisches Stammesrecht wiederfinden, die überlieferten Rechtsaltertümer zeigen in weiten Teilen deutlich römischen Einfluß, so daß auch hier Zweifel geboten erscheinen, Ursprüngliches, Unverfälschtes entdecken zu können. Gesichert jedoch ist, daß zur Zeit der Christianisierung die heidnischen Frauen weitgehend rechtlos beziehungsweise im Rahmen der Stammesgesetze der Willkür der Männer ausgesetzt waren, indem sie »lediglich als Rechtsobjekt behandelt und wie ein Gegenstand als persönlicher Besitz des Mannes angesehen wurden«.[6]

Mit dem Christentum vollzog sich im Verhältnis der Geschlechter ein tiefgreifender Wandel, widersprüchlich zwar, aber bis heute in heftigen Diskussionen immer wieder neu bestimmt. Widersprüche ergeben sich aus der Geschichte der christlichen Gemeinden, den kleinen Gruppen der geheimbündlerisch anmutenden Christianer des 1. nachchristlichen Jahrhunderts. Sie mußten der heidnischen Außenwelt und vor allem den jüdischen Pharisäern verdächtig erscheinen, standen sie doch in der Nachfolge des angeblichen Königs der Juden, dem Gottessohn – wie die Christianer behaupteten –, der rechtskräftig verurteilt in Jerusalem hingerichtet worden war. Vornehmlich Frauen wandten sich dieser Sekte zu und prägten im Untergrund die Gemeinden. Geschürt von den jüdischen Gesetzeshütern rankten sich wilde Gerüchte über die heimlichen Zusammenkünfte der Christen. Man unterstellte ihnen kannibalische Rituale, lasterhaftes Treiben der Weiber und warnte mit dem Hinweis auf den von ihnen verehrten Messias vor politischen Umsturzversuchen.

Bereits zu Lebzeiten Jesu waren zahlreiche Frauen dem Meister gefolgt; über wichtige Begegnungen mit ihnen berichten die Evangelisten. In der Todesstunde Christi waren Frauen bei ihm, Frauen waren es, die seine Auferstehung bezeugten. Matthäus hielt fest, was Christus zum jüdischen Brauch, Ehefrauen zu verstoßen, gesagt hatte: »Was Gott zusammengefügt hat, das soll der Mensch nicht scheiden.« Das waren revolutionäre, an den Grundfesten männlichen Herrschaftsanspruchs rüttelnde neue Ideen. Der Apostel Paulus erläutert dies in einem Brief an die Korinther: »Mit Christus kommt das Beherrschen des Anderen zum Ende, denn so wie Christus die Gemeinde liebt, so sind Männer und Frauen aufgefordert, in Liebe und Fürsorge auf ewig verbunden zu sein.« Und er weist darauf hin, »daß die Zeit mit Jesu unwiderruflich angebrochen sei, indem er ausnahmslos alle Menschen, Männer und Frauen in neue Kreaturen verwandelte, dem Liebesgebot Christi unterworfen«.[7]

Der Vorwurf der nichtchristlichen Umwelt, die Christen seien lasterhaft, erklärt sich aus Äußerungen des Apostels, die im Widerspruch zu römischen und jüdischen patriarchalen Vorstellungen stehen: »Hier ist kein Mann, noch Weib, ihr seid allzumal eins in Christo.«[8] Und mehr noch mußten die Empfehlungen zur Sexualität mißfallen. Im Alten Testament wird zwar die Zeugung gefordert, doch der Akt, der dafür nötig ist, wird als unrein und Ausdruck der Sündhaftigkeit des Menschengeschlechts beschrieben. Paulus hingegen löst sich von diesen alten Vorstellungen, fordert eine gleichberechtigte, von gegenseitiger Achtung und Liebe getragene Beziehung zwischen den Geschlechtern: »Der Mann soll sich seiner Frau nicht versagen und die Frau soll ihren Mann nicht vernachlässigen. Die Frau verfügt nicht über ihren Körper, sondern der Mann, ebenso verfügt der Mann nicht über seinen Körper, sondern die Frau. Keiner soll sich dem anderen entziehen, höchstens wenn ihr euch einig werdet, eine Zeitlang auf ehelichen Verkehr zu verzichten, um ungestört beten zu können. Aber danach sollt ihr wieder zusammenkommen, sonst verführt euch der Satan, weil der Trieb in euch zu mächtig ist.«[9]

Die Ehe als Ort der Sexualität und als Schutz vor Unzucht und Hurerei wird bis in unsere Tage die Sexualmoral der christlichen Kirche prägen, und selbst liberale Gesetzesreformer der jüngsten Zeit wollen sich nicht grundsätzlich von diesem Gedanken trennen. Doch da sind Widersprüche, die sexuelle Gleichberechtigung steht im Gegensatz zur paulinischen Auffassung von der Rolle der Frauen in den Gemeinden. Hier sollten sie schweigen und dem Manne untertan sein. Doch möglicherweise ermahnte Paulus die Korinther und Galater nur aus aktuellem Anlaß, vielleicht galt es einen Streit zwischen Frauen und Männern zu schlichten. Denn Frauen schwiegen nicht – der Apostel erwähnt dies, indem er in Herzlichkeit die Diakoninnen Phöbe, Priscilla und Junica grüßen läßt und hieraus nicht zu ersehen ist, daß er Grund zur Beanstandung ihrer Lehr- und Predigertätigkeit hatte.[10]

500 Jahre galt, was Christus bestimmt hatte: Die Ehe ist eine von Gott gegebene Ordnung, über die der Mensch nicht frei verfügen kann. Dies bedeutete bis zum Konzil von Trient und den Reformen Luthers auch, daß sie nicht unter Mitwirkung der Kirche geschlossen zu werden brauchte und nicht geschieden werden konnte. Den Bund einzugehen war eine Entscheidung zweier Menschen vor Gott, der nicht des Segens Dritter bedurfte. Dies widersprach der weltlichen feudalen Ordnung, die darauf zu achten hatte, daß vor der Familiengründung Fragen der Existenzsicherung, grundherrschaftliche Rechte und Erbschaftsregelungen zu klären waren. Die Obrigkeit hatte Regelungen zu treffen, die in die persönliche Entscheidung der Eheschließenden eingriff, dazu gehörten vor allem strikte Heiratsverbote, über die der Grundherr zu wachen hatte. Zu diesen Forderungen der weltlichen Macht durfte die Kirche nicht schweigen, nachdem sie, zur Staatsreligion erhoben, auch Verantwortung am Gemeinwesen zu tragen hatte. Selbst mit Grundbesitz und pflichtigen Bauern ausgestattet, von den Herrschenden korrumpiert, mußte sie bisweilen am christlichen Lehrgebäude korrigierend nachbessern.

Aber da ist ein weiterer Widerspruch, zunächst nicht so deutlich hervortretend, doch im Verlauf theologischer Auseinandersetzungen um Ehe und Sexualität an Gewicht zunehmend: Um des Himmelreichs willen, so war von Christus zu hören, sei es geboten, Bruder und Schwester, Vater und Mutter, Frau und Kinder zu verlassen. Die weltliche Gerichtsbarkeit bedroht bis in unsere Tage solche schändliche Unterhaltsverletzung mit strenger Strafe. Von den Jesu nachfolgenden Aposteln wissen wir, daß sie verheiratet waren, freilich ohne Nachricht darüber, wie sie ihre Ehe gestalteten, wieviel Zeit der Meister ihnen für das Familienleben gestattete. Er selbst blieb unverheiratet, doch den Frauen nicht abhold.

Auch der nach der Auferstehung berufene Apostel Paulus entschied sich gegen die Ehe, indem er darin den Vorzug sah, sich in der Hingabe zu Christus nicht einzuschränken. War dies die Sorge um die bedrohten Gemeinden und die Furcht, sich durch Ehesorgen von der gewaltigen Aufgabe ablenken zu lassen, oder eine alttestamentarische Rückbesinnung auf das verlorene Paradies und die Trennung von Gott, in deren Folge Mann und Frau näher zusammenrückten?

Die Christen jener Zeit sahen die Wiederkehr Jesu als unmittelbar bevorstehend, und damit sank die Bedeutung der Ehe als diesseitiger gleichnishafter Bund zweier Menschen, der als Abbild für die Gemeinschaft der Christen mit Christus verstanden wurde. Fromme Männer zogen daraus Konsequenzen, entsagten der Sexualität und damit der Ehe, folgten jenen Christen, die zur Zeit der decischen Christenverfolgung in die Wüste Oberägyptens geflohen waren und dort das einfache Leben der Urgemeinden erhielten. Fern der Querelen der zunehmend verweltlichenden Kirche, den Kämpfen um Macht und Gunst, versuchten sie in ungeschmälerter Hingabe die Nachfolge Christi anzutreten. Es waren für das Christentum heilige Männer, um die sich bald Legenden und Wundergeschichten rankten. Mit dem heiligen Pachomius erhielt das Zusammenleben der Gemeinschaft eine feste Ordnung, vorbildhaft für weitere Gründungen klösterlicher Bruderschaften. Für die Heiligen, die in gleißender Sonne, bei Wind und Wetter auf Säulen darbten, die Brüder, die sich arbeitend und betend in Gruppen zusammenfanden, war die Entscheidung für ein entsagungsvolles Leben eine selbstgewählte Form des gottgefälligen Lebens, nicht verbindlich für die Gesamtheit der Christenheit und sicher auch nicht vom Eifer, besser als die anderen zu sein, diktiert.

Der Grund für diese Selbstkasteiung ist weniger mit Christus und Paulus zu motivieren, sondern ist mehr aus der Philosophie des heidnischen Altertums zu erklären. Der griechische Kirchenlehrer Basilius, der selber eine geraume Zeit in klösterlicher Abgeschiedenheit lebte, hatte sich während seiner Studienzeit in Athen eingehend mit dem Stoizismus beschäftigt; insbesondere fanden die Lehren des großen Zeno seinen Beifall. In seiner Rede »An die Jünglinge« forderte der Heilige die Jugend auf, ihren Geist an den heidnischen Klassikern zu schärfen, ein freilich nicht ungefährlicher Rat, denn manches, was beispielsweise die Stoiker gesagt hatten, widersprach der christlichen Lehre. Für den Umgang mit der heidnischen Literatur empfahl Basilius es wie die Bienen zu tun: nur das Nützliche aus den Blüten zu saugen.[11] Die Empfehlung blieb nicht ungehört, dort, wo

Widersprüchliches von Christus zu hören war, wo Paulus nicht klar interpretierte, füllten Kirchenlehrer und kluge Männer das christliche Lehrgebäude mit heidnischer Philosophie. Besonderes Wohlgefallen fanden sie an der Tugendlehre der Stoa. Die Grundidee war einfach und einleuchtend: Die Tugend ist das höchste Gut, das Laster das einzige Übel. Darum galt es, die Menschen in Sitte und Moral als Voraussetzung eines harmonischen Zusammenlebens einzubinden. Jedes Individuum blieb aufgefordert, in steter Übung die Tugendhaftigkeit zu überpüfen, um so zu einer Herrschaft über die Triebe und Leidenschaften zu gelangen. Sinnliche Lust war für die Stoiker die Quelle der inneren und äußeren Konflikte, sie zu überwinden hieß den Weg der Weisheit zu beschreiten. Die geforderte Herrschaft über den Körper machte den Weisen nicht gefühllos, doch unverwundbar, schenkte ihm die sprichwörtliche »stoische Ruhe«.

Angesichts des von konservativen Gelehrten beklagten moralischen Niedergangs Roms gewann diese Lehre zunehmend Einfluß auf die römische Philosophie. Für Seneca war sie der Schlüssel für die Genesung des dekadenten Volkes und namentlich der Oberschicht, wobei er vor allem den römischen Frauen die Schuld am Verfall der Sitten zuwies, die für ihn »schamlose Geschöpfe« waren, verderbt und lüstern, die Männer verführend. Auch für die eheliche Sexualität fordert er Triebverzicht: »Nichts ist verderbter, seine Gattin wie eine Ehebrecherin zu lieben« sagt er und bemäkelt die lustvolle Umarmung, fordert einen maßvollen Umgang der Partner, niemals den »beständigen« Sinn der Kopulation zu mißachten, die doch nur der Zeugung zu dienen habe.[12] Im Gegensatz zur paulinischen Auffassung zur Sexualität wird bis auf unsere Zeit die Kirche diesem Gedanken mehr Gewicht geben und das Christenvolk mit sexuellen Schuldgefühlen bedrängen. Vor allem aber führte dies auch zu einer Doppeldeutigkeit der christlichen Sexualmoral, die unterschiedlich zu interpretieren war und schließlich zu jenen »Verirrungen und Verwirrungen« führte, die Otto von Corvin genüßlich aufdeckte.

Maßgeblichen Anteil an diesen Verwirrungen trug Augustinus, Bischof von Hippo Regius. Er schrieb nieder, was bereits Seneca forderte: Der eheliche Beischlaf ist ohne Sünde, wenn Mann und Frau sich in der alleinigen Absicht umarmen, Kinder zu zeugen. Sünde hingegen ist es, auch in der Ehe Fleischeslust zu suchen. Augustinus wußte, wovon der sprach, er hatte die fleischlichen Sünden ausgekostet. Beweint von seiner frommen Mutter hatte er ein ausschweifendes Leben geführt, bis er schließlich durch die Predigten des heiligen Ambrosius in sich ging, in klösterlicher Abgeschiedenheit niederschrieb, wie es denn mit der Lust zu halten wäre. Bevor Adam und Eva »sich erkannten« – so behauptete der Heilige – war die Zeugung ein Akt der Vernunft, ohne lustvollen Trieb. Diese, wohl wie eine Bestäubung vorstellbare Begattung war freilich nach dem Genuß des Apfels vorbei, fortan war die Menschheit mit dem drängenden Verlangen nach dem anderen Geschlecht gepeinigt. Es war die Strafe Gottes für den Sündenfall, die Satan Macht über die Menschen verlieh. Das hieß aber auch, diese Strafe anzunehmen, auf die Vergebung der Sünden zu hoffen und sich zumindest zu bemühen, die Triebe nicht maßlos sprießen zu lassen. Da es aber auch eine eheliche Pflicht gab, wäre der Ausweg aus dem Dilemma bei gleichberechtigten Partnern zu respektieren, daß, wenn bei einem der Liebenden kein Zeugungswille vorhanden, der Beischlaf keine Sünde wäre. Hüten müßte man sich jedoch vor luststeigernden Praktiken, sie befleckten die von Gott gegebene Ehe und wären notfalls, auf Vergebung hoffend, außerhalb des heiligen Bundes zu suchen. Besser wäre es, eine Hure zu frequentieren als die heilige Ehe zu entweihen.

Den willigen Geist und das schwache Fleisch, frommes Streben und anfechtende Sünde werden die Christen fortan in Einklang zu bringen haben, wobei die Freiheit der Entscheidung, trotz mahnender Stimmen der Kirchenoberen, mit der in Aussicht gestellten Gnade der Vergebung dem Christen auch ein wenig oder mehr Lust gestattete.

Kehren wir zurück zum heiligen Basilius und seiner Empfehlung, Nektar aus der heidnischen Philosophie zu saugen. Heidnischen Ursprungs ist der zunehmend von den Christen aufgenommene Dualismus von Leib und Seele. Er widerspricht der paulinischen Forderung, Geist und Körper in harmonischen Einklang zu bringen: »Der Gott des Friedens heilige euch durch und durch und euer Geist ganz, samt Seele und Leib, muß behalten werden unsträflich auf die Zukunft unseres Herrn Jesu Christi«.[13] Dieses biblische ganzheitliche Denken erklärt die Äußerungen des Apostels zu Sexualität, Völlerei, Zank, Neid und Unzucht. Der Christ ist aufgefordert, Leib und Seele in eine harmonische Ausgewogenheit zu versetzen, Unmäßigkeit und Ausschweifungen stören den Zusammenhang der göttlichen Ordnung. Die heidnischen griechischen Philosophen hingegen, vor allem Platon, betrachteten den Leib als Gefängnis der Seele. Erst mit dem Tode verließe die Seele diese unwürdige Fessel und wanderte befreit in eine höhere göttliche Welt.

Im dritten nachchristlichen Jahrhundert entdeckten gebildete Männer die Lehren Platons und begründeten, vor allem von Alexandrien ausgehend, eine neue platonische Schule, verschmolzen griechische und orientalische Einflüsse zu einer heidnischen Reformbewegung gegen das bedrohlich wachsende Christentum. Es war die philosophische Begründung des Heidentums, einerseits gegen die Christen gerichtet, zum anderen aber sollte Einfluß auf das in Luxus und mystische Schwärmerei verflochtene Heidentum genommen werden. Die intellektuelle Kraft der alexandrinischen Schule wird in der Zukunft die Christenheit und vor allem die gelehrten Kirchenmänner zu beschäftigen haben, schließlich war einer der ersten »Neuplatoniker« der Christ Ammonius. Er kehrte zum Heidentum zurück, die Lehre verbreiteten jedoch in den christlichen Gemeinden seine Schüler wie Clemens von Alexandrien, der zudem in seiner »Stromata« die heidnisch-christliche Literatur zu einem Ganzen vereinte. Seine Auffassung, »die griechische Philosophie habe, wie das jüdische Gesetz, eine rechtfertigende Kraft gehabt und habe auch noch jetzt die Aufgabe, die Menschen vom Glauben zum Wissen und damit zu einer höheren Vollkommenheit zu führen«[14], bedeutete die Integration heidnischer Glaubensvorstellungen in die christliche Lehre, überdeckte zuweilen die hoffnungsvolle Botschaft Jesu und brach die Kraft der umwälzenden Reformen.

Das gern offerierte Bild von der päpstlichen Gewaltherrschaft ist falsch. Nicht nur zu Zeiten der alten Kirchenväter ließ die Kirche lebendige Meinungsvielfalt zu. Im Ringen um den wahren Glauben wurde disputiert und heftig gestritten. Dabei überwog zuweilen das Streben nach Macht und Einfluß, überschattete nicht selten das Friedens- und Liebesgebot und veranlaßte manch Frommen, den Gegner mit Unflat zu überschütten.

Damit kehren wir zurück zu Otto von Corvins »Verirrungen und Verwirrungen der katholischen Geistlichkeit«, nicht ohne uns an die unterschiedlichen Facetten der christlichen Sexualmoral zu erinnern. Wir haben festzuhalten, daß mit der christlichen Botschaft sich auch das Verhältnis der Geschlechter zueinander grundlegend änderte, das Liebesgebot Jesu Männer und Frauen gleichberechtigt einbezog. Alter Rechtsbrauch, heidnische Philosophie und das widersprüchliche alttestamentarische Frauenbild erwiesen sich als eine verhängnisvolle Erbschaft, die von Teilen der gelehrten Kirchenschriftsteller in das Christentum eingebracht wurde und im Verlauf der Geschichte der christlichen Kirche, unterschiedlich gewichtet, die Sexualmoral wesentlich beeinflußte.

Der Geier
und die weiße Taube:

Satans Kampf um fromme Seelen

Die unterschiedlichen Meinungen, wie es nun mit dem Sex zu halten wäre, spalteten die katholischen Christen. Die Mehrheit der Diener der Kirche mochte den strengen Forderungen jener nicht folgen, die ihnen strikte Enthaltsamkeit auferlegten und kirchengesetzlich festschreiben wollten.

Die Partei der tugendsamen Neuplatoniker war jedoch zum Beginn des 4. Jahrhunderts, vor allem in der weströmischen Kirche, so stark, daß sie anläßlich des Konzils von Nicäa versuchte, den Bischöfen und Priestern den Beischlaf mit ihren Frauen zu verbieten. Doch der Bischof von Oberthebais ergriff das Wort und überzeugte die Mehrheit von der besonderen Keuschheit der ehelichen Kopulation; sie wäre, so befand er, ohne Sünde.[1] Der Antrag der »Tugendsamen« wurde abgelehnt. Mönche freilich sollten in freier Entscheidung ein Keuschheitsgelübde ablegen und den Bischöfen und Priestern nach der Weihe die Ehe versagt werden.[2]

Bei dieser Regelung ist es in der Ostkirche bis heute geblieben, wobei es Brauch wurde, die Bischöfe aus dem ehelosen Mönchsstand zu erwählen. Möglicherweise ist diese moderate Haltung zur Sexualität der Grund dafür, daß in der Ostkirche eine Dämonisierung der Frauen und entsprechende Verfolgungen sich nicht entwickeln konnten. Der hier aus dem Volksglauben übernommene Kirchenfluch für abtrünnige Christen, ruhelos als Wiedergänger keinen Totenfrieden zu finden, betraf Männer und Frauen gleichermaßen.

Die weströmische Kirche mochte sich mit dem Konzilsbeschluß und der Auffassung des Bischofs Paphnutius, ehelichen Beischlaf den Priestern zu gestatten, nicht abfinden. Mit bischöflichen Verfügungen versuchte man, die kirchlichen Würdenträger zu bedrängen, ihre Ehefrauen zu verlassen. Bischof Siricius erteilte den Mönchen die Weihen, wertete sie damit auf, um den Weltgeistlichen nahezulegen, diesem Vorbild zu folgen und sich auch einem Keuschheitsgelübde zu beugen.[3]

Dies stieß wiederum auf den entschiedenen Widerstand der Ostkirche, noch einmal erwirkte sie in Konstantinopel 692 einen Konzilsbeschluß. Im 13. Kanon hieß es: »Nachdem wir vernommen haben, daß die römisch-katholische Kirche befohlen, daß Priester und Diakonen ihre rechtmäßigen Weiber verlassen sollen, so beschließen wir, die in diesem Concilium Versammelten, daß Priester und Diakonen, gemäß der alten Gewohnheit und Anordnung der Apostel, mit ihren Weibern ebenso wie Laien leben mögen. Wir verbieten hiermit gänzlich, daß man bei der Weihe der Priester und Diakonen einen unter dem Vorwand, daß er verheiratet sei und daß er seinem Weibe auch nach der Weihe noch beiwohnen wolle, von der Weihe ausschließe. Wir wollen keineswegs dasjenige trennen, was Gott vereinigt hat.«[4]

Mehr als siebenhundert Jahre stritten sich die Männer der Kirche über den Zölibat. Erst nach der Kirchenspaltung konnte Papst Gregor VI. bei Strafe der Exkommunikation die Ehelosigkeit der Priester verfügen.

Frauen waren an diesem Disput freilich nicht beteiligt, von kirchlichen Ämtern ausgeschlossen, schwiegen sie längst schon in den Gemeinden, hatten sich der geistlichen Obhut der männlichen Hierarchie zu beugen. Doch auch für sie galt, was der heilige Chrisostomos gesagt hatte: »Der jungfräuliche Stand ist weitaus würdiger als die Ehe.«[5] Bereits im 4. Jahrhundert sammelten sich auch Frauen in klösterlichen Gemeinschaften, folgten dem heiligen Basilius und gelobten, in Armut, Keuschheit und Gehorsam sich dem Gottesreich zu nähern.

Auch im Abendland wurden Klöster von Gregor von Tours und Benedikt von Nursia gegründet. Der heilige Benedikt errichtete auf dem Gipfel eines Berges nördlich von Neapel die Abtei Montecassino und gab den Mönchen eine Verfassung, die zum Vorbild aller weiteren Gründungen wurde. Fortan werden die Klöster der römischen Kirche in die Hierarchie eingebunden, ihre Unabhängigkeit weitgehend verlieren und sich in die Ordnung der feudalen Gesellschaft einfügen.

Die benediktinischen Regeln galten auch für die Nonnen, doch standen Frauenklöster unter strenger Aufsicht der geistlichen Herren. Die Schwester des heiligen Benedikt dokumentierte mit der Errichtung ihres Klosters am Fuße der Abtei Montecassino den Rang der Nonnen im Orden.

Benediktiner bestimmten weitgehend den Fortgang der Mission im zum großen Teil noch heidnischen Abendland. Ihre Klöster waren Zentren der Bildung und Gelehrsamkeit, vor allem aber Bastionen im Kampf um die Seelen der vom Satan verblendeten Heiden. Es war der heilige Krieg der Verkündigung, der die Mithilfe der Frauen verlangte. In Zeiten großer Aufgaben pflegen Männer, vom schwachen Geschlecht die schweren Bürden mittragen zu lassen.

In einem päpstlichen Sendschreiben erinnerte Gregor der Große Brunhilde von Burgund daran, daß der Norden noch in weiten Landstrichen den Heidengöttern opferte, und erbat ihre Hilfe zu einem neuerlichen Missionswerk.[6] Doch der Eifer der Königin war verhalten. Schließlich beauftragte der Papst den Benediktiner Augustin, nach England zu reisen, um dort den Angelsachsen die Heilsbotschaft zu verkünden. Es war eine erfolgreiche Mission, begünstigt durch eine Frau: Bertha. Die Gemahlin des heidnischen Königs AEthbert von Kent war eine fränkische Christin. Frauen der aristokratischen Oberschicht waren maßgeblich an der Ausbreitung des Christentums beteiligt, gründeten Klöster, die sie als Äbtissinnen leiteten. Aus dem fernen Gallien half eine weitere Frau: Äbtissin Bertha von Chelles schickte dringend benötigte Bücher und die Frömmigkeit befördernde Reliquien, sammelte Geld zur Gründung weiterer klösterlicher Gemeinschaften. Ermutigt von der rasch fortschreitenden Christianisierung, die allerdings zunächst nur den Adel erfaßte, beschloß der Mönch Wilfried-Bonifatius, auch den sächsischen Blutsverwandten des Festlandes die christliche Botschaft zu verkünden. Doch die germanischen Stämme widersetzten sich, befürchteten wohl eine Überfremdung und ließen sich nur schwer bewegen, ihre Knie vor dem römischen Marterwerkzeug zu beugen. Bonifatius mußte Hilfe erbitten. Zwei Mönche folgten seinem Ruf, und schließlich traten auch drei Frauen die beschwerliche Reise in das gefährliche Missionsgebiet an: Walpurga, Thekla und Lioba. Ihre tatsächlichen Vitae sind von Legenden überrankt, Wundergeschichten, die bis in unsere Zeit hinein, in Volkssagen tradiert, erzählt werden. Gesichert ist, daß sie Klöster gründeten und ihnen als Äbtissinnen vorstanden, Klöster, die weniger Orte der Erbauung und Weltabgeschiedenheit, sondern vor allem Werkstätten für den Bedarf der Missionsarbeit waren. Sie stellten Bibelhandschriften her und fertigten Gegenstände für den gottesdienstlichen Gebrauch, sorgten für die Kleidung und Meßgewänder der Missionare. Daneben begleiteten sie die gefährlichen Wanderungen der Brüder mit bei Tag und Nacht gelesener Fürbitte.

Im 8. Jahrhundert standen Frauen und Männer gemeinsam im Kampf gegen Satan, der außerhalb der Klostermauern von seinem dämonischen Werk nicht ablassen wollte, die Seelen der unglücklichen Heiden mit List und Täuschung gefangen zu halten. Die Klöster waren Gottes feste Burgen in einer vom bösen Geist noch nicht befreiten Welt. In der Gemeinschaft mit Christus zu leben hieß, daß Satan keine Macht über die Brüder und Schwestern haben sollte. Es waren religiöse Zentren, in denen der Geist des christlichen Aufbruchs gelebt wurde. Doch noch während der Missionsarbeit entwickelten sie sich zu wichtigen politischen Instrumentarien der fürstlichen Herrscher. Mit reichen Gütern ausgestattet wuchs ihre Bedeutung, und namentlich die fränkischen Könige bewiesen ihrem Adel mit Klosterschenkungen besondere Gunst, weltliche Herren wurden Commendaturäbte. Sie waren weniger um die geistlichen Übungen und Disziplin der Klosterinsassen besorgt, vielmehr trachteten sie danach, die Einkünfte zu vermehren, an denen auch die Brüder und Schwestern, die doch Enthaltsamkeit gelobt hatten, partizipierten.

Die Verweltlichung der Klöster öffnete Satan die Tore, Taugenichtse und Müßiggänger suchten Unterschlupf und sichere Existenz, entweihten die heiligen Orte mit Wohlleben und Sittenlosigkeit. Für jene, deren Gelübde eine ernsthafte Herausforderung war, in der Nachfolge Christi zu bestehen, wurde das klösterliche Zusammenleben ein anderes Martyrium als es die Heiligen mit dem Heidensatan erlitten. Eine junge adelige Nonne schrieb über dieses Leiden: Roswitha von Gandersheim.

Literaturhistoriker des 19. Jahrhunderts bemäkelten die »gewisse Freizügigkeit« der dichtenden Nonne und befanden zum Beispiel die Beschreibung homoerotischer Handlungen eines maurischen Fürsten am heiligen Pelegrin »aus der Feder einer Nonne für bedenklich«.[7] Auch ihre literarische Aufarbeitung der Legende vom heiligen Gangolf mißbilligten die prüden Aufklärer, denen der Erfahrungsschatz Roswithas verdächtig erschien. Woher wußte sie die Details irdischer Liebe, wußte von Mordtaten geistlicher Liebhaber, Eifersucht und Ehebruch? Für die Gelehrten des 19. Jahrhunderts waren die »frivolen Gespräche liederlicher Menschen mit keuschen Nonnen«[8], wie Roswitha von Gandersheim sie beschrieb, moralisch verwerflich. Wiederentdeckt war sie bereits im 16. Jahrhundert. 1501 veröffentlichte der Gelehrte Conrad Celtes ihre geistlichen und historischen Schriften. In dieser Zeit wußte man noch von den Kämpfen Satans um die Seelen der Frommen, und so würdigte man ihre erotischen Texte als Ausdruck ihrer Auseinandersetzung mit den diesseitigen Anfechtungen. Wie ein roter Faden durchzieht Roswithas Werk das weibliche Martyrium, das mit Hilfe der Gnadenmutter freilich zu bestehen war. Selbst das schwache Weib vermochte dem Satan zu trotzen. Der Böse nahm für sie Gestalt an, greifbar gab er sich zu erkennen und offenbarte sich in ihren sinnlichen Gelüsten: Es ist der Mann, für Roswitha das männliche Prinzip, fremd, dämonisch, »wie der Geyer, der die weiße Taube bedroht«.[9]

Bleiben wir bei dem Martyrium der Entsagung und den teuflischen Anfechtungen, den lockenden Angeboten Satans, mit denen er versuchte, jene vom rechten Weg abzubringen, die sich seinem Widersacher angetraut hatten. Nur wenige widerstanden ihm, und vor allem die Klöster waren sein Kampffeld geworden. Viele der Brüder und Schwestern waren nicht freiwillig dort; insbesondere Frauen wurden gedrängt, den »Schleier zu nehmen«: heimliche Ehefrauen unbotmäßiger Priester, Mädchen, die eine unglückliche Liebe verwirrte und schließlich Witwen, denen eine zweite Ehe versagt blieb. Sie wären bisweilen lieber dem Satan gefolgt als hinter Klostermauern begraben zu werden.

Als sich die Klostertore hinter ihr schlossen, war die lebenslustige Heloise, Nichte des angesehenen Pariser Kanonikers Fulbert, noch keine zwanzig Jahre alt; zuvor gebar sie einen Sohn, sie wird ihn nur selten noch haben sehen dürfen. Mit 15 Jahren hatte ihr Onkel sie in die geistliche Obhut des angesehenen Magisters Abaelard gegeben. Doch bald entwickelte sich zwischen dem Lehrer und der Schülerin eine leidenschaftliche Liebe, und als sie schwanger wurde, bot Abaelard dem Onkel an, das Mädchen zu heiraten, mit Rücksicht auf seine Popularität freilich geheim und ohne Aufsehen. Entgegen der Abmachung verkündete der Onkel die Hochzeit. Abaelard, um seinen Ruf bedacht, entführte das Mädchen. Außer sich vor Wut ließ Fulbert den berühmten Magister überfallen und entmannen. Der weitere Verlauf des Dramas entspricht dem Grundmuster mittelalterlicher Konfliktlösungen: ultima ratio ist das Kloster. Abaelard zieht sich dorthin zurück und läßt sich alsbald zum Priester weihen, bedrängt auch seine Geliebte, den Schleier zu nehmen. Es klingt wie ein Dankgebet, wenn er schreibt: »Gottes gerechte Strafe, Gott hat mich an dem Teil gestraft, mit dem ich gesündigt hatte.« Die Polarisierung der kirchlichen Auffassung zur Sexualität, das Entweder-Oder half ihm, diese Entscheidung zu treffen. Und Heloise? Sie wurde Äbtissin des Klosters Argenteuil und – wie wir wissen, führte sie, allseits gerühmt, aufopferungsvoll die ihr anvertrauten Nonnen. Ihr Leben aber blieb bestimmt von der verzehrenden Liebe zu Abaelard. Die Briefe, die sie an ihn schrieb, sind rührende Zeugnisse leidenschaftlicher Zuneigung, die der Geliebte mit der Aufforderung entgegnete, seinem Vorbild zu folgen und die Erfüllung in der wahren jenseitigen Liebe zu suchen. Satan oder Christus war die Entscheidung. Heloise entschied sich für das Diesseits, und sie bekannte kurz nach dem Tode Abaelards, daß sie ihm ihrer Liebe willen »überallhin gefolgt wäre, sogar in die Hölle vorausgeeilt oder ihm nachgesprungen«.[10]

Wir haben es uns angewöhnt, die Kirche als monolithischen Block zu sehen, durch päpstliche Autorität straff geführt und von der Hierarchie bis in die kleinsten Gemeinden überwacht. Die Kirchengeschichte bezeugt jedoch heftige theologische Disputationen und einen großen Spielraum freier Entscheidungen des Einzelnen. Freilich, da wurde auch unterstellt, gepetzt und inquisitorisch eingeschritten. Neid und Mißgunst nagten auch an den Seelen der Frommen. Neben Verfall und Sittenlosigkeit gab es auch Reformer und Erneuerer, die den Geist der mächtigen, mit der diesseitigen Welt verwobenen Kirche gesunden lassen wollten. Nicht selten waren es gerade Frauen, die Reformen beförderten und neue Frömmigkeitsbewegungen entscheidend mittrugen.

Ortega y Gasset glaubte, in der Geschichte einen Geschlechterrhythmus erkennen zu können. Es gäbe Epochen, die von männlichen Werten beherrscht und andere, die weiblich bestimmt wären. Im frühen Mittelalter sah Ortega eine männliche Zeit, Frauen hätten am öffentlichen Leben nicht teilgenommen. Kriegerische Auseinandersetzungen und siegestrunkene Männergesellschaften unter Waffenbrüdern, barbarisch, ohne jegliche Kultur, prägten das »grobe Zeitalter«.[11] Dieser Gedanke, in die Matriarchatsdiskussion eingebracht, ist nicht ohne Reiz. Die als Relikte vergangener Frauenherrschaft entdeckten und als Beweis herangezogenen matriarchalen Strukturen würden sich demnach lediglich als Wellenbewegung mehr weiblich bestimmter Epochen erklären lassen. Folgten wir Ortega, so wäre das spätere Mittelalter dadurch gekennzeichnet, daß »am historischen Horizont das Gestirn der Frau emporsteigt«.[12] Es ist die Zeit der Minne, der literarisch verklärten, unerreichbaren Geliebten, die im Mittelpunkt einer verzehrenden Sehnsucht steht. Zuweilen darf die Rose geöffnet werden, »die Rosenblätter auseinandergeschoben, ein wenig Samen in ihrer Mitte verschüttet und der Kelch bis in seine innersten Tiefen erforscht werden«.[13] Doch das Glück ist stets von kurzer Dauer, ein unabwendbares Schicksal drängt sich zwischen die Liebenden, läßt das Gras, in dem man Glückseligkeit spürte, vom Herbst verdorren, den Gesang der Nachtigall, der die Wonnen begleitete, verstummen. Das höfische Leben wurde weitgehend durch die Anwesenheit der Frauen veredelt. Selbst der päpstliche Hof, vor allem in Avignon, verzichtete nicht auf die Gesellschaft hervorragender Damen, ja, er war der erste Ort, der Frauen die Teilnahme am höfischen Leben nicht nur gestattete, sondern diese protokollarisch einband.

Die Kurtisane hatte in jener Zeit noch nicht den anrüchigen Ruf, den ihr das 19. Jahrhundert gab. Es waren Frauen, die den Kreis der zumeist ehelosen kirchlichen Würdenträger mit Witz und Geist und zuweilen auch etwas mehr zu unterhalten hatten. Kirchliche und weltliche Autorität drängten die Untertanen zur Ehe, die im Rahmen der feudalen Ordnung die Herrschaftsstrukturen der Gesellschaft auf die Familie übertrug: Der Mann war zum »wehrenden Herrn« seiner

Sippe bestimmt, die Frau und die Kinder zum Gehorsam verpflichtet. Während die Kebsweiber, Prostituierte, die zum Teil verheiratet waren, in den Städten aus Armut zum käuflichen Liebesdienst gezwungen waren, gab es auch Frauen, die, in der höfischen Gesellschaft angesiedelt, als Kurtisanen darin eine alternative Lebensform zur Ehe sahen, unabhängig und frei von der männlichen Gewalt eines Hausherrn. Nicht wenige Frauen wählten diese Freiheit. Anläßlich des Konzils von Konstanz, so berichtete der Rat der Stadt, wären über 1500 Damen herbeigereist, um den geselligen Teil der hohen Versammlung zu verschönen.[14] Doch ist Ortega zu widersprechen, das Zeitalter prägten sie nur in dem Maße, daß sie die Konventionen veredelten, vielleicht auch im Ränkespiel um Macht und Einfluß zuweilen ihre Gunst einsetzten. Vom 12. bis zum 16. Jahrhundert kursierte die Sage, später zur Satire umgeschriebene Geschichte der »Johanna Papissa«, der Päpstin, die als Mann verkleidet das hohe Amt auf dem Stuhle Petri ausgeübt hätte, jedoch erkannt wurde, als sie während einer Prozession auf der Straße ein Kind zur Welt brachte.[15] Johanna die Päpstin war eine Spottfigur, die den Einfluß der Frauen am päpstlichen Hof und die lockeren Sitten der Päpste lächerlich machen sollte. Angesichts der Bedeutung der Frauen in der höfischen Gesellschaft, die Residenzen der kirchlichen Würdenträger eingeschlossen, ist eine ausgeprägte Frauenfeindlichkeit in jener Zeit nicht auszumachen.

Im 11. Jahrhundert gab es nur wenige Frauenklöster, die zudem nur adeligen Damen zugänglich waren. Erzbischof Friedrich I. von Köln bekannte selbstkritisch seine Nachlässigkeit gegenüber den Frauen, »für die kein Ort vorhanden, zu dem ein Weib fliehen kann, die sich das Gelübde der Enthaltsamkeit vorgenommen hat«.[16] Er reagierte damit auf Klagen einiger Äbtissinnen, die eine stetig wachsende Zahl von Bewerberinnen für das klösterliche Leben zu verzeichnen hatten. Es waren Frauen, die sich vermutlich weniger den strengen Ordensregeln unterwerfen wollten, sondern in wirtschaftlicher Unabhängigkeit und sozialer Geborgenheit außerhalb der Ehe alternative Lebensformen suchten. Zahlen belegen den Zustrom in die Klöster. Bis zur Mitte des 16. Jahrhunderts wurden von den Orden etwa 1300 Frauenklöster gegründet.[17] Dieser Anstieg spiegelt auch die religiöse Kraft der von Frauen getragenen mittelalterlichen

Frömmigkeitsbewegung wider. Vor allem war es die christliche Mystik, zu der sie sich hingezogen fühlten, die sie maßgeblich beeinflußten und vor allem mit einer weiblich-erotischen Schwärmerei erfüllten. Es war eine Gegenbewegung zur Scholastik, die mit Vernunft Gottes Geist zu erfassen trachtete. »Was liegt mir an der Philosophie«, sagte Bernhard von Clairvaux, »meine Lehrer sind die Apostel. Sie haben mich nicht gelehrt, Platon zu lesen und die Spitzfindigkeiten des Aristoteles aufzulösen.«[18] Eine kleine Tuschzeichnung aus der ersten Hälfte des 14. Jahrhunderts illustriert eindrucksvoll das Frömmigkeitsbild der Mystik. Dargestellt ist der schmerzvoll zusammengesunkene Gekreuzigte, dessen Blut in breiten Strömen zu Boden fließt. Seine Füße umschließen der heilige Bernhard und eine Nonne.[19] Das Opfer des Gottessohnes in mitfühlender Liebe zu empfinden und aus diesem Mitleiden seinen Weg der Selbstverleugnung, Armut und Kreuzesopfer zu folgen, war der Ansatz der mystischen Religiosität, »nicht wie ein Kanal sich vom Geist Gottes durchfließen lassen, sondern wie in einem Gefäß das wunderbare Gefühl der herrlichen Botschaft zu sammeln«.[20]

Den großen Mystikern, Bernhard von Clairvaux, Johannes Tauber, Thomas a Kempis und Suso, folgten zahlreiche Frauen. Eigens für sie geschriebene Lieder dokumentieren die innige, zuweilen naive Frömmigkeit:

> Es saß ein edel Maget schon,
> in hoher Contemplation.
> In tiefer Andacht sie betracht,
> Wie Gott der Menschen Heil vollbracht ...[21]

Kontemplation, die Hinwendung zu Gott, war das Ziel vielfältiger Übungen der mystischen Bewegung, freilich ein schweres Vorhaben in einer vom Satan bedrohten Welt.

Mittlerin zwischen dem Diesseits und dem Jenseits war die jungfräuliche Maria. Zum einen das schwache Weib, zum anderen die Trägerin des göttlichen Willens, irdische Magd und Königin des Himmels, auf Erden die Schmerzensreiche und zugleich die Allerseligste, die das Wunder in sich erfuhr und für das heiligste Geheimnis Gottes auserwählt wurde. In einer göttlich-menschlichen Weiblichkeit war sie die Personifizierung der Gnade, der ewigen Liebe, die, die ihrem Sohn als gestrengen Richter über die Lebendigen und die Toten die Seelen der Menschen gnädig empfahl. So galt es, mit Hilfe der Gnadenmutter der fleischlich-irdischen Liebe zu entsagen und durch Kontemplation die jenseitige Liebe zu erfahren.

Vor einem Marienbild wurde dem Mystiker Suso diese Gnade zuteil; es war eine heilige Verzückung, die plötzlich seinen Körper in Wellen durchbebte: »Mein Herz war erfüllt von seliger Lust und wunderbar süßem Gefühl, gierig und doch gesättigt, lieblich das Gefühl in den Lüften zu schweben und die Seele erfüllt vom süßen Himmelsgeschmack.«[22] Der Weg zu diesem himmlischen Orgasmus war freilich ein schweres Martyrium, ständig von Satans Anfechtungen begleitet, der mit lüsternen Weibsbildern lockte. Durch die Gnade der Heiligen Jungfrau gelang es Suso schließlich, vor ihrem Bild die irdischen Gelüste zu sublimieren. Mit 13 Jahren brachte die Mutter Suso in das Kloster, doch dort war nur wenig Erbauliches zu entdecken: »Wo sonst die heiligen Engel wohnen, da wüteten nun die Schweine«, schrieb er und fuhr fort: »Doch hatte ich ein minnigliches Herz und übte mich in der Verehrung der Mutter Maria, die mir Mutter und Geliebte war.« Das schlechte Vorbild seiner Brüder, den »Schweinen am Trog«, veranlaßte ihn, die Lebensbeichte abzulegen und sich der Kontemplation hinzugeben. Fern dem Treiben der saufenden und hurenden Mönche, eingeschlossen in seiner Zelle, nahm er den Kampf mit Satan auf, der ihm allnächtlich als stolze Jungfrau oder als begehrenswerter Jüngling erschien. Mit inbrünstigen Gebeten waren die Bilder nicht zu verscheuchen, und so griff er zur Peitsche, marterte seinen Körper mit Hieben, ritzte mit einem Griffel den Namen Jesu in seine Brust, trug kratzende Kleidungsstücke und schleppte ein nagelbeschlagenes Kreuz durch die Klostergänge. Am Ende dieser Torturen hatte er kaum noch die Kraft, sich zu bewegen, erst zum Krüppel gepeinigt erreichte er die himmlische Verzückung. Die Mönche begleiteten seine Kasteiungen mit Spott und dröhnendem Lachen, doch die Schwestern, die Gottesfreundinnen, scharten sich um das Vorbild, eiferten ihm nach. In einer regen Korrespondenz tauschten sie ihre Erfahrungen aus, berichteten über ihre Geißelungen und bekannten freimütig ihre Anfechtungen, um schließlich ihre himmlischen Verzückungen zu schildern.

Manch einer bedurfte der Hilfe. Bruder Johann von Nördlingen erbat von der Schwester Margarete Ebener ein intimes Kleidungsstück, eingehüllt in ihr Schlafhemd geriet er mühelos in himmlische Verzückung.[24] Elsbet Stagel bestickte mit blutrotem Faden ein linnenes Tuch mit dem Namen Jesu. Suso legte es auf seine nackte Brust, um so der Gottesfreundin nahe zu sein. Katharina von Sienna beschloß ihre entsagungsvollen Übungen mit der inbrünstigen Bitte, daß Jesus sie »mit dem Kuß seines Mundes« erfreute. Christus versagte ihr diesen Wunsch nicht, beugte sich zu ihr herab und küßte sie, so daß sie »von einer unsagbaren Süße erfüllt war«. Schließlich bezeugte er ihre Verlobung mit einem außergewöhnlichen Zeichen: »nicht mit einem silbernen Ring, sondern mit einem Ring seines heiligen Fleisches, denn als er beschnitten wurde, nahm man genau einen solchen Ring seinem heiligen Körper ab«.[25] Roswitha von Gandersheim erfuhr Satan im männlichen Prinzip, erst mit fortschreitendem Alter milderte sich ihr Urteil. Möglicherweise nahmen die Beichtväter Einfluß und ermahnten sie, die Männer nicht allzusehr zu verteufeln, doch eher ist zu vermuten, daß die Gnade des Alters ihr half, dem dämonischen Mann den Schrecken zu nehmen.

Suso hatte erst vor den Anfechtungen Ruhe, nachdem er sich zum Krüppel geschunden hatte. Der Böse erschien nicht mehr als fleischliche Verlockung, wohl aber zuweilen als stolzer Ritter, ein Abbild seines Vaters, vor dem er in das Kloster geflüchtet war und der für Suso auch Dämonisches verkörperte. So wie seine Mutter hilflos dem Vater ausgeliefert war, sah Suso auch die Mitschwestern von Männern bedroht. Unermüdlich versuchte er, gefährdete Nonnen den Fängen des Satans zu entreißen. Und stets erwählte der Böse Ritter zu seinem Werkzeug. In minniglicher Werbung versuchte Suso, eine Nonne zu gewinnen, die in Liebe zu einem Junker entbrannt war. Die Nachstellungen freilich erzürnten den eifersüchtigen Herrn, der sogar die Waffen gegen den Frommen erhob, denen Suso nur knapp entging. In dunklen Nischen des Klosters belauerte er die lustvollen Treffen einer anderen Nonne, störte ständig das Tête-à-tête, so daß auch dieser Rittersmann aufgab und das Feld zugunsten des frommen Störenfrieds räumte. In seiner Zelle erbat Suso Gottes gnädige Hilfe für seine Schwestern, insbesondere für jene, die mit besonderer Schönheit gestraft waren, erflehte Krankheit und

Siechtum, damit sie, unbegehrlich geworden, den Anfechtungen widerstanden. Mit Freude berichtete er über eine Nonne, die bereits ihre Tugend verloren hatte, doch dank seiner Gebete schließlich zum irdischen Engel wurde, nachdem Gott sie mit einem häßlichen Bukkel bedacht hatte.[26]

Suso beschrieb seine Kindheit im Hinblick auf seinen tyrannischen Vater »als fortwährende Krankheit«[27]. Zumindest für ihn mag zutreffen, was Sigmund Freud zur Erklärung des Teufelphänomens empfahl, nämlich, »die Idee des Teufels als Vaterersatz kulturgeschichtlich zu verwerten, denn wenn der gütige Gott ein Vaterersatz ist, so darf man sich nicht darüber wundern, daß auch die feindliche Einstellung, die ihn haßt und fürchtet und sich über ihn beklagt in der Schöpfung Satans zum Ausdruck gekommen ist«.[28]

Suso selbst gebärdete sich jedoch auch wie ein Vater, wenn es galt, seine Schützlinge ihren Liebhabern zu entreißen. Mit unverkennbarer Eifersucht, freilich durch sein gottgeweihtes Leben legitimiert, trat er dem »väterlichen Ritterteufel« entgegen. Dabei stellte er sich stets auf die Seite der Frauen, die er vom männlich-dämonischen Prinzip bedroht sah.

Dem Teufel zu nehmen, was einem selbst versagt sein sollte, war eine weitere neidvolle Motivation der Auseinandersetzung mit dem Bösen und der Grund für das unterschiedliche Teufelsbild. Nach den Vorstellungen der alten Kirchenschriftsteller war der Dämon ohne Gestalt, ein nebeliger Geist, der jeden Körper einnehmen und ebenso überall eindringen konnte. Damit war der Ikonographie Satans keine Grenzen der Phantasie gesetzt. In den Klosterzellen nahm er entsprechend der sexuellen Anfechtungen Gestalt an.

Verschwörung gegen den Frieden:

Das Verbrechen gegen den Gottesstaat

Von Neros verruchter Hand, so munkelte das Volk von Rom, wäre das Feuer gelegt, das die herrliche Stadt, Wohnhäuser, Paläste und Tempel verzehrte. Als das Gerücht nicht verstummen wollte, schob der Herrscher die Freveltat einer Minderheit zu, einer Sekte, die das Volk Christen nannte. Es waren, so schrieb Tacitus, »ob ihrer Abscheulichkeit verhaßte Menschen«[1], denn ihr Stifter war nach Recht und Gesetz hingerichtet worden, wodurch der »unheilvolle Glaube« zunächst eingedämmt, aber nicht ausgerottet werden konnte. Für Tacitus waren die christlichen Sektierer ein weiterer Beleg des Sittenverfalls im untergehenden Rom, »wo alle nur denkbaren Greuel und Abscheulichkeiten aus aller Welt zusammenfinden«.[2]

Die Hinrichtung der Christen gestaltete der Kaiser zu einem Volksvergnügen: Sie wurden in Felle gesteckt, von Hunden zerrissen oder an Kreuze geschlagen und schließlich angezündet. Der allgemeine Menschenhaß der Christen, so befand auch Tacitus, rechtfertigte die härtesten Strafen, doch bedurfte es nicht der falschen Anschuldigungen und der sadistischen Abscheulichkeiten des wahnsinnigen Kaisers.[3] Dennoch, einhellig verurteilten Rechtsgelehrte, Philosophen und das Volk die angeblichen Untaten der Christianer, vor allem ihren anmaßenden Anspruch, Hüter der wahren Religion zu sein. Ihre konspirativen Versammlungen an geheimen Orten nährten düstere Verdächtigungen: thyestische Mahlzeiten, den Verzehr geschlachteter Kinder, Atheismus, da sie den römischen Göttern die Verehrung verweigerten, und schließlich Majestätsbeleidigung, weil sie die göttliche Stellung des Kaisers bezweifelten. Anzulasten war ihnen auch der Kult fremder Gottheiten und die Zauberei, da sie Dämonen austrieben und eine mysteriöse Schrift hüteten, die Bibel, aus der sie ihre alleingültige Wahrheit schöpften.[4] Dies alles war genug Beweis, das gesetzlich vorgeschriebene Strafmaß für Atheismus und Zauberei einzufordern: geringe Leute durch wilde Tiere zerreißen zu lassen oder zu verbrennen, angesehenen Frevlern den Kopf abzuschlagen und ihr Vermögen einzuziehen. Zehn blutige Verfolgungswellen hatten die christlichen Gemeinden zu erdulden, gleich den zehn biblischen Plagen, die Ägypten heimsuchten.

Die blutigen Massaker vermochten den Siegeszug der christlichen Botschaft nicht einzudämmen; unaufhaltsam wuchsen die Gemeinden, die grauenvollen Verfolgungen sollten jene nicht schrecken, die das Kreuz der Nachfolge Christi auf sich nahmen. Der Opfertod erhob sie zu Märtyrern, die Überlebenden zu heiligem Eifer verpflichtend. Aus himmlischen Sphären kamen unterstützende Zeichen und Wunder, direkte Aufforderungen Gottes an Auserwählte, für ihn und seinen Sohn zu streiten. Vor den Toren Roms ließ der Allmächtige im gleißenden Sonnenlicht vor Kaiser Konstantin ein flammendes Kreuz mit der Umschrift »Unter diesem Zeichen wirst du siegen« erstrahlen. Diesem verheißungsvollen Versprechen verschloß sich der Kaiser nicht, die Schilde der Soldaten und das kaiserliche Feldzeichen schmückte fortan das Kreuz. Gott lohnte es mit triumphalen Siegen. Den längst nicht mehr in düsteren Winkeln wirkenden Christen bezeugte der Herrscher seine Dankbarkeit, erhob ihren Glauben zur Staatsreligion, auch wenn er selbst erst kurz vor seinem Tod durch die Taufe dem Heidentum abschwor. Seine kirchlichen Ratgeber vermochten ihn dennoch davon zu überzeugen, gegen das Heidentum mit strengen Machtmitteln vorzugehen, Opferfeuer zu verbieten und die bis dahin die Christen bedrängenden Strafbestimmungen nun den Ungläubigen anzudrohen.

Rechtsnormen zeichnet zuweilen eine zähe Langlebigkeit aus, sie überdauern nicht selten tiefgreifenden Wandel. Aus verständlichen Gründen scheuten sich die Hüter von Gesetz und Ordnung zu allen Zeiten, überkommenes Recht leichtfertig zu verwerfen. Mit dem hohen Anspruch richterlicher Weisheit gefällte Urteile werden nach Rechtsreformen sehr schnell zu Unrechtsurteilen, die an der Autorität der Juristen zweifeln lassen. Die Männer der Kirche und die Rechtsgelehrten schlossen unter diesem Aspekt eine verhängnisvolle Allianz, indem sie die alten Strafbestimmungen für Verstöße gegen die heidnische Staatsreligion beibehielten und im christlichen Sinne neu definierten. Das Verbrechen der Majestätsbeleidigung, Kult fremder Gottheiten und Zauberei bedrohten nun die Heiden und christlichen Glaubensabtrünnigen. Unwesentliche Änderungen bei der Exekution der Frevler fielen wenig ins Gewicht, nicht mehr wilde Tiere zerrissen die Verurteilten, Henkersknechte besorgten diese Arbeit mit eisernen Zangen. Auch Klassenunterschiede wollten die Christen nicht mehr zulassen, den Flammentod sollten Arme und Reiche gleichermaßen erdulden.

Des Kaisers Weg zur Macht war von einer breiten Blutspur begleitet. Mit fortschreitendem Alter verstärkte sich sein Hang zum Aberglauben, fürchtete sich Konstantin vor den Geistern seiner Opfer, so daß er sein Gemüt mit weiteren Bluturteilen nicht beschweren wollte. Gegenüber Häretikern und Ungläubigen wollte er Milde walten lassen, nur bei nachgewiesenem Schadenzauber sollte die Strenge des Gesetzes angewandt werden. Die alten heidnischen Kulte wurden dadurch neu belebt und erst nach dem Regierungsantritt seines Sohnes Konstantius sollte »Schluß sein mit der verruchten Toleranz«. Heiden wurden verstärkt verfolgt, das Bekenntnis zum rechten Glauben mit Machtmitteln kaiserlicher Jurisprudenz befördert. Von der Gunst des Herrschers waren die Christen abhängig und nicht immer erwiesen sich ihre huldvollen Zuwendungen zum besten der Kirche. Großzügige Geschenke, den Bischöfen dargereicht, und macht volle Privilegien verführten zu materialistischem Streben und diesseitigen Freuden. Doch die Kirche sollte vor Rückschlägen nicht bewahrt bleiben. Noch einmal erhob sich unter Julian das Heidentum zur Staatsreligion. Der junge Herrscher war zwar christlich erzogen und hatte sogar die Taufe empfangen, doch er verleugnete seinen Glauben, strebte eine Neubelebung des Heidentums an, drangsalierte die Christen mit schikanösen Einschränkungen ihrer alten Freiheiten. Durch Gottes Gnade war dies aber lediglich eine »düstre Wolke, die nur kurz den Himmel verdunkelte«[5], eine Warnung, sich des Sieges nicht sicher zu sein. Nach zwanzig Monaten gottloser Regierungszeit traf den Kaiser auf einem Kriegszug gegen die Perser ein tödlicher Pfeil. »Galiläa, Du hast gesiegt«, so berichten christliche Chronisten, hatte der Sterbende gerufen, eh er verschied. Christus hatte gesiegt, die ost- und weströmischen Herrscher bekannten sich fortan uneingeschränkt zum Christentum. Mochten auch die hervorragenden Kirchenmänner an die Macht der Verkündigung glauben, die weltliche Macht unterstützte die von Christus geforderte Mission mit harten Zwangsmaßnahmen: Ungetaufte waren rechtlos, Häretiker ämter- und zeugnisunfähig, die Kultstätten der Heiden wurden zerstört, ihre Priester und Philosophen mit einem Schweigegebot belegt.

Fünfhundert Jahre nach dem Kreuzestod Jesu, in der Regierungszeit Justinians I., war das Christentum unangefochtene Staatsreligion. Der reiche Blutzoll, die Qualen der Märtyrer waren nicht umsonst erlitten. Doch mit dem Sieg über die Heiden war der boshafte Feind noch immer nicht überwunden. Mit List und Tücke verstand er es, stets aufs neue die Christenheit zu attackieren. Seine boshaft ausgelegte Saat sproß nun in den Gemeinden, vom Teufel verführte Häretiker, »Abweichler«, zweifelten an der Lehre der Kirche. Schismatiker, die der Hierarchie den Gehorsam verweigerten, trachteten danach, die Einheit der heiligen Kirche zu zerstören. Seit dem 1. Jahrhundert bedrängte die Christen eine bedrohliche Irrlehre, die Gnosis. Gnosis heißt Erkenntnis, eine Erkenntnis freilich, die Satan diktierte und insbesondere jene anfocht, die, einst vom Geist Christi beseelt, nun die persische Lehre des Mani, neuplatonische Philosophie und das Christentum miteinander versöhnen wollten. Bis zum Ende des 5. Jahrhunderts zählte man über dreißig gnostische Richtungen und Schulen. Es war keine einheitliche Gegenkirche, sondern eine, die Gemeinden epidemisch vergiftende und sukzessive den Christenglauben zersetzende Bewegung, die die Kirche von innen auszuhöhlen drohte.

Allen gnostischen Richtungen war ein ausgeprägter Dualismus gemeinsam. Dem guten und höchsten Gott stellten die Gnostiker Demiurg zur Seite. Er war der Weltschöpfer, ein gefallener Geist aus den Reihen der göttlichen Heerscharen. Als Erschaffer der Welt war er der alttestamentarische Jahwe, der, dem höchsten Gott untergeordnet, auch nicht dessen Vollkommenheit besaß und somit nur eine unzulängliche Welt zu bilden imstande war. Während der Allmächtige die höchste Güte verkörperte, konnte Demiurg nur Träger der Gerechtigkeit sein, die den Menschen in Form von Gesetzen offenbart wurde, jenen Gesetzen, die er Moses auf steinernen Tafeln überantwortet hatte.

Aus einem Chaos erschuf dieser Gott des zweiten Ranges die Welt und die Geschöpfe. Ein Chaos, das aus dem Dualismus des Göttlichen und Nichtgöttlichen entstanden war. Dem guten Gott gegenübergestellt, existierte die Materie als selbständiges Prinzip des Bösen mit seinem satanischen Geisterreich. Irgendwann, so glaubten die Gnostiker, war der Ungeist, die Materie, in das Lichtgebiet des Göttlichen eingedrungen, mischte sich und wurde dadurch gleichsam aktivierend belebt. Materie, der böse Geist, bedeutete für die Gnosis die ungezähmten Naturkräfte und wilden Triebe, die sie mit den alten Heidengöttern naturreligiöser Glaubensvorstellungen personifizierten. Entsprechend dieser Vorstellung nahm der alte Götzenglaube auch die unterste Stufe im Weltverlauf ein. Der halbböse Judengott Demiurg erhob zwar als Schöpfer und Regent der Welt das irdische Dasein auf eine höhere, zweite Stufe, doch weil er nur unvollkommen war, hemmte er den Weg des Menschen zum lichtvollen höchsten Wesen. Zudem wirkten im Menschen auch böse Geister, rangen mit der ihm auch innewohnenden göttlichen Vernunft. Um die Menschen aus den Fesseln Jahwes und des Bösen zu befreien und sie über ihren göttlichen Ursprung zu belehren, sandte der höchste Gott schließlich den Erlöser, ein himmlisches Wesen, Christus, der in einem Menschen namens Jesus Wohnung nahm. In seiner neutestamentarischen Botschaft offenbarte sich schließlich der höchste Wille, die göttliche Vernunft, mit der der alte Judenglaube abgelöst und die unverfinsterte Weltordnung wieder hergestellt werden sollte.

Eine der zahlreichen gnostischen Sekten entstand im ersten Jahrhundert in Syrien. Sie nannten sich Koddianer und verbreiteten sich um das Jahr 200 auch in Armenien und Ägypten. In Ägypten bezeichnete man sie als Phibioniten, und unter diesem Namen gingen ihre Kulte in die kirchliche Sammlung häretischer Vereinigungen ein. Auch die Phibioniten folgten den strengen dualistischen Auffassungen zweier Mächte. Dem unnennbaren höchsten Gott – symbolisiert durch Licht, Güte und Liebe – gegenübergestellt, existierten die Materie, Finsternis, Bosheit und der Tod. Folgen wir den denunzierenden Berichten kirchlicher Kundschafter, so stand im Mittelpunkt des Kultes der Phibioniten die mysteriöse Gestalt der Barbelo. Sie war die göttliche Mutter der Siebenheit, sieben halbbösen Dämonen, die alle an der Erschaffung der Welt beteiligt waren, durch ihre Unvollkommenheit freilich den Weltverlauf im Kräftespiel des Bösen mit dem Guten nicht zum Licht zu lenken vermocht hatten. Sie waren die Ursache dafür, daß die Welt und die Menschen einem fatalistischen Schicksal ausgeliefert waren. Am Ende allerdings stand die Erlösung durch den Logos, den Christus. In der Hierarchie der gefallenen himmlischen Geister stand Barbelo zwischen dem höchsten Gott und den Dämonen und nahm damit eine Mittlerrolle zwischen dem Licht und der Finsternis ein. Ihr hauptsächlicher Gegenspieler war ihr Sohn Archon, der böse Schöpfergott, dem es gelungen war, seiner Mutter die göttlichen Kräfte zu rauben und in die Welt zu zerstreuen. Die Phibioniten sahen ihre Aufgabe darin, dem Archon diese Kräfte zu entreißen, zu sammeln und der Lichtjungfrau beziehungsweise dem oberen Himmel wieder zuzuführen. Vor diesem Hintergrund muß das Phibionitenmahl gesehen werden, in dem das christliche Liebes- und Abendmahl mit gnostischen Glaubensvorstellungen verschmolz.

Über die gemeinsamen Tafelfreuden einer Phibionitengemeinde ist uns ein ausführlicher Bericht erhalten. Der spätere Kirchenlehrer Epiphanius von Salamis geriet um das Jahr 335 in den Einfluß einer von der Gnosis infizierten christlichen Gemeinschaft. Erst zwanzig Jahre alt, verführten sie ihn, an ihrem Kult teilzunehmen und ihre Schriften zu studieren. Durch Gottes gütige Lenkung vermochte er sich aus den Fängen der Häretiker zu befreien und verfaßte eine als Anzeige gedachte Niederschrift über das gottlose Treiben dieser glaubensabtrünnigen Gemeinde, die, so bekundete er gegenüber den Kirchenoberen, sogar die Stirn gehabt hätte, über seinen rechtmäßigen Glauben zu spotten.

Epiphanius unterstellt zunächst der Gemeinschaft Geheimbündelei und Unzucht, denn, so schreibt er: »Sie haben ihre Frauen gemeinsam und wenn einer dazukommt, dem ihre Lehre fremd ist, so haben die Männer gegenüber den Frauen und die Frauen gegenüber den Männern ein Erkennungszeichen, in der Art, wie sie eine Hand zum Gruße heben, indem sie unter der Handfläche eine Art kitzelnde Berührung verursachen, wodurch sie herausbekommen, ob der Ankömmling zu ihrem Dienst gehört. Danach«, so fährt Epiphanius in seinem Bericht fort, »gehen sie sogleich zur Mahlzeit über: Üppige

Speisen tragen sie auf, essen Fleisch und trinken Wein, auch wenn sie arm sind.«[6] Die gemeinsame Mahlzeit unterscheidet sich vom christlichen Abendmahl durch ihre Üppigkeit. Vorstellung vieler Christen war es, durch die Aufnahme des Brotes und des Weines auch den göttlichen Logos einzunehmen, eine mystisch symbolische Handlung, die als Erneuerung des Bundes des Menschen mit Gott verstanden wurde. Die Phibioniten unterstrichen mit der Völlerei offensichtlich den materiellen Charakter dieser Handlung. Sie hatten die Vorstellung, möglichst viele, vom Archon in die Geschöpfe, Tiere und Pflanzen, verstreuten göttlichen Kräfte zu befreien, sie zu sammeln und den höheren Sphären wieder zuzuführen. Mit dem üppigen Essen glaubten sie, diese lichtvollen Partikel einzufangen und gewissermaßen in ihrem Leib zu sammeln. Doch hören wir, was Epiphanius über den Fortgang des sündhaften Treibens schreibt: »Wenn sie so miteinander getafelt und sozusagen die Adern mit ihrem Überschuß an Kraft angefüllt haben, gehen sie zur Anreizung über und der Mann verläßt den Platz an der Seite seiner Frau und spricht zu seinem eigenen Weibe: ›Stehe auf und vollziehe die Agape mit dem Bruder.‹ Die Unseligen aber vereinen sich miteinander, und wie ich mich in Wahrheit schäme, ihre schimpflichen Handlungen zu erzählen . . . so werde ich mich dennoch nicht scheuen, das zu sagen, was zu tun sie sich nicht scheuen, damit ich in jeder Hinsicht bei den Lesern der von ihnen verübten Unzüchtigkeiten einen Schauder errege. Nachdem sie sich nämlich vereint haben, erheben sie, nicht genug an dem Laster der Hurerei, noch ihre eigene Schande gen Himmel: Weib und Mann nehmen das, was aus dem Manne geflossen ist, in ihre eigenen Hände, treten hin, richten sich nach dem Himmel auf mit dem Schmutz an den Händen und beten als sogenannte Stratiotiker und Gnostiker, indem sie dem Vater, der Allnatur, das, was sie an den Händen haben, selbst darbringen, mit den Worten: ›Wir bringen dir diese Gabe dar, den Leib Christi.‹ Und dann essen sie es, kommunizieren ihre eigene Schande und sagen: ›Das ist der Leib des Christus, und das ist das Passah, um dessentwillen unsere Leiber leiden und gezwungen werden, das Leiden des Christus zu bekennen.‹ So machen sie es auch mit dem Abgang des Weibes, wenn es in den Zustand des Blutflusses gerät. Das von ihrer Unreinheit gesammelte Menstrualblut nehmen sie ebenso und essen es gemeinsam. Und sie sagen: ›Das ist das Blut Christi.‹ Und wenn sie daher in der Apokalypse lesen: ›Ich sah einen Baum, der trug zwölfmal Früchte im Jahr, und er sprach zu mir: das ist der Baum des Lebens‹, so deuten sie das allegorisch auf den in jedem Monat eintretenden weiblichen Blutgang.«[7]

Dieser Teil des phibionitischen Kultes erfüllte den frommen Epiphanius mit besonderem Abscheu, und auch viele Zeitgenossen unseres gewiß sexuell aufgeklärten Zeitalters werden wohl den Partnertausch möglicherweise tolerieren, den Samen- und Menstruationskult hingegen als ekelerregende Perversionen einer zivilisationsgeschädigten Minderheit einordnen. Für die Phibioniten war dies jedoch Ausdruck der gestrengen Moral der Neuplatoniker. Andere gnostische Richtungen forderten die totale Enthaltsamkeit, eine Tugend, die freilich nicht auf christliche Sündenvorstellung fußte, sondern ihren Ursprung im heidnischen Dualismus hatte. Nach Vorschrift der Gnostiker durfte der sexuelle Akt nämlich nicht zur Erzeugung neuen Lebens führen, entweder galt es, den Akt dazu gänzlich zu unterlassen oder den Samen nicht an die Stelle der unheilvollen Befruchtung gelangen zu lassen. Doch bleiben wir bei den phibionitischen Vorstellungen. Die Promiskuität unterstrich den überpersönlichen Aspekt der Sexualität. Zudem war für sie der Samen Träger der himmlischen Kraft, also etwas Gutes, vom göttlichen Licht Erfülltes. Mit dem Einfließen des Samens in den menschlichen Körper mischte er sich mit den dunklen Teilen und wurde damit verfinstert, also unrein. In diesem Sinne mußte die Zeugung möglichst klein gehalten werden, damit sich das Reich des herrschenden Archon nicht vergrößerte. Mit der ritualisierten sexuellen Vereinigung überlistete man gewissermaßen den Bösen, man sandte das als Opfer dargebotene Sperma als lebenserweckenden Geisteshauch und göttliche Kraft wieder gen Himmel. So entzog man die Zeugungssubstanz ihrer irdischen Bestimmung und führte sie wieder dem himmlischen Urquell zu. Darauf folgte die Spermakommunion als ritueller Akt. Für die Phibioniten entsprach das Sperma dem Leib Christi, und so, wie die Christen den Leib Christi in Gestalt des Brotes aufnahmen, aßen sie Sperma oder das in jener Zeit als weiblicher Samen verstandene Menstrualblut, das Zeichen für den Anfang und das Ende der Welt.

Der fromme Epiphanius unterläßt es, diese gnostischen Vorstellungen zu erläutern, sondern unterstellt den Sektierern Wollust und Freude an der Unzucht, indem er in seinem Bericht fortfährt: »Wenn sie sich aber auch miteinander vermischen, so lehren sie doch, daß man keine Kinder zeugen dürfe. Denn nicht zur Kindererzeugung wird bei ihnen die Schändung betrieben, sondern um der Lust willen, da der Teufel mit ihnen sein Spiel treibt und das von Gott geschaffene Gebilde verhöhnt. Sie treiben aber die Wollust bis zur Vollendung, nehmen den Samen ihrer Unreinheit für sich und lassen ihn nicht zur Kindererzeugung tiefer eindringen, sondern essen die Frucht ihrer Schande selbst. Wenn einer aber von ihnen dabei ertappt wird, daß er den natürlichen Samenerguß tiefer einströmen ließ und das Weib schwanger wurde, so höre, was sie noch Schlimmeres unternehmen: Sie reißen nämlich den Embryo heraus, zu dem Zeitpunkt, wo sie ihn mit Händen fassen können, nehmen diese Fehlgeburt und zerstoßen sie in einer Art Mörser mit der Mörserkeule und hierin mengen sie Honig und Pfeffer und andere bestimmte Gewürze und wohlriechende Öle, damit es sie nicht ekelt, und dann versammeln sie sich alle, diese Genossenschaft von Schweinen und Hunden, und jeder kommuniziert mit dem Finger von dem zerstampften Kinde. Und nachdem sie diesen Menschenfraß vollbracht haben, beten sie schließlich zu Gott: ›Wir ließen nicht Spiel mit uns treiben vom Archon der Lust, sondern sammelten die Verfehlung des Bruders.‹ Auch das halten sie nämlich für das vollkommene Passah.«[8]

Die ekelerregende Mahlzeit der Phibioniten, so sie denn wirklich eingenommen wurde, sollte die Rechtgläubigen mit besonderer Abscheu erfüllen und den Ausschluß aus der christlichen Gemeinschaft rechtfertigen. Freilich, entsprechend der gnostischen Grundidee wäre diese kultische Handlung verständlich, drohte doch durch die Geburt eines Menschen das Reich des Archon anzuwachsen, durch das Herausreißen der Frucht jedoch, wurde die vom Bösen in die Geschöpfe verbannte göttliche Kraft befreit, mit dem Genuß eingesammelt, und so schließlich der lichtvollen Jungfrau wieder zugeführt. Forderung der Christen war die Abtötung des Fleisches, während im Gegensatz dazu eine ritualisierte Pflege des Körpers und eine strikte Ablehnung des Fastens der Phibioniten eine antispirituelle Haltung beinhaltete. Zudem führten sie ihre Kulte nackt aus, um so im

Urzustand sich dem Göttlichen zu nähern. Epiphanius schreibt: »Noch vielerlei anderes Abscheuliche wird von ihnen unternommen. Wenn sie nämlich wieder einmal unter sich in Ekstase geraten sind, besudeln sie ihre Hände mit der Schande ihres Samenergusses, strecken sie aus und beten mit den befleckten Händen und nackt am ganzen Körper, um durch diese Handlungen eine freie Aussprache mit Gott finden zu können. Ihre Leiber aber pflegen sie bei Nacht und bei Tage, Weiber und Männer, mit Salben, Baden und Speisen und widmen sich dem Schlaf und Trunk. Wer aber fastet, den verwünschen sie und sagen: ›Man darf nicht fasten, denn das Fasten ist ein Werk des Archon, der den Äon geschaffen hat. Man muß sich vielmehr nähren, damit die Körper kräftig sind, auf daß sie Frucht bringen zu ihrer Zeit.‹ «[9]

Der Bericht über das gottlose Treiben der Phibioniten findet sich im »Panarion«, dem Hauptwerk des später zum Kirchenlehrer erhobenen Epiphanius. Es war ein Verzeichnis aller ihm bekannten häretischen Sekten, insgesamt achtzig teuflischer Kulte, deren Mitglieder mit Hilfe dieser Sammlung entlarvt und aus der Gemeinde der Christen verbannt werden sollten.[10]

Zeitgenössischen und nachfolgenden Hütern der gültigen Lehrmeinung war damit das Rüstzeug in die Hände gegeben, die Abweichler im Sinne der Dämonenlehre zu eliminieren. Der polemische Eifer des Verfassers läßt freilich zuweilen am Wahrheitsgehalt seiner Berichte zweifeln. Kritiker bemängelten seine dürftigen historischen Kenntnisse und die unklaren, verworrenen Interpretationen der Gnosis, vermißten vor allem eine Ausleuchtung des philosophischen Hintergrundes dieser die Spätantike maßgeblich prägenden Bewegung. Vermutlich war es jedoch diese einfache Darstellung, die das Werk zu einem hilfreichen Handbuch zum Aufspüren häretischer Verbrechen machte.

Aufnahme im »Panarion« fand auch die Sekte der Ophiten, die Epiphanius als besonders schändlich bewertete, stand doch im Mittelpunkt ihres Kultes eine lebendige Schlange. Für die gnostischen Glaubensfrevler das Symbol für Leben und Tod, Anfang und Ende, Licht und Finsternis. Im bewußten, wohl auch provokativen Gegensatz zur bösen biblischen Schlange war sie für die ophitischen Sektierer die Hoffnungsträgerin, der alle Kraft entsprang und die das

Menschenvolk am Ende der Weltzeit aus dem Verderben befreite. Epiphanius bekannte, daß er nicht Augenzeuge des Schlangenkultes war, sondern lediglich aufschrieb, »was er von jemandem hörte. Sie halten«, so lesen wir, »nämlich eine natürliche Schlange und ziehen sie in einem Behälter auf, den sie zur Zeit ihrer Mysterien aus dem Schlupfwinkel hervorholen und, während sie Brot auf einen Tisch aufhäufen, rufen sie eben diese Schlange herbei, und wenn die Schlange, vermöge ihrer Weisheit und Klugheit herbeikommt und schon deren Dummheit erkennt, geht sie auf den Tisch und wälzt sich in den Broten.«[11]

Durch diese Konsekration wurde, nach Epiphanius, die teuflische Kraft der Schlange auf die »Abendmahlsspeise« der Ophiten übertragen. »Sogleich«, so fährt er fort, »brechen sie nicht nur die Brote, in denen sich die Schlange gewälzt hat, und teilen sie an die Kommunizierenden aus, sondern jeder küßt auch die Schlange mit dem Munde . . .«.[12]

Für die Christen offenbarte sich Satan in Gestalt einer Schlange, »die listiger war denn alle Tiere auf dem Felde« und, so lesen wir weiter in der Bibel, »verflucht war vor allem Vieh und vor allen Tieren«. Bedurfte es eines deutlicheren Beweises, wer der Stifter der Gnossis war. Der Leibhaftige höchstselbst stand im Mittelpunkt kultischer Verehrung dieser Sektierer, durch einen Kuß empfingen sie die böse Kraft Satans. Rechtgläubige Christen zweifelten nicht daran, daß die so infizierten abtrünnigen Gemeinden sich zur Dienerschaft des Bösen gesellten und danach trachteten, sein Reich zu festigen, um als Widersacher Christi eine Kirche der Finsternis zu etablieren. Es gelang ihnen – unaufhaltsam breiteten sich gnostisch-manichäische Sekten aus, erreichten Italien und Frankreich.

Im Jahre 1022 tagte die Synode von Orleans. Anlaß war vor allem die schmerzliche Feststellung, daß die Gnostiker, Neu-Manichäer, wie man sie jetzt bezeichnete, auch in Orleans Gruppen gebildet hatten. Zum Ende der Beratung wurde eine inkriminierende Zusammenfassung der Kulte der »novos manichaeos« den Synodalen vorgelegt. Die Verfasser dieses Berichtes hatten sich vermutlich nicht der Mühe unterzogen, die teuflischen Gottesdienste am Ort der Zusammenkünfte zu beobachten. Mit tendenziösen Zusätzen und diffamierenden Unterstellungen ergänzt, entnahmen sie die Vorwürfe offensichtlich dem Panarion des Epiphanius und folgten damit einem bewährten Brauch kirchlicher Gelehrter, aus dem tradierten Erfahrungsschatz der Alten zu schöpfen. Die Absicht bei den Synodalen, harte Maßnahmen gegen die Häretiker zu erwirken, ließ den Wahrheitsgehalt des Berichtes in den Hintergrund treten.

Wichtig war für sie die Feststellung der Geheimbündelei. Im Schutze der Nacht trafen sich die Glaubensfrevler, um mit beschwörender Litanei den Leibhaftigen in ihren Kreis zu bitten. Bei den Ophiten war es die Schlange, die Satan verkörperte. Vermutlich erschienen den Kirchenmännern die heimischen Reptilien nicht genügend bedrohlich, und so ließen sie den Widersacher Christi in Gestalt »irgendeines Tieres herabsteigen«.[13] Die widerlichen Unzuchtshandlungen waren wiederum dem Panarion entlehnt: »Nachdem der böse Geist eingetroffen«, so steht es jetzt geschrieben, »riß jeder eine Frau, die ihm unter die Hände kam, zum Mißbrauch an sich, ohne Rücksicht auf Sünde und ob Mutter oder Schwester oder Nonne . . . Die Begattung wurde von ihnen als etwas für sie Heiliges oder Religiöses geschätzt. Wenn in dieser schmutzigen Begattung ein Kind gezeugt worden war, wurde es am achten Tage in ihrer zahlreich versammelten Mitte bei angezündetem Feuer geprüft, durch das Feuer, nach Sitte der alten Heiden, und so im Feuer verbrannt. Seine Asche wurde mit so großer Verehrung gesammelt und aufbewahrt, wie die christliche Frömmigkeit den Leib Christi aufzubewahren pflegt. Es wohnte nämlich eine solche Kraft teuflischen Betruges dieser Asche inne, daß jeder, der von der besagten Häresie angesteckt war und dem von dieser Asche, wenn er auch noch so wenig genommen hatte, vorgesetzt worden war, kaum jemals später den Schritt des Geistes von dieser Häresie weg zum Weg der Wahrheit zu lenken vermochte.«[14]

Das im letzten Absatz des Berichtes beschriebene Einnehmen der Kindesasche sollte offensichtlich die grausame Konsequenz der Synode rechtfertigen, die Ketzer zu verbrennen. Einmal mit diesem Abendmahl auf das Teufelsbündnis eingegangen, war es kaum möglich, den Bund zu lösen. Mit dem teuflischen Gift infiziert und unrettbar verloren, blieb dem Rechtgläubigen nur noch das letzte Mittel: die Vertilgung des teuflischen Unkrautes durch das reinigende Feuer.

Am 28. Dezember 1022 fanden die der Christenheit Verlorenen den Tod auf dem Scheiterhaufen. Weitere Ketzerverbrennungen sollten, vom heiligen Eifer diktiert, folgen. Die in den Prozessen erhobenen Vorwürfe bezogen sich auf die in der kirchlichen Literatur festgeschriebenen Indizien der Häresie, den Kult fremder Gottheiten beziehungsweise die Anbetung Satans, den Kindesmord und die Unzucht. Den wahren Grund der kirchlichen Mißbilligung freilich verschwieg man tunlichst, nämlich den strengen Dualismus der Gnostiker, die Vorstellung von der bösen diesseitigen Welt und dem guten Jenseits.

Das Böse der irdischen Welt manifestierte sich für die Katharer in der feudalen Ordnung, dem materialistischen Treiben der herrschenden Fürsten und Geistlichen. Insbesondere der Papst erwies sich so als die »babylonische Hure« der Johannes-Offenbarung. Er war der Verwalter der diesseitigen bösen Religion, häufte irdische Güter an und war damit der Stellvertreter des Leibhaftigen.

Dieser Gedanke fand die Zustimmung des einfachen Volkes und veranlaßte die Unterschichten, in Scharen sich in den Katharergemeinden zu sammeln. Die Bezeichnung der sektiererischen Gruppen dokumentiert die Herkunft der Anhänger: Texerantes (Weber), Patarener (Lumpensammler) und schließlich Populicanier (Volkstümler). Es waren die Armen des städtischen Proletariats, die bedrängten, mit Lasten und Pflichten befrachteten Bauern und die weniger privilegierten kleinen Adeligen, die sich reiche Beute aus der geforderten Enteignung des Kirchenschatzes versprachen.

Dies führt uns zum Urgrund der revolutionären Bewegung der Bogumilen im fernen Bulgarien. Gnostisch-manichäische Popen hatten dort in den Bauerngemeinden missioniert und eine wildentschlossene Anhängerschaft gefunden, galt es doch, mit der neuen Lehre die begehrlichen Bemühungen der Fronherren, das Landvolk in ihre Leibeigenschaft zu pressen, abzuwehren. Von Osten waren die Bogumilen-Missionare gen Westen gezogen, wo sie den Boden für die neue Lehre wohlbereitet fanden.

Längst war den sektierenden Gemeinden mit lokalen Verfolgungen nicht mehr beizukommen. Durch Aufrufe des Papstes, in Kreuzzügen dem Teufelsspuk ein Ende zu bereiten, folgten nordfranzösische Ritter, deren Feldzug jedoch am heftigen Widerstand des südfranzösischen Adels scheiterte. Wo das Schwert versagte, sollte schließlich ein

Machtwort des Heiligen Vaters die Kirchenzucht wieder herstellen. Auf dem 4. Laterankonzil bedrohte Innozenz III. alle Fürsten, in deren Herrschaftsbereich Katharer geduldet wurden, mit Enteignung. Allen Christen legte er die Verpflichtung auf, ruchbar gewordene Ketzerei unverzüglich zur Anzeige zu bringen; den Priestern befahl er, den Gemeindegliedern eine Ohrenbeichte abzuverlangen und gehörig nach verwerflicher Ketzerei zu insistieren. Damit wurden die Beichtväter zu Kundschaftern der heiligen Kirche; und jenen Christen, die es wagten, sich des geistlichen Verhörs zu entziehen, war der Vorwurf der Häresie zu unterstellen.

Doch auch diese Maßnahmen vermochten dem Ketzertum nicht den Boden zu entziehen, zumal es den Katharern ausdrücklich gestattet war, meineidig ihrem Glauben abzuschwören, freilich mit der Auflage, alsdann im Untergrund konspirativ zu wirken. Nur den Auserwählten, den Vollkommenen war das Bekenntnis der reinen Lehre auferlegt.

Nachhaltigen Erfolg bei der Ausrottung der Ketzer versprach sich Gregor IX. durch eine reformierte Organisation der Inquisition, die bislang den Bischöfen vorbehalten war und nun, im Jahre 1232, den Dominikanern übertragen wurde. Unter der Aufsicht des Papstes und mit weitgehenden Vollmachten ausgestattet, waren sie beauftragt, nach Glaubensfrevlern zu fahnden. Ständig das argwöhnische Ohr am Kirchenvolk und zur Denunziation animierend, suchten sie die Häretiker aufzuspüren und der weltlichen Gerichtsbarkeit zu überantworten. Geistliche oder weltliche Obrigkeiten, die es wagten, ihre Arbeit zu behindern oder sich gar widersetzten, drohte der Kirchenbann, und wer hartnäckig unterstützende Mitarbeit verweigerte, durfte zwar seine Haltung ein Jahr bedenken, verfiel danach jedoch ohne nähere Untersuchung dem Ketzergericht.

Zum Generalinquisitor für Deutschland wurde der finstere Beichtvater Elisabeth von Thüringens, Konrad von Marburg, ernannt. Und so, wie er diese fromme und edelmütige Fürstin durch sadistische Quälereien zerbrach, unnachgiebig in ihrer bedrängten Seele nach dem Teufel fahndete, übte er auch sein inquisitorisches Amt aus. Mit entsetzlicher Brutalität versuchte er, im Volk die Rädelsführer des Ungehorsams aufzuspüren. Die Bischöfe, verärgert darüber, daß der Papst ihnen die Aufsicht über die Glaubenstreue ihrer Gemeinden genommen, führten heftige Klage über den fanatischen Eiferer, unterstellten ihm die Störung des Landfriedens und befürchteten eine Ausbreitung der bäuerlichen Unruhen. Ihre Versuche, Konrad zu mäßigen, blieben ohne Erfolg, bestärkten ihn vielmehr, das heilige Werk fortzusetzen und denunzierende Traktate an den Papst zu senden, in denen er vom allenthalben wirkenden Satan in Deutschland berichtete.

Ein beweiskräftiges Zeugnis der unflätigen Ketzerei erblickte Konrad in Nordwestdeutschland, wo Bauern die Zahlung des Zins an den Erzbischof von Bremen verweigerten. Dort, im Lande der Stedinger, bildete die Bevölkerung eine »communitas rusticorum«, eine Bauernschaft, die, mit besonderen Privilegien versehen, nach dem »Hollerrecht« ihr Land bewirtschaftete. Ursprünglich war es eine Neusiedlergemeinschaft, deren Kultivierungsarbeiten durch besondere Rechte gefördert wurden. Der wirtschaftliche Aufschwung dieser Region und der wachsende Wohlstand ließen die begehrlichen Blicke des Adels, vor allem der Oldenburger Grafen, sich auf die Stedinger richten. Nach altbewährtem Muster bedrängte der adelige Herr die Bauern, indem er auf dem Gebiet der Stedinger zwei mächtige Burgen errichtete, die Ausgangspunkt zahlreicher Ausfälle gegen das selbstbewußte Landvolk waren. Die Stedinger griffen darauf zu den Waffen, erstürmten die Burgen und schleiften die festen Mauern, um schließlich mit Schimpf und Schande die Eindringlinge zu verjagen. Mit Landwehren und Schanzen demonstrierten sie ihren wehrhaften Widerstand, fühlten sich stark genug, sogar die benachbarten Adeligen zu überfallen. Erzbischof Gerhard I. fehlte es an Machtmitteln, gegen die Stedinger vorzugehen, und war gezwungen, zur Befriedung der Region 1216 die Freiheiten der Bauern anzuerkennen. Auch sein Nachfolger, Gerhard II., tastete zunächst die Privilegien nicht an. Als er jedoch die Stedinger um Gefolgschaft im Kampf mit den Dänen ersuchte und diese ihm versagt wurde, wollte er diese eindeutigen Pflichtverletzungen nicht mehr dulden. In einem Schreiben an seine kirchliche Obrigkeit beklagte er ihre »Geringschätzung und Feindseligkeit gegen die Freiheit der Kirche«[15], Grausamkeit gegen die Geistlichkeit und Herabsetzung des Abendmahles, das Verfertigen von Wachsbildern und schließlich das Befragen von Dämonen und Wahrsagerinnen. Unterstützt von Konrad von Marburg war damit die Ketzerei der Stedinger festgestellt und dem päpstlichen Stuhl zur Kenntnis gegeben.

Lassen wir die Frage unbeantwortet, ob tatsächlich bäuerlicher Aberglaube von den nach Glaubensfrevlern fahndenden Kirchenmännern ausgemacht wurde. Denkbar ist es. Vor allem aber sind diese zusätzlich eingebrachten Vorwürfe ein Beweis für die Haltlosigkeit der Behauptung, die Stedinger wären Katharer. Bei mangelhafter Beweislage wurde mit dem Vorwurf heidnischen Aberglaubens der Verbrechenskatalog der Häresie erweitert. Die Berichte der Inquisition finden sich als Konstruktion eines neuen ketzerischen Tatbestandes in der Bulle Gregor IX. an die Bischöfe von Minden, Lübeck und Ratzeburg, mit der der Papst 1232 die geistlichen Herren zu einem Kreuzzug gegen die Stedinger aufforderte.

Katharer, so veranschaulichen Kirchenhistoriker noch des 20. Jahrhunderts die bedrohliche Gefahr für das mittelalterliche Kirchenvolk, seien die Vorläufer der Kommunisten und Anarchisten gewesen. Schließlich rüttelte der Ungehorsam gegen die gottgewollte Ordnung auch am Bestand der heiligen Kirche.[16]

Dieser Auffassung folgte auch der Theologe Dr. Kurt Koch, der die »Teufelssekte« der Stedinger noch in seinem 1984 erschienenen »Okkultes ABC«[17], einem Katalog aller satanischen Kulte, aufnahm. Dabei berief er sich offensichtlich auf Gregor IX., der im »Dekretale vox in rama« vom 13. Juni 1233 das Teufelsunwesen zur Abschrekkung und Mahnung eingehend beschrieb: »Denn wenn der Novize«, so lesen wir, »in sie (die Gemeinschaft, der Autor) aufgenommen wird und zum ersten Male in die Versammlungsräume der Vorgenannten eintritt, erscheint ihm eine Art Frosch, den einige eine Kröte zu nennen gewohnt sind. Indem einige diesen auf das Hinterteil und andere auf das Maul verdammenswerterweise küssen, nehmen sie die Zunge und den Speichel des Tieres in den Mund auf. Dieser (Frosch) erscheint bisweilen in ungebührlicher Größe und manchmal vom Ausmaß einer Gans oder Ente, sehr oft nimmt er die Größe eines Backofens an. Den weiter gehenden Novizen begegnet darauf ein Mann von verwunderlicher Blässe, er hat ganz schwarze Augen (und ist) so abgezehrt und mager, daß bei geschwundenem Fleisch einzig die übriggebliebene Haut über die Knochen gezogen scheint. Diesen küßt der Novize und er empfindet ihn kalt wie Eis, und nach dem Kuß schwindet die Erinnerung an den katholischen Glauben vollständig aus seinem Herzen.«[18]

Die unbotmäßigen Bauern im Land Stedingen hatten wohl kaum die überdimensionierte Kröte geküßt, und Katharer waren sie zweifellos auch nicht. Ihr Verbrechen war es, gegen die heilige Ordnung verstoßen, sich der Obrigkeit widersetzt zu haben.

Hundert Jahre zuvor hatte die heilige Hildegard der Christenheit Gottes Vorstellung von der Ordnung dieser Welt verkündet. In einem »Gesicht« war ihr offenbart worden, was aus Gründen magerer biblischer Überlieferung ergänzungsbedürftig erschien. Danach waren die weltlichen Stände, Vorgesetzte und Untergebene, in den Heilsplan Gottes einbezogen, der, so hörte sie aus himmlischen Gefilden, die feudale Ordnung gestiftet hatte. »Solange Gott dem sterblichen Geschöpf unsichtbar ist«, so lesen wir im »Scivias«, »soll der Mensch wenigstens durch die sichtbare Behörde lernen, den Allerhöchsten, von dem ihr die Regierungsgewalt gegeben ist, zu fürchten und zu ehren.«[19] Durch Gottes gerechte Einsetzung der Gewalt der Herrschenden wird den Völkern die himmlische Hierarchie vor Augen gehalten. Deswegen habe, so erläutert die heilige Hildegard, Gott es ausdrücklich zugelassen, daß ein Geschlecht die Oberhand habe und ihm andere unterworfen seien. Wie die Englein im Himmel, so sind auch die Menschen auf Erden geteilet. Durch Gottes unerforschlichen Ratschluß ist jedes Individuum schicksalhaft in seinen Stand hineingeboren. Verpflichtet, dieses Los im Diesseits geduldig zu ertragen, darf es auf das Jenseits hoffen, dort erst wird der Christ von der Last und Bürde dieser Welt befreit. Fürsten, Adel und Hörige waren so in die gottgewollte Ordnung eingebunden. Sich dagegen zu widersetzen hieß, den Einflüsterungen Satans zu gehorchen und damit sündhaft Gottes Willen zu mißachten. Freilich, die heilige Hildegard bemängelte auch den beklagenswerten Mißbrauch, der mit der Verleihung von Kirchenämtern getrieben wurde, doch ihre Mahnung fand wenig Beachtung und blieb weitgehend unbeherzigt. Geistliche Herren und weltliche Obrigkeit ließen nicht davon ab, den Bauernstand hart zu bedrängen, alte bäuerliche Rechte mit dem Hinweis auf die gottgewollte Ordnung außer Kraft zu setzen und schließlich zu versuchen, über das Land uneingeschränkt zu gebieten. Mit kirchlichem Segen teilten sie die Menschheit in eine herrschende und eine dienende Klasse.

Nicht nur die Stedinger erhoben sich gegen diesen Machtanspruch. In allen Teilen Deutschlands regten sich bäuerlicher Widerstand und Ungehorsam, die nicht immer mit Machtmitteln zu unterdrücken waren. Unbestritten war nämlich das 13. Jahrhundert eine Blütezeit des Bauernstandes. Den obrigkeitlichen Bedrückungen waren durch verheißungsvolle Alternativen zur Schinderei auf mehr oder minder kargem Boden Grenzen gesetzt. Der lockende Ruf der Städte, »Stadtluft macht frei«, veranlaßte manchen Landmann, die Scholle zu verlassen und ein freies Leben unter städtischen Bürgern zu suchen. Zudem versprach die Kolonisierung des Ostens unternehmungsfreudigen Männern und Frauen zwar harte Arbeit, aber auch größere Freiheiten und Privilegien. Damit waren die Bauern den Bemühungen des Adels und der Fürsten, ihre Macht auf Kosten der Untertanen auszudehnen, nicht willkürlich ausgesetzt. Allein im 12. und 13. Jahrhundert verzeichnen wir im Kerngebiet Deutschlands an die 150 bäuerliche Erhebungen, und aus den Urkundenbüchern jener Zeit erfahren wir von den zahlreichen Klagen über die fronherrschaftlichen Übergriffe, die mit Zins- und Arbeitsverweigerungen beantwortet wurden.

Drohende Landflucht zwang freilich die Herren zur Nachgiebigkeit, um so mehr wetterte allerdings die Kirche über die Sündhaftigkeit des pflichtverletzenden Widerstandes und ließ von den Predigern das Fegefeuer für die Unbotmäßigkeit beschwören. Burchhard von Regensburg donnerte von der Kanzel warnend herab, daß der Zehnte eine Folge des Sündenfalles wäre und dem Allmächtigen gebühren würde. Wer sich am Zehnten vergriffe oder ihn falsch entrichtete, gefährdete sein Seelenheil.[20] Die gottgewollte Allianz weltlicher und geistlicher Macht schied die Gesellschaft in ein Unten und Oben, trennte damit das Volk von der heiligen Kirche. So traf bäuerlicher Widerstand die geistlichen und weltlichen Herren gleichermaßen.

Flandrische Bauern verweigerten 1323 den Zins, erhoben sich gegen ihren Adel und die Kirche, vertrieben die beschwichtigenden und zuweilen auch drohenden Pfaffen. Während der Adel mit Waffengewalt einschritt, unterstützte der Papst die Zwangsmaßnahmen mit Interdikt und Bann. Die rebellierenden Bauern verkündeten das »Neue Zeitalter«, worunter sie rechtlich abgesicherte Freiheiten verstanden. Für die Kirche kündigte sich mit diesen Forderungen die endzeitliche Herrschaft Satans an. Als 1356 nordfranzösische Bauern »die alten Freiheiten« einforderten und ihre Fronherren zu ihren Feinden erklärten, wobei insbesondere die Geistlichen Opfer ihrer Angriffe wurden, vermochte man die Flamme des Aufruhrs noch zu löschen. Lokale Erhebungen waren leicht niederzuwerfen, denn kommunizierende Kontakte der Rebellen zu anderen Gebieten gab es noch nicht.

Eine größere Signalwirkung hingegen hatten die aufrührerischen Reden des Volkshelden Wat Tyler in England, der, begleitet von seinem Genossen John Ball, die ländliche und städtische Unterschicht zu mobilisieren vermochte. Sie erinnerten in flammenden Reden an die ursprünglich von Gott gewollte Gleichheit der Menschen und erhoben daraus die revolutionäre Forderung nach Freiheit und Gerechtigkeit. Mit diesen Parolen gewannen sie die Herrschaft über London. Mit einem machtvollen Aufgebot gelang es der Obrigkeit nur mit größter Anstrengung, den Aufstand blutig niederzuschlagen.

In Deutschland verliefen die Auseinandersetzungen mit den Bauern in gemäßigteren Bahnen und entzündeten sich vor allem an den unterschiedlichen Interessen der Landesherrschaft und der Landbevölkerung. Zur Festigung staatlicher Macht bedurfte es eines einheitlichen Rechtssystems als Grundlage einer administrativen Organisation. Dem gegenüber stand die aus alten Überlieferungen gewachsene bäuerliche Ordnungsnorm, die den Untertanen selbstverwaltende Freiräume beließ. Es war dies das »alte Recht«, an dem die Gemeinden beharrlich festhielten. Damit verstanden sie sich als »Wahrer« überkommener Gerechtigkeit, die sie vor den Angriffen der rechtsbeugenden Obrigkeit zu verteidigen entschlossen waren.

In diesem Sinne erhoben sich die Bauernschaften in den Regionen Schwyz, Uri und Unterwalden, die von den habsburgischen Landvögten einen Bundesbrief forderten, in dem festgeschrieben werden sollte, daß die überlieferte Ordnung ihre Gültigkeit behielte. »Wir wollen«, so hörten die fremden Fronherren, »bei den vorgeschriebenen Rechten, bei unseren Freiheiten und Gnaden bleiben».[20] Den Versuch der Fürstäbte der Reichsabtei Kempten, ihre Bauern durch

Zinserhöhungen in die Leibeigenschaft zu pressen, beantwortete das Landvolk mit offener Rebellion. In den siebziger Jahren des 15. Jahrhunderts folgten die Salzburger, die unter der Leitung eines Bundesrates Steuerhoheit, eigene Gerichtsbarkeit und freie Pfaffenwahl forderten.

Für die Kirche und die weltliche Macht war die Konfrontation mit dem alten Recht zwar eine bedrohliche Gefahr, aber nach Abwägung der Machtverhältnisse konnte ihr mit unterschiedlichen Mitteln begegnet werden. Strafexpeditionen hielten blutige Ernte und erstickten Rebellionen mit Feuer und Schwert; man gab auch zuweilen nach und beschwichtigte mit wohlwollender Bestätigung der gewohnten Ordnung oder ließ durch die Prediger himmlische Strafen androhen.

Zur Mitte des 14. Jahrhunderts erwuchs der Kirche, zunächst in England und im Verlauf des folgenden Jahrhunderts auch in Deutschland, eine gefährliche Opposition. Bislang waren die bäuerlichen Unruhen unorganisierte Rebellionen ohne lenkende Führer, auch fehlte der intellektuelle Hintergrund. Mit dem Theologen John Wiclif erhielt die Auseinandersetzung mit der Kirche eine neue Dimension, denn seine Thesen, biblisch untermauert, lösten eine innerkirchliche Diskussion aus und wurden von gebildeten Kirchenmännern aufgegriffen. Im Schutze des englischen Hofes konnte Wiclif ungehindert ketzerische Ideen verbreiten. Die katholische Lehre, so verkündete er, wäre verfälscht, dem Papst stünde die Oberhoheit über die Christen nicht zu, sein politischer Einfluß und die geistliche Gerichtsbarkeit wären anmaßend, der Zölibat theologisch nicht zu begründen. Nicht den Bauern, doch dem König empfahl er, dem Papst den Zins zu verweigern. Solche Thesen waren nicht nur ein Ferment der Gärung in einer von Krisen geschüttelten Zeit, sondern fanden bei den um ihre Rechte ringenden Bauern dankbare Aufnahme und mußten als Aufforderung zur Rebellion gewertet werden. Das Bündnis des abtrünnigen Theologen mit der weltlichen Macht bedeutete zudem für die Kirche eine Bedrohung ihrer, in zähem Ringen erreichten Machtvollkommenheit. Kirchenstrafen verfehlten ohne den Arm der weltlichen Gerichte ihre Wirkung. Dank der schützenden königlichen Hand konnte Wiclif seine ketzerischen Vorstellungen vom göttlichen Recht ungehindert publizieren. Im »Trialogus« erläuterte er dieses auf biblischer Wurzel fußende Recht aller, vor Gott gleichen Menschen. Die Beherzigung der allumfassenden, mit Christus auf die Welt gekommenen Liebe verpflichtete zur Herstellung des idealen Rechtszustandes.

Die Besorgnis der päpstlichen Administration erwies sich als berechtigt, die Wiclif'schen Lehren verbreiteten sich nicht nur in England, sondern erreichten auch den Kontinent. Der Tscheche Jan Hus übersetzte den »Trialogus« in seine Muttersprache und machte die Wiclif'schen Ideen zur Grundlage seiner Predigten in der Bethlehem-Kapelle zu Prag. Mit heiligem Eifer forderte er die wahre Kirche, deren Oberhaupt nur Christus sein dürfte, und die vom Papst, der Kurie, dem Klerus und den Mönchen so schmählich entehrt worden war.

Auch Hus erfuhr weltlichen Schutz. Ein päpstliches Interdikt zeigte nur soweit Wirkung, daß Hus aus Furcht vor Kirchenstrafen Prag verließ und nun in seinem Heimatort die Predigerarbeit fortsetzte. Unter der ländlichen Bevölkerung fielen seine aufwieglerischen Reden auf fruchtbaren Boden, in Scharen strömten die Menschen herbei, so daß er zuweilen unter freiem Himmel zu den Menschen sprechen mußte. Begierig hörten sie aus seinem Munde vom wüsten Treiben der Geistlichkeit, dem lasterhaften Wohlleben des Klerus, der auf Kosten der Armen danach trachtete, unermeßlichen Reichtum anzuhäufen, und machten auf ihre Weise ihrer Unzufriedenheit Luft, indem sie Kirchen plünderten und die Pfaffen mit wüsten Schmähungen bedrohten.

Auch in anderen Gebieten Deutschlands trug die hussitische Rebellion Früchte. In Niklashausen im schönen Taubertal verbrannte ein junger Hirte und Musiker auf Geheiß der Jungfrau Maria öffentlich seine Pauke. Die Gottesmutter hatte ihn zum Sprachrohr himmlischer Botschaften erhoben, ihm geraten, zum Zeichen seiner Wandlung der Musik zu entsagen und fortan jenseitigen Weisungen zu lauschen. Vermutlich kam nicht alle Kunde aus dem Jenseits, ein offensichtlich mit hussitischen Ideen erfüllter Bettelmönch flüsterte dem Pauker ein, was ihm zu verbreiten wohl zu gefährlich erschien. Auch erhoffte sich der Ortsgeistliche von der wunderbaren Erscheinung der Gottesmutter eine belebende Wirkung für die Region durch einen einträglichen Heiligentourismus. Wallfahrtsorte versprachen nicht nur der Kirche reichen Ertrag durch Ablaßkästen und wunderfördernde Kollekten, auch die ortsansässigen Bewohner profitierten vom Zulauf der Gläubigen. Die wunderbaren Vorgänge im Taubertal verbreiteten sich vornehmlich unter dem einfachen Volk. Einer der ihren war auserwählt, Gottes gerechte Wahrheit zu verkünden und überdies befähigt, Sieche zu heilen und gar Tote zu erwecken. Aus seinem Hirtenmantel rupften die wunderheischenden Pilgerer Zotteln, die bei allerlei Gebrechen Labsal und Besserung versprachen. Massenhaft strömte das Volk heran, des Hirten ansichtig zu werden und seinen Verkündigungen ergeben zu lauschen.

Gegen Wunder hatte die Obrigkeit grundsätzlich nichts einzuwenden, doch unautorisierte Laienprediger betrachtete sie mit Argwohn. Fürstbischöfliche Lauscher wurden beauftragt, Berichte über die Offenbarungen des Paukers zu verfertigen. So ist festgehalten, was Hans Böhm den Menschen zu sagen hatte. Es wäre nichts mit dem Papst, hatte er danach gesagt, und auch der Kaiser wäre ein Bösewicht, weil er die Menschen mit Zoll und Zins bedrückte. »Weh, ihr armen Teufel«, rief er dem bedauernswerten Volk zu, die Geistlichen hätten zuviele Pfründe, sie sollten ihnen genommen werden, weil es nach göttlichem Willen nicht sein sollte; und so sie es nicht lassen wollten, das Volk zu bedrücken, prophezeite er, würde es dazu kommen, daß sie erschlagen würden. »Die Priester mocht die platt bedecken myt der hant, det er gern daß man in nyt kennet.«[22] Mit Wohlgefallen hörten besonders die Bauern seine gemeinnützigen Forderungen, daß die Fische im Wasser, das Wild auf dem Felde allen gehörte und der Besitz der Geistlichkeit und der weltlichen Herren unter dem Volk aufgeteilt werden sollte, »so hetten wir gleich alle genug«. Fürsten und Herren müßten dann »umb einen tagelohn arbeiten«, weil sie ohne dies an der Himmelspforte in ihrer letzten Stunde Hab und Gut zurückzulassen hätten, wobei er vermutete, daß sie ob ihrer Bosheit der Hölle verfallen wären. Das Maß war übervoll, als der Pauker am 7. Juli 1476 seine Zuhörer aufforderte, am folgenden Sonnabend mit »Waffen und Wehren« am Gnadenort zu erscheinen, um eine neue himmlische Weisung der Gottesmutter zu hören. Dazu wollte der Mainzer Kirchenfürst, Dieter von Isenburg, es nicht mehr kommen lassen. Noch in der Nacht vor der bedrohlichen Zusammenkunft ließ er Hans Böhm verhaften und einkerkern. Gleich dem Mentor dieser häretischen Gottlosigkeiten, Jan Hus, wurde auch der Pauker den Flammen des Scheiterhaufens überantwortet.[23]

Doch die Lunte des Aufruhrs war gelegt, hussitische Banden verwüsteten Böhmen, und auch an anderen Orten flammte bäuerlicher Widerstand erneut und verstärkt auf. Die Forderung nach dem göttlichen Recht war eine neue gefährliche Herausforderung an die Mächtigen dieser Welt. Die feudale Ordnung, nach Auffassung der Kirche von Gott gestiftet, galt es zu festigen und zu bewahren. Mit lodernden Scheiterhaufen suchte man den drohenden Gefahren zu begegnen. Ketzer sollten brennen, um den auf Erden Verbleibenden anschaulich das höllische Feuer zu demonstrieren, den Frevlern einen Vorgeschmack vom Reich Satans zu geben und jenen, die im Glauben wankten, warnend die irdische Gerechtigkeit vor Augen zu halten. Jan Hus, verkleidet als Bischof der Satanskirche, brannte anläßlich des Konzils von Konstanz, obwohl ihm freies Geleit zugesichert worden war. Sein Märtyrertod erbitterte seine Anhängerschaft auf das äußerste und entfachte einen blutigen Krieg, der von einem eilends von Rom organisierten Kreuzzug nicht eingedämmt werden konnte. Die Konstanzer Konzilsteilnehmer beendeten die Kirchenversammlung mit dem Beschluß, in Kürze ein weiteres Konzil folgen zu lassen, um nach gehöriger Vorbereitung nach Wegen zu suchen, der allseits um sich greifenden Ketzerei zu begegnen.

Papst Eugen IV. berief schließlich die Kirchenversammlung nach einigem Zögern zum 14. Dezember 1431 nach Basel. Nur schleppend trafen die Teilnehmer in Basel ein, und so nahmen die Beratungen zunächst einen zähen Verlauf, um dann allerdings in einer erbittert geführten Disputation zum Kern der Auseinandersetzung zu gelangen. Eine starke Reformpartei nahm das Konzilsthema, den Glaubensverfall weiter Teile des Christentums, zum Anlaß, die Ursachen der allgemeinen Verdrossenheit im gegenwärtigen Zustand der Christenheit zu suchen und drängte auf eine Gesundung der an Haupt und Gliedern kranken Kirche. Vordringliche Aufgabe war für sie, den Ketzern den Nährboden der Unzufriedenheit zu entziehen und in einer nüchternen Analyse zunächst die hussitischen Forderungen zu überprüfen und ferner die Ketzerei im allgemeinen neu zu überdenken. Zur Demonstration ihrer wachsenden Macht war eine große Schar bewaffneter hussitischer Reiter nach Basel gekommen, um sicherzustellen, daß nicht wieder ein Wortbruch die Disputation mit brennendem Scheiterhaufen beschloß. Das Ergebnis der Verhandlungen waren versöhnende Zugeständnisse an die Hussiten, die den blutigen Streit beenden sollten. Papst Eugen wollte dem nicht zustimmen, und als seine Ermahnungen ungehört blieben, verfügte er die Auflösung des Konzils und beschloß eine Verlegung nach Italien.

Mit dieser dramatischen Zuspitzung drohte der Ketzerstreit nun die Kirche zu spalten, und dies anläßlich eines Konzils, das die Einigung nicht nur befestigen sollte, sondern auch in bezug auf die Ostkirche wiederherstellen wollte. Die Bullen des Papstes, mit denen er den Gehorsam einklagen wollte, ließen die Konzilsteilnehmer unter Berufung auf die Konstanzer Beschlüsse unberührt. Sie beschlossen, die Macht der Kurie einzuschränken, indem sie das Konzil zu einem demokratischen Kontrollorgan erhoben, das über die Amtstreue des Papstes wachen sollte. Schließlich wählte das Konzil einen Gegenpapst, doch fehlte die Unterstützung der weltlichen Herren, die den Reformen skeptisch gegenüberstanden und an dem Gedanken, die päpstliche Monarchie durch eine aristokratische Hierarchie abzulösen, keinen Gefallen fanden, weil sie Konsequenzen aus derartigen demokratischen Reformen befürchteten. Damit war der Versuch, die Kirche zu reformieren, gescheitert. Die gefaßten Beschlüsse gegen die Verweltlichung der Geistlichkeit und die ordnenden Maßnahmen in den Gemeinden hatten zwar auf die deutsche und französische Kirche Auswirkungen, vermochten jedoch die Kirchenreform nicht im erwünschten Maße durchzusetzen.

Gegenstand der Beratung waren auch die Auswüchse eines ketzerischen Aberglaubens des Kirchenvolkes, über die die heilige Inquisition zu berichten hatte. Mit einem Verbot wurden die, insbesondere in der Weihnachtszeit üblich gewordenen »Ungebührlichkeiten« und die lasterlichen Narrenfeste belegt. Die hoffnungsvollen Ansätze einer sinnvollen Reform wurden vom Papst konterkariert, der die alten und bewährten Machtmittel zur Aufrechterhaltung der Kirchenzucht vorzog. Das Konzil hatte beschlossen, zur Überwachung der gottesdienstlichen Ordnung der Gemeinden eine Kirchenpolizei zu etablieren, die präventiv Auswüchse verhindert sollte. Eugen IV. hingegen ermunterte die Inquisition, das begonnene Werk fortzusetzen und mit besonderem Augenmerk nach der ketzerischen Zauberei zu fahnden. Eine Bestandsaufnahme hatte der während des Konzils in Basel weilende Inquisitor Johannes Nider zusammengestellt, auf die sich der Papst berief, auch wenn er zunächst nicht allen dargelegten Erscheinungsformen der zauberischen Ketzerei folgen mochte.

Mit dem »Formicarius« des Johannes Nider war zusammengefaßt, was in alten Quellen zum Zauberwesen festgeschrieben war, ergänzt durch Erfahrungen vor allem jener Inquisitionskollegen, die in den Gebieten bäuerlicher Unruhen nach Glaubensabtrünnigen zu fahnden berufen waren. Auffallend am »Formicarius« ist, daß Nider keine eigenen Erkenntnisse seiner inquisitorischen Tätigkeit einzubringen hat, sondern die Kirchenväter und - lehrer zum Beleg heranführt und sich auf einen weltlichen Richter beruft, ferner einen pensionierten Inquisitor und schließlich einen bekehrten Nekromanten als Gewährsmann zitiert. Demnach, so lesen wir, existiert eine teuflische Sekte von Zauberern, die dem christlichen Glauben durch die Verleugnung der Taufe entsagen und zum Zeichen dieses Verrates das Kreuz mit Fußtritten traktieren, einen Pakt mit dem Teufel schließen, der anläßlich ihrer Zusammenkünfte in Menschengestalt erscheint.[24] Unter Berufung auf Thomas von Aquin, dessen Lehrsätze ihm als Dominikaner zu verteidigen und zu erneuern geboten war, belegt er die Luftfahrten der Ketzer mit anschließender gemeinschaftlicher Unzucht und die Tierverwandlung durch eine Salbe aus toten Kindern. Die erschreckenden Berichte seiner Informanten über den teuflischen Schadenzauber waren für Nider die Quintessenz satanischen Wirkens: die Menschheit durch böse Taten zu drangsalieren, das Wetter zu manipulieren, Blitz und Donner und zerstörenden Hagel herbeizuführen, daneben Haß und Unfrieden in die Gemeinschaft zu tragen, zu unkeuscher Liebe zu verführen und den ehelichen Frieden durch Impotenzzauber zu stören oder die gewünschte Frucht des ehelichen Beischlafes im Mutterleib zu töten.[25]

Eugen IV. ermächtigte die Inquisition ausdrücklich, in diesem Sinne zu verfahren, erweiterte noch einmal die Befugnisse, indem er den Inquisitoren gestattete, auch die Grenzen ihres bis dahin festgelegten Gerichtsbezirkes zu überschreiten und unnachsichtig die weltliche Gerichtsbarkeit zu verpflichten, die Urteile zu vollstrecken.

Schmerzliche Erfahrung der Dominikaner blieb, daß die Bemühungen, die Christen von der Satanskirche zu befreien, nicht die gehörige Unterstützung fanden. Ja, sogar Spott mußten die glaubenstreuen Brüder des Dominikanerordens bei ihrer inquisitorischen Arbeit erdulden. Manch weltlicher und geistlicher Fürst mochte den Vorstellungen von der Teufelskirche nicht folgen; Luftflüge und Tierverwandlungen bezweifelnd, befürchteten sie eine Verwirrung und Beunruhigung ihrer Untertanen.

Im Gebiet bäuerlicher Unruhen im Salzburgischen versuchte 1485 Heinrich Institoris vermeintliche Hexen aufzuspüren und mit Predigten zur Denunziation zu animieren. Dies stieß auf das Mißfallen des beliebten und moderaten Bischofs Georg Golser, der den eifernden Mönch sogleich aus seinem Bistum hinauskomplimentierte. »Er (Institoris) bedunkt mich«, schrieb er, »propiter senium ganz kindisch sein worden, als ich ihn hie zu Brixen gehört hab cum capitulo.«[26] Ähnlich erging es den anderen Inquisitoren, zum Beispiel Jacob Sprenger in Köln und Johannes Gremper im Bistum Konstanz. Mit Beschwerden und detaillierten Berichten über das erschreckende Treiben der Zauberer ersuchten sie beim Papst um Unterstützung, die ihnen sogleich gewährt wurde. Innozenz VIII. faßte in der Bulle »Apostolicae adversus haerism maleficarum« zusammen, was ihm die Getreuen berichtet hatten. »In höchster Begierde« verlangt er von seinen Bischöfen, »daß der katholische Glaube fürnehmlich zu unseren Zeiten allenthalben vermehrt werden und blühen möge und alle ketzerische Bosheit von den Grenzen der Gläubigen weit hinweg getrieben werde.«[27] Die Gebiete, die besonders unter den Ketzern zu leiden hatten, sind in der Bulle genannt: Oberdeutschland, Mainz, Köln, Trier und Salzburg. Es sind jene Regionen, in denen die Kirche von bäuerlichen Unruhen besonders bedrängt und vermutlich nicht zufällig in besonderem Maße die Inquisition vorangetrieben wurde. Den Zusammenhang zwischen der Ketzerfahndung und den erbitterten Kämpfen der Bauern gegen ihre Fronherren verdeutlicht eine kleine, zunächst unbedeutend erscheinende Fälschung in der päpstlichen Bulle von 1484. Der Aufzählung der vom Geist Satans besonders heimgesuchten Bistümer in Süddeutschland fügte eine Schreiberhand noch das Erzbistum Bremen hinzu.[28] Dort war freilich bereits zweihundert Jahre zuvor der bäuerliche Aufstand niedergeschlagen und der Friede erzwungen worden; doch es ist zu vermuten, daß die Erinnerung daran deutlich machen sollte, daß hier, bereits bestätigt durch die Bulle Innozenz III. im 13. Jahrhundert, erstmalig der neue Ketzervorwurf festgestellt worden war.

Päpstliche Bullen und die in Glaubensangelegenheiten niedergeschriebene Überlieferung ergaben, zusammen mit der Heiligen Schrift, den der Kirche überlassenen Schatz göttlicher Offenbarung. Mit dieser unautorisierten Ergänzung schlug der kopierende Schreiber den Bogen von der Bulle Innozenz III. zum achten Papst des gleichen Namens, belegte die Kontinuität der Satanskirche. Innozenz VIII. freilich modifizierte den neuerlichen Ketzervorwurf und faßte zusammen, was die intensive Erforschung seiner getreuen Dominikaner erbracht hatte.

Danach gab es sehr viele Menschen beiderlei Geschlechts, »die vom katholischen Glauben abfallend, mit den Teufeln, die sich als Männer oder Weiber mit ihnen vermischten, Mißbrauch machen«.[29] So dies geschehen, beschweren diese mit zauberischem Aberglauben die Geburt der Weiber oder der Tiere, schädigen Früchte der Felder und Weinberge und plagen die Kreaturen mit innerlichen Schmerzen und anderem Ungemach, wirken an den Bettstellen der Menschen mit Impotenz und Frigidität. Zum Zeichen ihrer unflätigen Gelüste treiben sie lasterhafte Unzucht, verleugnen die Taufe und schmähen das Kreuz.

Die Untaten der Teufelsdiener freilich sind in der päpstlichen Bulle nur karg beschrieben, erwähnt ist vor allem der Schadenzauber, die Gotteslästerung und die Teufelsbuhlschaft. Das größere Anliegen des Heiligen Vaters war es, die Verantwortlichen nachdrücklich zu ermahnen, von den Zweifeln an der Teufelskirche abzulassen, die Inquisition nicht zu behindern und die Voraussetzungen einer unnachgiebigen Bestrafung zu erfüllen. Es war eine hilfreiche Unterstützung der heiligen Inquisition, doch nicht in allen Punkten hatte der Papst die Vorstellungen der feldforschenden Praktiker bestätigt. Die von einigen Theologen als kindisch empfundene Tierverwandlung und die märchenhaften Luftflüge ließ der Papst unerwähnt, wichtiger erschien ihm die Reinigung der Gemeinden durch christliche Belehrung.

Die Dominikaner waren ein Predigerorden (praedicatores), und vor allem an diese Aufgabe erinnerte der Papst in seiner Bulle, indem er von den Inquisitoren verlangte, für eine Festigung des Glaubens zu sorgen, Mißbräuche zu korrigieren und aufklärerisch zu wirken. Von den weltlichen und geistlichen Fürsten forderte er Beistand und ermunterte die Inquisitoren, in ihrer Arbeit fortzufahren. Damit reagierte er auf die Klagen der in der Bulle namentlich genannten Dominikaner Institoris, Sprenger und Gremper und bevollmächtigte sie, gegen den Unflat der Ketzerei zu predigen und wenn nötig zu strafen, ohne jedoch ausdrücklich die Anwendung der Folter und des Scheiterhaufens zu fordern. Auch den Wahrheitsgehalt der ihm vorliegenden Berichte mochte Innozenz nicht ausdrücklich bestätigen, unverbindlich heißt es in der Bulle: »Wir haben gehört, daß die Ketzerei in weiten Teilen . . . Oberhand nehme«. Mit dem »Hörensagen« war freilich ein verbindlicher Befehl des Papstes nicht zu rechtfertigen und so richtete er die Bulle, nicht wie üblich, an die »Patriarchen, Primat Erzbischöfe des ganzen Erdkreises«, sondern recht allgemein an die Menschen, »welche die Verrichtung des Amtes der Inquisitoren auf irgend eine Weise verzögern«.[30]

Insbesondere Heinrich Institoris und vermutlich auch Johannes Gremper suchten die enttäuschend ausgefallene Konfirmation des Papstes zu ergänzen, indem sie eine umfassende Sammlung ihrer Erfahrungen und vor allem eine Zusammenfassung der bis dahin von Kirchenlehrern und -schriftstellern beschriebenen Teufelskulte verfaßten. Hauptautor war zweifellos Heinrich Institoris, jener von Bischof Golser als »kindisch« geschmähte Inquisitor, der zudem der Unterschlagung von Ablaßgeldern bezichtigt wurde. Das Werk nannte er »malleus maleficarum«, »Hexenhammer«. Es war als Handbuch für die Hexenjagd gedacht, mit dessen Hilfe weltliche und geistliche Richter das teuflische Wirken der Ketzer unnachsichtig feststellen, aufspüren und schließlich zerschlagen sollten. Nachzulesen war in anschaulicher Gliederung, was »zum ersten zu einer Hexentat gehört, nämlich der Dämon, der Hexer und die göttliche Zulassung«, zum anderen die »Arten der Behexung und wie solche zu beheben« und schließlich zum dritten »die Arten der Ausrottung oder wenigstens Bestrafung durch die gebührende Gerechtigkeit«.[31]

Für einige wesentliche Erweiterungen des Verbrechenskataloges der Ketzerei im »Hexenhammer« durften sich freilich die Inquisitoren nicht auf die päpstliche Autorität berufen. Nicht neu, aber theologisch umstritten war die Vorstellung von den Hexenflügen, die Thomas von Aquin biblisch belegt hatte. Getreu dem Ordensgebot der Dominikaner, die Lehren des heiligen Thomas zu verbreiten und zu verteidigen, übernahm Institoris diese teuflische Kunst in seine hexische Indiziensammlung. Auch die von den Inquisitoren behauptete besondere Anfälligkeit der Weiber für den schädigenden Zauber war nicht gültige Lehrmeinung. Ausdrücklich nennt die Bulle Männer und Frauen, die, vom katholischen Glauben abfallend, Zauberei betreiben. Schließlich unautorisiert ist auch das von Institoris geforderte harte Strafmaß für das Verbrechen der Ketzerei: der Tod auf dem Scheiterhaufen. Das kanonische Recht bedrohte nur jene mit dieser qualvollen Strafe, die hartnäckig und vorsätzlich als Wiederholungstäter überführt wurden.

Mit einem gefälschten Gutachten der wohlgeachteten Kölner Universität versuchte das Triumvirat der Inquisitoren, dem »Hexenhammer« Autorität durch eine wissenschaftliche Bestätigung zu verleihen und damit dem Mangel der uneingeschränkten Billigung durch die kirchliche Obrigkeit abzuhelfen. Mit dem »malleus maleficarum« war festgeschrieben, welche Indizien festgestellt werden mußten, um ein Verfahren zu eröffnen beziehungsweise ein Urteil zu fällen. Insgesamt fünf gotteslästerliche Straftaten ergaben zusammengefaßt das Verbrechen der Hexerei. Zum ersten mußte der Kult fremder Gottheiten erwiesen sein, der, mit der Teufelsbuhlschaft bekräftigt, zur Aufnahme in die Satanskirche führte. Hier unterwies der böse Geist den Verräter des christlichen Glaubens im Schadenzauber, mit dem er vielfaches Unheil über Menschen, Tiere und Pflanzen brachte. Des weiteren befähigte Satan seine Anhänger zu Luftflügen und Tierverwandlungen. Die Geständnisse der Bezichtigten waren mit Sicherheit nicht freiwillig zu erlangen, so daß – ebenfalls nicht autorisiert – zur Beschleunigung des Verfahrens die Anwendung der Folter gefordert wurde.

Grundsätzlich, so entnehmen wir dem »Hexenhammer«, waren Männer als Hexenmeister und Frauen als Hexen des Verbrechens fähig. Wohlwissend, daß bislang vornehmlich Männer der Ketzerei überführt und verbrannt worden waren, glaubte Institoris, hier einen Wandel erkannt zu haben. »Da wir dies niederschreiben«, so lesen wir, »sei die Ruchlosigkeit der Weiber besonders.« Eindeutig stellt er fest, »daß mehr Weiber als Männer vom Frevel der Zauberei betroffen seien«.[32] Zum Beweis führt er eigene Beobachtungen an, die er vermutlich während seiner inquisitorischen Arbeit in den Gemeinden machte, wo er allenthalben »kläglichen Zwist zwischen verheirateten und nicht verheirateten Männern und Frauen« entdeckte. Schuld an diesen Zänkereien wären die Weiber, denn, so wußte er aus der Bibel: »Immer ist Neid in einem bösen Weibe.« Freilich war für ihn auch das Bekenntnis wichtig, daß nicht alle Frauen böse wären, schließlich hatte Gott die Heilige Jungfrau Maria zum Werkzeug seiner göttlichen Offenbarung erhoben und auch andere fromme Weiber wären zu rühmen, jene, die den Glauben befestigten und treu sich der Nachfolge Christi verpflichteten. Das weibliche Geschlecht, »in dem Gott stets Großes schuf, um Starkes zu verwirren«,[33] so schrieb Institoris, wollte er keineswegs verachten. Gerade aber dieser Gegensatz, zum einen die große Zahl frommer entsagender Frauen und zum anderen die gewaltige Menge boshafter Weiber, beinhaltete die Gefahr, die von diesem Geschlecht ausginge. Als Zeuge benennt er den heiligen Chrysostomos, der dreierlei in der Welt festgestellt habe, das im Guten wie im Bösen kein Maß zu halten wisse: die Zunge, die Geistlichkeit und das Weib. Ihr Wirken in dieser Welt ist abhängig von der Verpflichtung zum Guten oder Bösen. Über die Maßen Wohlgefälliges bringen sie hervor, wenn sie sich von den himmlischen Mächten leiten lassen. Weh aber, sie sind dem Bösen verfallen: die Zunge, die Unflat und Zerstörung predigt, der Geistliche, der dem Diesseitigen verfällt und vom Reich Satans Zeugnis ablegt und schließlich das Weib, das im Bösen keine Beschränkungen kennt. In den vom christlichen Geist geprägten guten Zeiten mag es auch mehr gute Weiber gegeben haben, nun aber, in der allenthalben »überall sichtbaren gottlosen Zeit«, so lesen wir, »sind es vornehmlich Frauen, die sich dem Bösen zuwenden«.[34]

Aus der kirchlichen Überlieferung und aus eigener Erfahrung versucht Institoris, die Gründe hierfür aufzudecken und zu belegen. Da ist zunächst die charakterliche Ähnlichkeit der Weiber mit dem Teufel. Beider Werke sind Schein und Trug. Wie Satan versuchen die Frauen mit List und Tücke zum Ziel zu gelangen, »auch mäßig hübsche Weiber« schmücken sich und widmen ihre Zeit der Eitelkeit, um das bedauernswerte männliche Opfer täuschend einzuspinnen und zu fangen. Unterstrichen wird die listige Bosheit durch den Gebrauch ihrer Stimme, »denn sie sticht und ergötzt zugleich, Sirengengesänge mit süßer Melodie, die anlockt, aber auch tötet, weil sie den Geldbeutel leeren, die Kräfte rauben und Gott zu verachten zwingen«.[35] Dies alles tun sie aus unersättlicher Gier nach fleischlicher Lust jenes Teils ihres Körpers, »das niemals spricht: Es ist genug. Nämlich der Öffnung der Gebärmutter«.[36]

Hort christlicher Moral für jene, die nicht in klösterlicher Gemeinschaft der Sehnsucht entsagen wollten, war die heilige, von Gott gestiftete Ehe. Für Institoris bietet auch sie keinen Schutz vor boshafter Anfechtung. Im Gegenteil, im Ehebruch entfaltet sich eine weitere Eigenschaft der Weiber: Neid, Eifersucht und Haß. »Nicht Gewalt des Feuers, nicht Sturmesbrausen / ist zu fürchten, so noch Flitzesflammen, / Als wem wild im Zorn die verlass'ne Gattin / Glühet und hasset«[37] sagte Seneca, und Institoris folgert daraus, daß ein solcher Zorn den Teufel herausfordert, den Haß für seine Werke zu nutzen, im ehelichen Bett und Haushalt nach Zwietracht und Hader zu suchen und um die Hausfrau buhlend zu werben. Daher warnt der »Hexenhammer« mit dem heiligen Chrysostomos vor dem Ehestand: »Es frommt nicht zu heiraten. Was ist das Weib anders als die Feindin der Freundschaft, eine unentrinnbare Strafe, ein notwendiges Übel, eine natürliche Versuchung, ein wünschenswertes Unglück, eine häusliche Gefahr, ein ergötzlicher Schade, ein Mangel der Natur mit schöner Farbe bemalt. Wenn sie entlassen Sünde ist, wenn man sie einmal behalten muß, dann ist notwendig Qual zu erwarten, darum daß wir entweder sie entlassend Ehebruch betreiben oder aber täglich Kämpfe haben werden . . .«[38]

Das mittelalterliche und frühneuzeitliche Recht räumt den Frauen, insbesondere in den Städten, durchaus einige Freiheiten ein. Oberhaupt der Familie aber war der Mann, dem zur Aufrechterhaltung von Zucht und Ordnung am häuslichen Herd ein bemessenes Züchtigungsrecht zustand. Ungehorsames Gesinde, die Kinder und Ehegattin erfuhren die unterste Stufe weltlicher Gerechtigkeit durch den Hausvater. Vielleicht, so könnte man vermuten, wehrten sich die Frauen bei eingeschränkten Freiheiten mit keifendem Zank, entwikkelten ihre schwachen Machtmittel mit der Kultivierung mehr oder minder subtiler weiblicher Tyrannei. Die langen Strafregister ländlicher Gerichte, die in steter Wiederholung Weiberzank zu strafen hatten, führten über solcherart häuslichen Haders beredte Klage. Zum Marktbild der mittelalterlichen Stadt gehörte der Pranger, an dem so mancher Weiberzank sein Ende fand, oder der Schand- und Lästerstein, der von schandmauligen Frauen, vom Spott des Pöbels begleitet, über die öffentlichen Plätze geschleppt werden mußte. Auch das giftige Weib der mittelalterlichen Literatur entspricht in weiten Teilen den Vorstellungen des »Hexenhammers«, der sich, in diesem Punkt zumindest, breiter Zustimmung erfreuen durfte. Mit einem »bitterbösen Wief« geplagte Ehemänner, verschmähte Liebhaber und nicht erhörte Hagestolze werden wohl mit Freuden den Klagen der Inquisitoren über das dreigestaltige »Ungeheuer Weib« beigepflichtet haben, das, »geschmückt mit dem herrlichen Antlitz des Löwen, entstellt durch den stinkenden Leib der Ziege und bewaffnet mit dem giftigen Schwanz der Viper«[39] für vielfaches Ärgernis sorgte. Mit schönem Antlitz täuschend, so befindet Institoris, ist die Berührung garstig, der Umgang tödlich. Die schlüpfrige Zunge des Weibes, boshaft und mißgünstig, sorgt, wohin man auch sieht, für Unfrieden; nicht einmal mit den Geschlechtsgenossinnen ist sie eines Sinnes. Dem Mann gegenüber ist sie von Natur aus entgegengesetzt. Zwar ist die Frau mit Verstand ausgestattet, das Verständnis für das Geistige aber ist anders strukturiert, so daß es keine weiblichen Philosophen gibt. Institoris wagt es nicht, Gott ob dieser Mängel Pfusch bei seiner Schöpfung anzulasten; es ist wohl unerforschlicher Ratschluß des himmlischen Vaters, warum er das Weib aus der Rippe des Mannes schuf. Zum Guten konnte dies nicht führen, ist doch die Brustrippe gebogen und damit – von welcher Seite auch betrachtet – dem Manne entgegengesetzt. Ein weiterer Mangel ist auch aus der Etymologie herzuleiten: Das Wort femina ist nach Institoris eine Wortzusammensetzung aus fe, gleich fides (Glaube) und minus, gleich weniger, womit bewiesen ist, daß Frauen seit undenklichen Zeiten als glaubensschwach galten.[40]

Vier Hauptlaster prädestinieren die Weiber, leichtfertig dem Teufel sich zu ergeben und machen sie zu seiner leichten Beute: Ungläubigkeit, Ehrgeiz, Üppigkeit und Unersättlichkeit in allen diesseitigen Gelüsten. Bereits die Paniti, griechische Feldgeister, die von den

Römern »inkubi« genannt wurden, geilten nach den Weibern, um mit ihnen »in cubare«, Unzucht zu treiben. Diese ständigen Verführungsversuche hatten Paulus die Weisung erteilen lassen: »Ein Weib soll einen Schleier tragen um sein Haupt, wegen der Engel.«[41] In der Exegese entwickelt Institoris zweckbestimmte Phantasie: Da es bekanntlich auch dämonische gefallene Engel gebe, habe der Apostel damit wohl den Inkubus gemeint. Sexuelle Lust freilich empfindet der Inkubus nicht, auch verfügt er über keine Zeugungskraft. Als Sukkubus nimmt er die Gestalt einer Frau an, um einen Mann zu verführen, vor allem zu dem Zweck, männlichen Samen aufzunehmen, um als Inkubus den Frauen Potenz vorzutäuschen. Mit lustlosem Buhlen verfolgt der Böse lediglich die Absicht, die Weiber in seine Gewalt zu bekommen, wissend, daß unersättliche Geilheit ihr Schwachpunkt ist. Die Macht Satans liegt »in den Lenden der Menschen, weil unter allen Kämpfen die Schlachten des Streites am härtesten sind, wo ein fortwährender Kampf und selten Sieg ist. Unvollkommener als ein Tier« ist das Weib, weil es mangelhaft in allen »Kräften der Seele und des Leibes«, freudig und widerstandslos in die Teufelsbuhlschaft einwilligt, sich mit dem bösen Geist vermischt, »weil sie von Natur aus schlecht ist, schneller zweifelnd den Glauben ableugnet.«[43]

Damit ist für Institoris die Frage beantwortet, »warum in dem gebrechlichen Geschlecht der Weiber eine größere Menge Hexen sich findet als unter Männern«. Bei der drückenden Beweislage verbittet er sich die Suche nach gegenteiligen Argumenten, »da außer den Zeugnissen und Schriften und Glaubwürdiger (Männer) die Erfahrung selbst solches glaubwürdig macht«, woraus schließlich zu folgern ist, »nicht die Ketzerei der Hexer zu nennen, sondern die der Hexen, damit sie den Namen bekommen apotiorie und gepriesen sei der Höchste, der das männliche Geschlecht vor solcher Schändlichkeit bis heute so wohl verwahrte«.[44]

Die Absicht Institoris war es, mit jenem Teil des »Hexenhammers«, der die Frauen so heftig schmäht, den Wunsch des Papstes nach Aufklärung und Belehrung zu erfüllen. Ausdrücklich weist er in steter Wiederholung bei den ihm wichtig erscheinenden Passagen darauf hin, daß der »Stoff verdient gepredigt zu werden«. Zudem galt es, die nicht ausdrücklich sanktionierte Frauenfeindlichkeit, die Luftflüge und das Strafmaß zur gültigen Meinung werden zu lassen und das Wissen um das neue Ketzerunwesen gehörig zu verbreiten. Die Erfahrung hatte gelehrt, daß Weltgeistliche und Bauern, städtische Ratsherren und ländliche Fronherren der Inquisition nicht die gebührende Hilfe zuteil werden ließen. Vermutlich aus diesem Grund rückten die an Volksstimmen lauschenden Glaubensfahnder den Schadenzauber in den Mittelpunkt des Verbrechensvorwurfs. Sogenannte weise Männer und Frauen, also Wahrsager, bleiben unbedroht. Ausdrücklich bezeichnet Institoris die anderen Arten des Aberglaubens, wie Anrufung der Dämonen, Gestirnsbetrachtungen, Losewerfen, Traumdeutungen, alle mantischen Praktiken als harmlos, weil die Hexentaten alle sündvolle Bosheit überträfen, indem sie nur die Absicht verfolgten, Schaden zu stiften. Alles andere sind nur Gaukeleien, die mit einer Bewußtseinserweiterung zu erklären sind, »der Körper wird anders durch den Sinn des Sehens und Fühlens« erfaßt. Zwar betreiben auch die Hexen Gaukelkünste, indem sie zum Beispiel die Zeugungsglieder nicht wirklich weghexen; doch da sich beim Mann »nichts rührt«, glaubt er, seiner männlichen Attribute beraubt zu sein. Das ist eindeutig ein Schadenzauber, der mit mantischen Künsten kundiger Wahrsager und Weißmagier nicht verglichen werden soll. Zur Verteidigung der bislang von der Kirche verworfenen Traumdeuterei lesen wir jetzt im »Hexenhammer«, daß schließlich auch himmlische Botschaften durch Träume übermittelt wurden und die »Natur der Seele im Schlafe gewisse Dispositionen zeigt, die im Körper sind und aus denen später Krankheit oder sonst etwas entsteht«.[45]

Zur Entscheidung, ob der Aberglaube sündhaft sei oder als harmlos zu gelten habe, wird auf Johannes Nider verwiesen; grundsätzlich ist die Anrufung selbst dämonischer Geister zum Zweck der weißen Magie zwar verwerflich, aber nicht strafbar. Konrad von Marburg hatte dies noch anders gesehen, und Gerhard von Bremen bewies anhand der mantischen Praktiken der Stedinger die Ketzerei.

Unzweifelhaft gewichtet der »Hexenhammer« das Verbrechen neu, gültige Lehrmeinung ist er jedoch nicht. Auf die Bulle Innozenz VIII. konnten sich die Verfasser nur in wenigen Teilen berufen. Das Geheimnis des Erfolges lag in der geschickten und einseitigen Zusammenfassung unterschiedlicher heidnisch-christlicher Auffassungen über das Wirken der Dämonen. Vor allem war es gelungen, den

Laien die schwer verständliche Dämonen- und Tugendlehre zu verdeutlichen, beide Lehren zu verknüpfen und daraus ein Verbrechen zu konstruieren, das Verbrechen der Hexerei. Mit der ausdrücklichen Absicht, die plastisch beschriebenen Untaten darzustellen und für entsprechende Predigttexte aufzuarbeiten, sollte die bedrohliche Gefahr beim Volke verinnerlicht werden. Die Verbreitung der Lehre gelang, weil der Schadenzauber nachvollziehbar war und im Volke Bestätigung fand. Fortan wird es namhafte Zeugen geben, die bereit sind, vor weltlichen und geistlichen Richtern die Schwurhand zu heben und Zeugnis vom nachbarschaftlichen Schadenzauber abzulegen, mißliche Personen zur Anzeige zu bringen, die aus böser Lust Vieh schädigen und Menschen mit Tod und Krankheit behexen.

Gottes Recht
und irdische Gerechtigkeit:

Dem Teufel den Prozeß gemacht

Wer öffentlich in beschimpfenden Äußerungen Gott lästerte oder eine der christlichen Kirchen schmähte, konnte bis zur Strafrechtsreform des Jahres 1969 mit Gefängnis bestraft werden. Bis zu drei Jahren Haft waren für eine solche Schändlichkeit vorgesehen. Das entsprach dem Strafmaß für schwere Körperverletzung mit bleibenden Folgen, wie Verlust von Gliedern und Sinnen oder gar der Zeugungskraft.[1]

Doch auch heute noch wird mit Gefängnis bedroht, wer durch Wort oder Schrift den Inhalt eines religiösen Bekenntnisses beschimpft, sich während eines Gottesdienstes unflätig benimmt oder gar blasphemischen Unfug treibt. Freilich, mit der Liberalisierung des alten Gotteslästerungs-Paragraphen 166 des Strafgesetzbuches stellte der Gesetzgeber die Friedenspflicht der Bürger in den Vordergrund dieser strafrechtlichen Bestimmung und unterstrich damit die Grundrechte der Glaubensfreiheit. Gleichwohl bewahrten damit, insbesondere die beiden »öffentlich-rechtlichen« Religionsgemeinschaften wohlerworbene Privilegien, denn ohne Zweifel würden auch die allgemeinen Rechtsvorschriften zur Aufrechterhaltung der öffentlichen Ordnung den Kirchen ausreichenden Schutz gewähren. Mit der Beibehaltung des modifizierten und nicht nur die christlichen Glaubensgemeinschaften schützenden § 166 StGB ist ein Relikt der alten feudalen Ordnung erhalten, nach der Kirche und Staat gemeinsam obrigkeitliche Verantwortlichkeit tragen.

So richtet sich das »Handbuch Religiöse Gemeinschaften«, ein inquisitorischer Katalog gebilligter und verworfener Glaubensgemeinschaften des lutherischen Kirchenamtes Hannover aus dem Jahre 1985, nicht nur an die Gemeinden, Pastoren und Kirchenbehörden, sondern ausdrücklich wird es auch »staatlichen Stellen«[2] anempfohlen, zum Beispiel dem Oberlandesgericht Schleswig, das den bereits beschriebenen Fall einer »okkulten Behaftung« zu bewerten hatte und kirchlich-weltlichen Richterspruch mit Hilfe dieses Traktates fällte.

Christliche Herrscher, von Konstantin dem Großen bis zu den protestantischen Landesherren, die entsprechend ihrer Forderung »cuius est regio, eius est religio« das bischöfliche Amt beanspruchten, betrachteten sich als Sachwalter der von Gott gestifteten Ordnung, aus der sie ihr Gottesgnadentum herleiteten.

Diese heilige Ordnung hatte Hildegard von Bingen durch wunderbare Offenbarungen erfahren: »Gottes Gerechtigkeit und sein gerechtes Gericht sind unfaßbar«, protokollierte sie das Erschaute, »weder in den Höhen des Himmels, noch in den Tiefen des Abgrundes stoßen sie auf eine Grenze, die mit menschlichen Sinnen erreicht werden kann.« Und fortfahrend erläuterte sie, »Gott ist in der Verfolgung der Verbrechen unbeugsam, vielmehr stemmt sich der Eifer des Herrn mit dem starken Nacken seiner Kraft unter das von Gott den Menschen gegebene Gesetz, um über jeden, der den Gesetzesvorschriften nicht beobachtend und in bösen Werken faulend verwelkt, die verdiente Strafe zu verhängen.«[3]

Für den mittelalterlichen Menschen war Gott das Recht, denn seine unfaßbare, unbegreifliche Schöpfung offenbarte sich in einer allenthalben sichtbaren Ordnung. »Dein Wille geschehe, wie im Himmel also auch auf Erden« beten noch heute die Christen im Vaterunser, um damit zu bekennen, daß Gottes Gesetze allumfassend sind. Dem Menschen begreiflich, so lesen wir im »Scivias« der heiligen Hildegard, wird dieser göttliche Wille durch die Einsetzung der weltlichen und kirchlichen Obrigkeiten, die unmittelbar von Gott als seine irdischen Sachwalter eine Gottesregentschaft auszuüben haben. Ihre Aufgabe war es sicherzustellen, daß die Menschen als Volk Gottes in den Normen des Gottesstaates in Frieden zusammenlebten.

Doch bedrohlich und mit immerwährender Boshaftigkeit existierte neben der »civitas Dei«, real und gegenwärtig, besiegt, aber nicht vernichtet, das Reich Satans. Seine finsteren Machenschaften waren an seinen Werken zu erkennen: Unfriede, Lasterhaftigkeit und ständige verführerische Angriffe gegen das Gottesvolk. Auch der Böse verfügte über eine Gefolgschaft, gegen die freilich Gott »mit überragender Stärke streitet, wider den Teufel und seine Anhängerschaft, ihrer Ungerechtigkeit sich entgegenstellt«.[4] Hildegard von Bingen verwies damit auf das religiöse Weltbild des Mittelalters, wonach die Christenheit, eingebunden in die von Gott gestiftete feudale Ordnung, in einer sakralen Gemeinschaft von Staat und Kirche gegen die Herausforderungen Satans gewappnet war.

Wie kein anderer Herrscher verkörperte Karl der Große die mittelalterliche Vorstellung der Gottesregentschaft. Er war der wiedererstandene David und seine fränkischen Untertanen das neue Volk Israel, das, dem König folgend, gegen die Mächte des Bösen stritt. Die Nachfolger des fränkischen Königs und römischen Kaisers Karl verehrten ihn als Heiligen; obwohl die rechtmäßigen Päpste seine Heiligsprechung durch Paschal III. nicht anerkannten, widersprachen sie ihr aber auch nicht. Denn des Kaisers Verdienst war es, der christlichen Universalmonarchie Gestalt gegeben zu haben, indem er die beiden Stützen irdischer Herrschaft, Kirche und Staat, miteinander verwoben und so Gottes gerechte Ordnung im Diesseits verwirklicht hatte.

Mit der Stiftung zahlreicher Gesetze legte Karl das Fundament des Gottesstaates, befestigte damit den Glauben und eröffnete der Botschaft Jesu neue Missionsgebiete. Mag er auch nicht der große Gesetzgeber gewesen sein, als den ihn die Nachwelt rühmte, denn bis auf sprachliche Korrekturen war die von ihm angestrebte Reform über die alten Stammesrechte nicht hinausgekommen, so waren es doch die zahlreichen Anordnungen und Erlasse, die sogenannten Kapitularien, die seinen Ruhm begründeten. Vor allem dokumentieren die von den Rechtshistorikern als »capitula mixta« bezeichneten Erlasse seine Sorge um die Befestigung der göttlichen Ordnung. Diese regeln nicht nur weltliche Angelegenheiten, denn stets enthalten sie auch Belange der Kirche, die Karl mit Hilfe des Rechts zu Macht und Größe erheben wollte, dabei jedoch zuweilen die gebotene christliche Milde vergaß und durch allzu große Strenge das Mißfallen des Heiligen Stuhls erregte. Papst Alkuin sah sich gar veranlaßt, den Herrscher schriftlich zu ermahnen: »Der Mensch kann zum Glauben hingezogen, aber nicht genötigt werden, denn nötigen kann man zur Taufe, aber es hilft nicht dem Glauben.«[5] Karl der Große setzte auf Nötigung, schließlich galt es, nicht nur den Glauben zu befördern, sondern auch das Reich zu befestigen und zu vergrößern. Mit Verboten und harten Strafandrohungen versuchte er, das Werk der Mächte der Finsternis zu tilgen und die Angriffe der Dämonen auf die Gemeinschaft der Gläubigen zurückzuweisen.

»Wer an Quellen oder Bäumen, in Wäldern ein Gelübde ablegt«, bestimmte eine seiner Verordnungen, »oder etwa nach heidnischer Sitte opfert und dort zu Ehren der Götter speist, soll, falls er ein Adeliger ist 60, falls er ein Freier 30, falls er ein Halbfreier 15 Schilling Strafe zahlen.«[6] Mit dem Leben sollte büßen, »wer den Leib eines Toten nach heidnischer Sitte von der Flamme verzehren und seine Gebeine zu Asche verbrennen läßt«.[7] Im Totenkult offenbarte sich besonders hartnäckig heidnische Glaubenstreue, so daß eine weitere Bestimmung gebot, »daß Christen nicht an den alten Grabhügeln, sondern »in geweihtem Boden ruhen«[8] sollten. Im »admonitio generalis« hieß es: »Wir bestimmen, daß keiner Zaubertränke brauen oder Zaubersprüche singen oder Wettermachen oder Wunderkuren unternehmen darf, und wo es geschieht, soll es ausgemerzt und verurteilt werden.«[9] Zauberei war also auch streng verboten, doch wurde sie vermutlich nur bei tatsächlich eingetretenem Schaden geahndet. Ein Strafmaß wurde in dieser Verordnung nicht bestimmt und sollte wohl dem richterlichen Ermessen anheimgestellt bleiben, denn unter einem Zaubertrunk konnte auch eine Giftmischung zu verstehen sein, und Wunderkuren endeten zuweilen tödlich, mit der Folge, daß geschädigte Hinterbliebene Mordanklage erhoben. Noch der »Sachsenspiegel« des 13. Jahrhunderts unterschied nicht zwischen Zauberei und Gifttötung, ein Grund, der die Bewertung früher Zauberprozesse so fragwürdig macht. Freilich, die Relikte heidnischer Kulte galt es auszumerzen, doch vermutlich vorrangig durch gütige Belehrung und Aufklärung, denn auch radikale Lynchjustiz übereifriger Christen, die mordend und brennend Heiden verfolgten, bedrohte ein Kapitular mit der Todesstrafe: »Wer vom Teufel verblendet wie die Heiden glaubt, jemand sei eine Hexe und fresse Menschen und diese Person deshalb verbrennt oder ihr Fleisch durch andere essen läßt, der soll mit dem Tode bestraft werden.«[10] Es bleibt fraglich, wieweit der in den Kapitularien bestimmte kaiserliche Wille auch durchzusetzen war; der lange Synkretismus heidnischer und christlicher Kulte spricht für einen zähen Fortschritt der Befestigung des Christentums.

Mit der »capitulatio de partibus saxonia« versuchte Karl der Große seit dem Jahre 785, netzartig das Reich mit einer königlichen Verwaltung zu durchdringen. Zu Grafen erhobene Kommissare sollten entsprechend der königlichen Weisungen als Verwalter der Königsgüter oder in eigenen adeligen Herrschaften im Namen des Reiches die ihnen überantworteten Territorien regieren. Als eine weitere Säule der Staatsgewalt kamen noch die reich ausgestatteten Kirchengüter hinzu. Damit waren – kraft des persönlichen Auftrags des Königs – das Königsgut, der Adel und die Kirche die Stützen der Reichsverwaltung und bildeten unter der Ägide des Herrschers im Sinne des Gottesstaates eine Einheit. Zum Zeichen der Verflechtung geistlicher und weltlicher Herrschaft empfingen die fränkischen Könige durch die Bischöfe die Weihe, die durch Salbung einen sakramentalen Charakter erhielt. »Allmächtiger Gott, Schöpfer aller Dinge, Kaiser der Engel, König der Könige, Herr der Herren ... schaue gnädig auf unsere demütigen Bitten und auf Deinen Diener, den wir mit andächtiger Hingabe zum König wählen.« Mit diesen Worten erflehten die Bischöfe für den Herrscher Gottes Beistand bei der Erfüllung seiner Schutzverpflichtung gegenüber der heiligen Kirche, damit er »auf dem Pfad der Gerechtigkeit unbeirrt einhergehe und künftig Gottes Kirche mit allen ihr zugehörigen Leuten so fördere und lehre, festige und anleite, so gegen alle ihr sichtbaren und unsichtbaren Feinde machtvoll und königlich die Herrschaft Deiner (Gottes) Kraft ausübe und deren Herzen mit Deinem Beistand so zur Eintracht wahrer Treue und wahren Friedens forme«. Mit heiligem Öl gesalbt empfing der König »die Gabe, Unsichtbares zu erlangen und nach der Ausübung irdischen Königtums durch gerechtes Walten mit Christus zusammen ewig als König zu herrschen«. »Bedenke«, so beteten die Geistlichen während der Krönung, »daß die Krone die Herrlichkeit und Ehre der Heiligkeit und das Werk der Tapferkeit sinnfällig ausdrückt, sei dir bewußt, daß du durch sie Teilhaber an unserem Bischofsamt wirst, auf daß du so, wie wir im Innern als Hirten und Lenker der Seelen verstanden werden, auch nach draußen stets erscheinst als wahrer Diener Gottes und gegen alle Widrigkeiten als eifriger Schützer der Kirche Christi.«[11]

Die Bischöfe wiederum erhielten aus der Hand des Königs die Zeichen ihrer Würde, Ring und Stab. »Zur Mehrung des ewigen Lohns und aus Liebe zu seinen Bischöfen« stattete er seine Kirche mit reichen Pfründen aus, verlieh das Bistum als Lehen. Dafür hatten die Bischöfe einen Treueeid zu leisten, der einem Lehnseid gleichkam. Die Liturgie der Herrscherweihe und die Einsetzung der hohen geistlichen Würdenträger durch den König versinnbildlichten die angestrebte geistliche und weltliche Harmonie im Gottesstaat.

Es waren begehrliche Privilegien, die aus der Hand des Königs zu erlangen waren, und entsprechend buhlten Männer der Kirche und Laien um seine Gunst. Bei der Vergabe der Bistümer überwogen zuweilen machtpolitische Erwägungen und finanzielle Interessen; nicht immer bekümmerten sich die zu Commendaturäbten erhobenen weltlichen Herren um das geistliche Wohl der Christen, sondern verpflichteten sich mehr dem Diesseits. Bischöfe nahmen an Kriegszügen teil und mehrten Machtfülle und materiellen Wohlstand. Die zunehmende Verweltlichung der Kirche führte zu einem beklagenswerten Zustand der Christenheit, und allenthalben brandmarkten reformerische Kritiker den Verfall der geistlichen Autorität. Im 11. Jahrhundert erscholl unüberhörbar aus den Reihen der Gläubigen der Ruf »libertas ecclesia«, mit dem die Freiheit vom Joch der weltlichen Macht gefordert und die enge Verflechtung der Kirche mit dem Königtum gelöst werden sollte.

An der Spitze der Bewegung stellte sich Papst Gregor VII., der zunächst die Gefahr neuer teuflischer Angriffe beschwor, die der ketzerischen Simonie. Im Februar 1075 übersandte der Papst dem Erzbischof von Mainz, dem eine besonders große Zahl von Suffraganbischöfen unterstand, die Beschlüsse der römischen Fastensynode mit der Weisung, »daß diejenigen, die durch simonistische Ketzerei, das heißt mittels einer Zahlung, zu einem Grad heiliger Weihen, zu einem Amt erhoben wurden, in der Heiligen Kirche künftig keinen Platz für ihren Dienst haben; auch sollen diejenigen, die durch Geldzahlungen Kirchen innehaben, diese gänzlich verlieren, denn es soll fortan niemand erlaubt sein, sie zu verkaufen oder zu kaufen ...«[12] Anliegen des Papstes war es, die Investitur der Bischöfe durch den König zu unterbinden. Von Gott höchstselbst eingesetzt und zur irdischen Stellvertreterschaft bestimmt, gebührte ihm auch der Primat der weltlichen Regentschaft. Diese Forderung unterstrich er mit einem einprägsamen Bild: Aus Gottes Hand empfing der Stellvertreter Christi zwei Schwerter, die Symbole geistlicher und weltlicher Macht. Dem Papst oblag es, eines dieser Schwerter dem König zu überantworten. Damit war freilich nicht die Einsetzung der weltlichen Herrscher durch Gott in Frage gestellt; nach Auffassung des Papstes erfolgte diese – zum Zeichen der Rangfolge – lediglich mittelbar. Dem widersprach energisch Heinrich IV., indem er auf der alten Vorstellung beharrte, nach der Gott die Schwerter gleichrangig zum einen dem geistlichen Hirten und zum anderen dem königlichen Herrscher übergab. Die Absicht des Papstes, die Bischofswahlen dem weltlichen Einfluß zu entziehen, erwies sich als problematisch, da die deutschen Bischöfe zugleich Reichsfürsten waren und zu erwarten war, daß auch sie Widerstand gegen die Verfügung des Papstes leisten würden. So zeigte sich der Heilige Vater durchaus kompromißbereit, doch Heinrich IV. zog die Auseinandersetzung vor. Gregor VII. sah sich veranlaßt, den ungehorsamen König mit dem Kirchenbann zu belegen, der seinerseits auf einer Reichssynode den Papst absetzte – ohne Erfolg, denn die Reichsfürsten versagten ihm die Gefolgschaft. Heinrich mußte daraufhin barfüßig den Bußgang nach Canossa antreten, um wenigstens seine Krone zu retten.

Erst seinem Sohn, Heinrich V., gelang eine Einigung, ein Kompromiß mit nachhaltigen Folgen für das Königtum. Der weltliche Herrscher verzichtete auf die Investitur der Bischöfe mit Ring und Stab. Zudem hatte er – entsprechend den Kirchengesetzen – ihre freie Wahl zu gestatten, wobei ihm ein Mitspracherecht eingeräumt wurde. Die Kirche blieb freilich an der Ausstattung mit materiellen Gütern interessiert und erlaubte so dem König, kraft seiner weltlichen Autorität, die Bischöfe mit Regalien zu belehnen. Der so geschlossene Kompromiß bedeutete eine Trennung der Temporalien, also dem Besitz und den damit verbundenen weltlichen Hoheitsrechten, von den Spiritualien. Die geistliche und weltliche Harmonie hatte ihr Ende gefunden, das Reichskirchengut war dem Königtum als dritte Säule seiner Macht entglitten. Freilich, mit diesem, im Wormser Konkordat festgeschriebenen Kompromiß waren die Zwistigkeiten zwischen dem Papsttum und dem Königtum nicht beendet. Ein Dauerstreit, der –

entsprechend wechselnder Machtkonstellationen – zuweilen für das Papsttum günstig verlief, zum anderen aber auch für das Königtum entschieden wurde, überschattete fortan – über hundert Jahre – die Herrschaft der Staufer.

Zum Feld der Auseinandersetzung wurde von beiden Mächten das Recht gewählt. Friedrich I., Barbarossa, füllte verlorengegangenes Terrain mit der Forderung nach Restauration alter kaiserlicher Machtfülle seines historischen Ideals, des fränkischen Kaisers Karl. Unterstützt dabei wurde er von der Juristenschule in Bologna, die sich mit besonderem Eifer dem Studium des römischen Rechts widmete und die die in den Ohren des Kaisers besonders wohlklingende Auffassung vertrat, daß die Quelle allen Rechts vom Imperator auszugehen habe, so wie es antiker Brauch gewesen sei. Friedrich, als römischer Kaiser, griff die Bologneser Forderung, »das römische Reich gezieme das römische Recht« dankbar auf, wohlwissend, daß ein solcher Anspruch das Papsttum zum Widerspruch herausfordern mußte und dieses nun seinerseits das Anrecht höchster irdischer Rechtsautorität reklamierte. Dies fand seinen Ausdruck in einer Bildung und Ausformung des kirchlichen Rechts, das allumfassend das gesamte Abendland beherrschen und letztlich, vom Papst bestimmt, jeden Menschen, ungeachtet seiner Einbindung in die feudale Ordnung, erfassen sollte.

Bereits in den frühchristlichen Gemeinden oblag es Glaubensgerichten, Streitigkeiten ihrer Glieder, vor allem in Fragen der wahren und reinen Lehre, zu klären und – geleitet vom alttestamentarischen Bild des richtenden und vergeltenden Gottes – sündhafte Missetaten zu bestrafen. Es war Aufgabe der Bischöfe anläßlich ihrer Visitationen in den Gemeinden über die kirchlichen Verhältnisse und vor allem den sittlichen Zustand des Kirchenvolkes zu wachen. Im 9. Jahrhundert entwickelten sich aus dieser Kontrollfunktion die bischöflichen Sendgerichte. Unter der Leitung des visitierenden Bischofs, dem assistierend zwei ehrenhafte Männer zur Seite standen, wurden die vielfältigen Zwistigkeiten der Gemeindeglieder geahndet. Heimischem, tradierten Rechtsbrauch folgend, geschah dies vor der Versammlung der Gläubigen, die an der Urteilsfindung beteiligt wurden. Doch diese Mitwirkung des Kirchenvolkes erwies sich als problematisch, gesundes Volksempfinden widersprach zuweilen christlicher Rechtsauffassung, so daß im Verlauf der Entwicklung kirchlicher Rechtssprechung der Einfluß der Geistlichkeit verstärkt wurde. Grundlage der Entscheidung waren Kanons der fränkischen Reichskirche, Konzilsbeschlüsse, Äußerungen früher Kirchenrechtler, vor allem aber wohl bischöfliche Weisheit. In ottonischer Zeit hatte die Kirche die volle Gerichtsbarkeit erhalten und war damit auch befugt, Kriminalfälle abzuurteilen, wenn auch in den meisten Fällen die hohe Gerichtsbarkeit vom Bischof dem nächstzuständigen Grafen oder Herzog übertragen wurde. Für die Reichsbischöfe war es zur Stärkung ihrer Autorität wichtiger, die geistliche Gerichtsbarkeit auszubauen und zu befestigen.

Der Abt Regiono von Prüm erwarb sich den Nachruhm eines Rechtsgelehrten durch seine Sammlung kirchlichen Rechts in einem Handbuch für die bischöflichen Sendgerichte. Dieses Werk, und vor allem die juristischen Schriften des Bischofs Burchhard von Worms, belegen eindrucksvoll die Doppelstellung der Reichsbischöfe, zum einen als weltliche Gerichtsherren, zum anderen als mit Recht ausgestattete geistliche Hirten. »Wegen der unablässigen Klagen der Elenden und wegen der häufigen Anschläge vieler, die wie reißende Hunde die Hausgenossenschaft des heiligen Petrus zerfleischen, indem sie den Leuten alle möglichen Gesetze aufnötigen und die Schwachen mit ihren Urteilssprüchen bedrücken«,[13] schuf der Bischof Rechtssicherheit mit der Aufzeichnung grundherrschaftlicher Ordnungsnormen. Vor allem aber sammelte er – aufgegliedert in 20 Bücher und etwa 1000 Kapitel – kanonisches Recht, das in juristisch dunkler Zeit zu einem Leuchtpunkt irdischer Gerechtigkeit und in weiten Teilen Richtschnur der modernen, noch heute gültigen Rechtspraxis wurde. »Niemand darf als Schuldiger bezeichnet werden, bevor er überführt ist.« Oder: »Richter, die über einen Beschuldigten zu entscheiden haben, sollen ihren Urteilsspruch nicht fällen, als bis der Angeklagte selbst gestanden oder durch Zeugen überführt ist.«[14] Diese und ähnlich kurze Rechtsgrundsätze offenbaren das Bemühen, die irdische Gerechtigkeit vor Willkür zu schützen.

Aufnahme im »Decretum« des Burchhard von Worms fand auch eine Bestimmung wider die Zauberei und Wahrsagerei. Danach war es verboten, »an nächtliche Flüge mit Herodias und Diana zu glauben.«[15] In dem dieser Bestimmung zugeordneten »Bußbuch«, dem

»Korrektur«, finden wir ausgeführt, was unter solchen Nachtflügen zu verstehen war. Zur Vereinfachung der bischöflichen Visitationen hatte Burchhard einen Fragenkatalog erarbeitet, nach dem die Beichtkinder abgefragt werden sollten. Bezüglich der Zauberei hatte der Beichtvater wie folgt zu insistieren: »Hast du geglaubt, was manche zu glauben pflegen, das jene, die das gemeine Volk Parzen nennt, existieren und zu tun vermögen, was man ihnen zutraut, nämlich: wenn ein Mensch geboren wird, daß sie dann Macht haben, ihn zu bestimmen, wozu sie wollen, also daß jener Mensch, so oft er will, sich in einen Wolf verwandeln kann, was die törichte Menge Werwolf nennt oder irgendeine andere Gestalt?«[16] Burchhard läßt hier zweifelsfrei nach römischem Aberglauben fahnden, der nicht unbedingt germanisch-deutsche Glaubensvorstellung geworden sein mußte. Denkbar ist jedoch, daß die in der römischen Mythologie belesenen Kirchenmänner durch ihre Volkspredigten für die Verbreitung dieser dämonischen Wesen sorgten und diese so von den Gläubigen adaptiert wurden, zum Beispiel in der Gestalt der Frau Holda (Holle). Im »Canon Episcopi« – sowie im »Bußbuch« kommentiert – finden wir die Schilderung der hexischen Luftjagden verwerflicher Frauen, die bereits in den »Kapitularien« des westfränkischen Königs Karl des Kahlen enthalten waren. »Gewisse verbrecherische Frauen, durch Vorspiegelung und Einflüsterungen des Teufels verführt, glauben und bekennen, daß sie nachts mit der heidnischen Göttin Diana oder Herodias und einer Schar anderer Frauen auf gewissen Tieren reiten, über viele Länder heimlich und in aller Stille hinwegeilen, der Diana als ihrer Herrin gehorchen und in bestimmten Nächten zu ihrem Dienst erscheinen. Leider haben nun diese Frauen ihren unheilbringenden Wahn nicht für sich behalten, vielmehr hat eine große Menge, getäuscht durch die falsche Meinung, daß die Dinge wahr seien, sich vom wahren Glauben abgewendet und die heidnische Irrlehre übernommen, indem diese Leute glauben, daß es außer Gott noch eine übermenschliche Macht gebe. Daher sind die Priester verpflichtet, den ihnen anvertrauten Gemeinden in der Predigt einzuschärfen, daß alles dieses durchweg falsch und Blendwerk sei, welches nicht vom Geiste Gottes, sondern von dem Bösen herrühre. Der Teufel könne nämlich die Gestalt eines Engels annehmen, und wenn er sich einer Frau bemächtige, so unterjoche er sie, indem er sie zum Abfall vom Glauben bringe. Dann nehme er die Gestalt verschiedener Personen an und treibe mit ihnen im Schlafe sein Spiel, indem er ihnen einmal heitere, dann wieder traurige Dinge, bald bekannte, bald unbekannte Personen vorführe. Während der Geist dieses erleide, bilde sich der ungläubige Sinn des Menschen ein, daß dieses nicht in seiner Phantasie, sondern in Wirklichkeit geschehe. Wer aber hat noch nicht erlebt, daß er im Traum vieles zu sehen geglaubt habe, was er in wachem Zustand niemals gesehen hat? Und wer sollte so borniert und töricht sein, daß er annehme, alles subjektiv Erlebte sei auch objektiv existent? Hesekiel hat Gott nur im Geiste und nicht mit dem Körper geschaut. Es ist daher allen Leuten zu verkünden, daß derjenige, der solche Dinge glaubt, den wahren Glauben verloren hat. Wer aber den wahren Glauben nicht hat, der gehört nicht Gott, sondern dem Teufel an.«[17] Die Strafe für diesen Irrglauben war erträglich, allenfalls etwas enervierend: Drei Jahre lang sollte der Frevler an genau festgelegten Tagen mit vorgeschriebenen Bußübungen das Verbrechen sühnen.

Die Fortdauer der Machtkämpfe zwischen dem Papsttum und dem Königtum fand ihren Ausdruck in dem Bemühen des Heiligen Stuhls, das kirchliche Recht weiter auszubauen und damit Herren und Untertanen vor Augen zu halten, daß an oberster Stelle des Gottesvolkes und als irdischer Sachwalter des Rechts die Heilige Kirche stände. Die Wahl des erst 37jährigen römischen Grafen Segni zum Papst erfüllte die Partei der Staufer mit Entsetzen: »Oh weh, der Papst ist jung«, schrieb Walther von der Vogelweide, »hilf, Herr, Deiner Christenheit.«[18] In der Tat, Innozenz III. gelang es, das Papsttum zum Höhepunkt politischer Macht zu führen. Abschluß seines glänzenden Ruhms war 1215 das 4. allgemeine Konzil im Lateran, die bis dahin größte Kirchenversammlung, an der 400 Bischöfe, 800 Äbte und die Vertreter aller christlichen Fürsten teilnahmen. Neben exegetischen Nachbesserungen, zum Beispiel zu Fragen der Eucharistie, wurden vor allem Maßnahmen zur Befestigung der päpstlichen Macht beschlossen. Ferner galt es, der Bedrohung der Christenheit durch das Katharerunwesen zu begegnen und schließlich ein verbindliches Kirchenrecht zu beschließen. Die Rechtssammlung des Mönches Gratian fand allgemeine Zustimmung und wurde ausdrücklich vom Papst autorisiert. Es war eine Überarbeitung der »Dekretalien« des Bischofs von Worms, ergänzt durch die, seit dem Investiturstreit vermehrt vom Heiligen Stuhl entschiedenen Appellationsprozesse. Aus den alten Quellen hatte Gratian auch die Vorstellungen der wilden Nachtflüge hexischer Wesen übernommen, die sich im Kampf gegen den ketzerischen Ungehorsam des gemeinen Volkes als handfester Verbrechensvorwurf erwiesen hatten. Burchhard von Worms bezeichnete diesen heidnischen Aberglauben in seinem »Bußbuch« noch als phantastischen Unsinn und folgte der, bereits in den »Kapitularien« der alten fränkischen Reichskirche geäußerten Meinung, mit Aufklärung diesen Wahn ausrotten zu können und lediglich den Glauben an derartige Hexenflüge zu verbieten. Diese Zweifel an der Realität sündhaften Treibens verwerflicher Weiber unterschlug Gratian, indem er das »Bußbuch« nicht in seine Sammlung aufnahm und damit die hexischen Nachtflüge als Verbrechen einführte.

Das Bemühen, durch eine umfassende kirchliche Gesetzgebung das Papsttum zu stärken, scheiterte jedoch an der immer wieder beklagten Nachlässigkeit der mit der Rechtspflege betrauten Bischöfe, die nicht immer mit der gebotenen Unnachgiebigkeit nach Glaubensabtrünnigen fahnden ließen. Das Konzil beschloß daher, eine Sicherheits- und Überwachungsbehörde mit dem Aufspüren der Ketzer zu betrauen, indem es das »Sanctum Officium«, die Inquisition, mit größeren Vollmachten ausstattete und neu organisierte. Päpstliche Legaten und ausdrücklich autorisierte Gesandte sollten fortan die Diözesen bereisen und – mit weitreichenden Kompetenzen ausgestattet – unnachsichtig die Verfolgung der Ketzer einleiten. Die Inquisition stieß bei den Bischöfen nicht auf ungeteilte Begeisterung; zum einen bedeutete sie eine Einschränkung ihrer sorgsam gehüteten Rechte, zum anderen befürchteten sie Unruhe unter ihrem Kirchenvolk. Überdies wollten viele Bischöfe den unsinnigen Vorstellungen von Hexenflügen und schadenstiftenden Zaubereien nicht folgen und hintertrieben die inquisitorischen Tätigkeiten der Glaubensfahnder. Es war ihnen recht, daß die Legaten sich nicht immer vom Streben nach Wahrheit leiten ließen und zuweilen ihr hohes Amt zur Verbesserung ihrer Einkünfte nutzten. Mit der Bemerkung »Replevit non evangelio sed sacrilegio« klagte der heilige Bernhard über einen Kardinalslegaten, der mit Ketzerbeschuldigungen Unschuldige erpreßte und erst nach Geldzahlung von einer Anklage Abstand nahm. Beschwerden über derartige Mißgriffe veranlaßten Papst Gregor IX., die Inquisition dem Orden der Dominikaner anzuvertrauen und – beschlossen auf dem Konzil zu Toulouse – Geistliche und Laien zur Mitarbeit zu verpflichten.

Dazu hieß es in einem Leitfaden der Inquisition: »1. In jedem Kirchenbezirk in der Stadt und außerhalb der Stadt werden die Bischöfe einen Priester und zwei oder drei oder, je nach Bedarf, noch mehr Laien von einwandfreiem Ruf benennen, die sich durch Schwur verpflichten, emsig und genau die Häretiker in ihrem Kirchenbezirk aufzuspüren. Sie werden minutiös die verdächtigen Häuser durchsuchen. Kammern und Keller und die verborgensten Winkel, die dabei zerstört werden dürfen. Wenn sie Häretiker entdecken oder Personen, die den Häretikern vertrauen oder begünstigen, Asyl oder Schutz gewähren, werden sie Maßnahmen ergreifen, um sie an der Flucht zu hindern, und so schnell wie möglich beim Bischof und beim Herrn des Platzes oder seinem Amtmann anzeigen.« Im Punkt 6 bestimmte die Anweisung: »Das Haus, in dem ein Häretiker entdeckt wird, wird abgerissen, der Grund wird konfisziert.« Zur Denunziation verpflichtete Punkt 18: »Als Häretiker gelten diejenigen, die von der Stimme des Volkes als Häretiker bezeichnet werden oder deren schlechter Ruf durch ehrenwerte Personen vor dem Bischof vor dem Gesetz bezeugt wurden . . .«[19]

Die Inquisition berührte grundsätzlich nicht die Rechtspflege durch geistliche Richter, und auch die weitgehende Oberaufsicht der Bischöfe über die Gerichtsbarkeit war nicht geschmälert. Der Kirche war in weiten Bereichen eine Mitwirkung bei der Urteilsfindung, auch weltlicher Gerichte, unangefochten zugestanden. Im Sinne der Vorstellung vom Gottesstaat betrachtete man eine Sühne erst dann für erfüllt, wenn der Sünder neben der weltlichen Strafe auch kirchliche Buße geleistet hatte. Überdies verwies man alle Ehe-, Testaments- und Eidessachen, Wucherprozesse und Kirchenschmähungen an die geistliche Rechtspflege.

Zu allen Zeiten, auch im Mittelalter, waren Rechtshändel eine nahrhafte Einnahmequelle, und so nimmt es nicht Wunder, daß auch die geistlichen Juristen bemüht waren, recht viele Prozesse an sich zu bringen, indem sie die Grenzen ihrer Kompetenz sehr weit steckten. Papst Lucius III. gestattete ausdrücklich die Erweiterung kirchlicher Einflußnahme auf die Rechtspflege. Durch Prozeßkauf und werbende Empfehlung ihrer besseren Leistungen versuchten seine Juristen, eine einträgliche Auslastung ihrer Gerichtstage zu erzielen. Die Räte manch bürgerlichen Gemeinwesens führten in steter Regelmäßigkeit bittre Klage über diese Konkurrenz und geboten den Bürgern die Frequentierung ihres städtischen Rechts. Dabei war ihnen freilich wenig Erfolg beschieden, denn da der Gerichtsbezirk der Kirche nicht an der Stadtgrenze endete, versprachen kanonische Urteile bei der Durchsetzung gefällter Sprüche bessere Erfolgschancen. Der machtvolle, das gesamte Abendland erfassende Einfluß der Kirche wußte einen Verurteilten auch jenseits der Grenzen zu belangen. Überdies mußten weltliche Gerichte es ohnehin gestatten, daß ihre Urteile von geistlichen Rechtsgelehrten überprüft wurden, was die kirchlichen Gerichte zu einer höheren Instanz erhob. Als oberster weltlicher Richter verstand sich der Papst, der jedem Christen freistellte, geistliche und weltliche Urteile überprüfen zu lassen; seine Entscheidungen brachen weltliches Recht. Seit Innozenz III. nahmen die Päpste damit die Universalgewalt irdischer Herrschaft in Anspruch.

Zu unserer Vorstellung über die mittelalterliche Rechtspflege gehören die in zahlreichen Illustrationen dargestellten Marterplätze mit Scharfrichtern und ihren grausamen Werkzeugen. Beim Strafvollzug war der sadistischen Phantasie offensichtlich keine Grenze gesetzt. Christliche Milde verbot grundsätzlich derart blutige Urteile, was freilich nicht bedeutete, daß die Kirche Folter und grausame Tötungsarten der Justiz verwarf, doch überließ sie diese in der Regel weltlichen Richtern und Nachrichtern, die sie ja zur Mitwirkung an der geistlichen Rechtspflege verpflichtet hatte. Aber auch das kanonische Recht verfügte über einen wirkungsvollen Strafenkatalog, der von der Prävention bis zur Buße reichte. Vorbeugende Wirkung versprach man sich von der Einführung des Rosenkranzes, den der heilige Dominikus bei Anfechtungen und Glaubenszweifel empfohlen hatte. Burchhard von Worms sah bestimmte geistliche Übungen als Sühne, von denen er meinte, sie besäßen eine belehrende und resozialisierende Wirkung. Schwere Verbrechen wurden mit der Exkommunikation, dem Bann einzelner, oder dem Interdikt, dem Ausschluß ganzer Gemeinden oder Landeskirchen aus der Gemeinschaft der Christen, bestraft. Exkommunizieren konnte bei geringen Verbrechen der Pfarrer, bei größeren oblag es dem Papst. Die Folge war ein Verlust aller sozialen Bindungen und die Verweigerung jeglicher Seelsorge. Geistlichen entzog man alle Einkünfte, ihre Meßgewänder wurden verbrannt, der Kelch, mit dem sie das Abendmahl zelebriert hatten, wurde eingeschmolzen, und zuweilen wurde sogar der Altar, an dem sie die Messe gelesen, demontiert. Fürsten, die diese Strafe traf, durften keine Gesetze erlassen beziehungsweise ihre Verordnungen und getroffenen Regierungsmaßnahmen hatten keine Gültigkeit mehr und sollten nicht befolgt werden. Urteile von exkommunizierten Richtern waren nicht anzuerkennen. Wer gegen diese Anordnungen verstieß oder mit den Gebannten Gemeinschaft hielt, mußte gewärtig sein, das gleiche Schicksal zu erleiden.

Nachhaltigere Konsequenzen hatte das Interdikt, da davon nicht nur die Schuldigen betroffen waren, sondern auch das Volk, das – in den Augen der Kirche – das Verbrechen geduldet hatte. Für den mittelalterlichen Menschen war die Versagung der Gottesdienste, der Seelsorge und der Verkündigung eine schreckliche Strafe. Als die Normandie im Jahre 1197 das Interdikt traf, blieben die Leichen unbestattet auf den Straßen liegen, denn die Priester mußten den Toten das Begräbnis in geweihter Erde versagen. Ehelicher Segen durfte nur an Grabsteinen erteilt werden.[20] Schlimmer aber waren die wirtschaftlichen Auswirkungen, da jedem ungebannten Landstrich der Verkehr mit einem unter Interdikt stehenden Bezirk untersagt war, also auch der Handel vereitelt wurde. Jene, die sich widersetzten und die die Strafmaßnahmen nicht annahmen, sollten der weltlichen Gerichtsbarkeit überantwortet werden, die mit grausamen Leibesstrafen den kirchlichen Willen durchzusetzen hatte.

Freilich, es gab auch mäßigende Einflüsse der Kirche auf die grausame Strafrechtspflege des Mittelalters, doch überwiegend trachtete sie danach, es der weltlichen Gerichtsbarkeit gleich zu tun, allenfalls christliche Milde durch geistlichen Beistand auf dem Schafott zu üben. In Ermangelung der Blutgerichtsbarkeit half der Kirchenfluch, in dem der Rache keine Grenzen gesetzt waren. Der Bischof von Lüttich wünschte Feinden der Kirche folgende Plagen: »Er sei abgesondert von der Christenheit, verflucht im Hause, auf dem Acker, an jedem Orte, wo er steht, sitzt oder liegt, verflucht sei jede seiner Bemühungen, seine Arbeit, die Frucht seines Landes, sein Aus- und Eingang; verflucht sei er vom Scheitel bis zur Fußsohle. Die Weiber solcher Frevler mögen kinderlos bleiben und Witwen werden; Gott schlage sie mit Armut und Hunger, Fieber und Frost, Hitze, verdorbener Luft und Zahnschmerzen. Gott möge sie verfolgen, bis sie von der Erde vertilgt sind, die Erde möge sie verschlingen und wie Dathan und Abiram, sie sollen lebendig zur Hölle fahren und mit Judas dem Verräter, Herodes, Pilatus und mit anderen Frevlern in der Hölle zusammen sein. So geschehe es, es geschehe also.«[21]

Um sich nicht mit Blut zu beflecken, ersann man Strafen, die freilich auch nicht von christlicher Nächstenliebe diktiert waren. Papst Innozenz III. bestimmte für einen Mann, der zu einem Anschlag auf einen Bischof gezwungen worden war, eine ausgeklügelte Strafe: »Er soll vierzehn Tage lang barfuß, nur mit Hose und ärmelloser Jacke bekleidet, öffentlich umherwandeln, die Zunge an einen dünnen Strick gebunden, ein wenig herausgezogen, so daß sie über die Lippen heraussstehe, die Enden des Strickes um seinen Hals befestigt, eine Rute in der Hand, so soll er sich vor jeder Kirche niederwerfen und mit eben dieser Rute hauen lassen, fasten bis zum Abend und dann nur Brot und Wasser genießen, dann nach dem heiligen Lande ziehen.«[22] Die Strafe für Ketzerei war der Feuertod. Dazu legitimiert sah sich die Kirche durch das Evangelium des Johannes, in dem zu lesen ist: »Wer nicht in mir bleibt, der wird weggeworfen wie eine Rebe und verdorrt und man sammelt sie und wirft sie in das Feuer und sie muß brennen.«[23] Bereits der heilige Augustinus hatte Scheiterhaufen für jene Christen richten lassen, die ihre Taufe verleugneten und wieder dem Heidentum verfielen. Er war damit römischem Rechtsbrauch gefolgt, der für Gotteslästerung und Majestätsbeleidigung den Kreuzestod bestimmte und zuweilen mit dem Entzünden der Unglücklichen verschärft wurde.

Die »peinliche« Aburteilung der Ketzer forderte die Kirche, die sich mit einer Blutschuld nicht belasten wollte, von der weltlichen Obrigkeit. Die Nachrichter weltlicher Gerichtsherren hatten die Scheiterhaufen zu schichten und mit Feuer die Schmach zu tilgen, die mit den Ketzern über das Christenvolk gekommen war. Doch bis es zu diesem Akt irdischer Gerechtigkeit kommen konnte, waren zunächst rechtliche Hindernisse auszuräumen, denn ein Prozeßverfahren nach altem deutschen Recht erwies sich zur Aburteilung von Ketzern als weitgehend ungeeignet. Der übliche Akkusationsprozeß basierte zunächst auf der Anklage eines Rechtsuchenden, der damit auch zur Beweisführung verpflichtet war. In öffentlicher, mündlicher Verhandlung und unter Einbeziehung der institutionalisierten Richterschelte durch das Volk suchten dann die Schöffen unter dem Vorsitz eines Vogtes, das Unrecht wiedergutzumachen, indem sie entsprechend des Schadens eine Buße festlegten. In einem solchen Beweisverfahren unterschied man zwischen der »handhaften Tat« eines in flagranti erwischten Übeltäters und der »übernächtigten Tat«, einer dringenden Schuldvermutung. Im letzteren Fall konnte mangels handhafter Beweise der Beklagte – sofern er einen guten Ruf hatte und Nachbarn ihm wohlwollend vertrauten – sich durch einen Eid reinigen, also seine Schuld durch einen Schwur tilgen. Dazu bedurfte es zumeist einiger Eideshelfer, Freunde und Nachbarn, die die Wahrhaftigkeit des Beschuldigten beschwörend bekräftigten.

Nach übereinstimmender Erfahrung der mit der Verfolgung von Ketzern betrauten Geistlichen vollzog sich das entsprechende Verbrechen vor allem an verborgenen Orten und in geheimen Zusammenkünften, folglich waren nur in seltenen Fällen handhafte Beweise zu erbringen. Das teuflische Verbrechen der Ketzerei war schwerlich nachzuweisen, verfügten doch die Diener Satans über einen starken Bundesgenossen, den Teufel höchstselbst, der die Angeklagten im Lügen unterstützte, die Richter zuweilen verblendete und ihre Urteilsfähigkeit verwirrte, das Gedächtnis der Zeugen trübte oder gar mit Mitleid ihr Herz erfüllte. Wenn eine übernächtigte Tat durch Kläger vorgebracht worden war, mußte der daraufhin abzuleistende reinigende Eid dem Beschuldigten verwehrt bleiben, war er doch mit dem Vater der Lüge ein Bündnis eingegangen und möglicherweise die Eideshelfer gleichermaßen dem Teufel verfallen. Dies war der Grund, warum in die alten Rechtssammlungen der Schadenzauber und der Giftmord aufgenommen wurden, denn beide Verbrechen waren Ausdruck teuflischer Künste und konnten zuweilen von den Klägern handhaft bewiesen werden, wenn diese unter den mannigfaltigen Gebrechen eines Schadenzaubers litten.

Im allgemeinen zeigte sich jedoch, daß die Bereitschaft des Volkes zur Verfolgung der Ketzer begrenzt war. Die Mitwirkung der Öffentlichkeit im Prozeßverfahren, ihr Recht auf Richterschelte wurde oft lautstark in Anspruch genommen und bedrängte Schöffen und Vogt; sie führten zu jenen Unruhen, die Bischöfe und weltliche Herren in Hinblick auf das Wirken allzu verbohrter Inquisitoren beklagten.

Im Jahre 1163 spürten Kölner Bürger Ketzer auf, und lobend wurde in der Königschronik die Kooperation zwischen Volk und Kirche gewürdigt. Die Schilderung des Vorfalls verdeutlicht eindrucksvoll den von der Kirche gewünschten Prozeßverlauf: »In diesem Jahr kamen auch einige Ketzer, so man Katharer nennt, aus Flandern in das Gebiet von Köln, wo sie sich heimlich in einer Scheune nahe bei der Stadt niederließen. Da sie nicht einmal an Sonntagen eine Kirche besuchten, wurden sie von den Nachbarn ergriffen. Man stellte sie den kirchlichen Behörden vor, die mit ihnen eine genaue Untersuchung über ihre Sekte vornahmen. Die Ketzer ließen sich indes auch durch zwingende Beweise nicht bessern, sondern blieben halsstarrig, weshalb sie aus der Kirche verstoßen wurden und in die Hände der Laien übergeben wurden. Diese führten sie vor die Stadt und verbrannten sie am 5. August, vier Männer und ein Mädchen. Dieses wäre durch das Mitleid des Volkes fast gerettet worden, wenn es sich durch den Tod seiner Gefährten hätte einschüchtern lassen und gutem Rate zugänglich gewesen wäre. Es entriß sich jedoch plötzlich den Händen derer, die sie hielten, sprang selbst in die Flammen und kam also um sein Leben.«[24] In diesem Falle hatten handhafte Beweise, kirchliche Inquisition sowie der Arm weltlicher Gerechtigkeit erfolgreiche Arbeit geleistet. Es mag dahingestellt bleiben, ob die Bürger das Verbrechen der Ketzerei und das Versäumnis des sonntäglichen Gottesdienstes höher bewerteten als den unberechtigten Aufenthalt in ihren Scheunen, die Interessen gemeinsamer Rechtsprechung mußten sich nicht immer decken.

Voraussetzung einer wirkungsvollen Bekämpfung der Ketzerei war das Miteinander der beiden Rechtskreise, der kirchlichen und weltlichen Gerichte. Um jedoch Unwegbarkeiten auszuschalten, erdachte die Inquisition bezüglich der Ketzerei einen neuen Verbrechenstatbestand, indem sie den Zaubereivorwurf in den Vordergrund stellte.

Auch das Inquisitionsverfahren hatte für die Aburteilung der Häretiker und Glaubensabtrünnigen erhebliche Mängel, doch waren sie leichter zu umgehen; nach einigen Korrekturen entwickelte sich das Verfahren zu einer wirkungsvollen Waffe. Vorteilhaft war vor allem der maßgebliche Anteil des Richters an der Führung des Prozesses, den er weitgehend bestimmen konnte. Der Inquisitionsrichter war zum Aufspüren der Verbrecher verpflichtet, mußte den Tatbestand feststellen und schließlich aus den gesammelten Spuren und Beweisen einen Verdächtigen ermitteln. Dabei sollte er sich tunlichst nicht auf einen vermeintlichen Täter festlegen, denn bis zum Urteil war eine strikte Unschuldsvermutung zu beachten. Bereits im Verlauf der Ermittlung mußten auch entlastende Aspekte gesichert und aufgenommen werden, denn selbst bei einem Schuldeingeständnis sollte der Richter bemüht sein, die, den Angeklagten begünstigenden Ergebnisse der Untersuchung beim Urteil zu berücksichtigen. Nach Abschluß der Vorermittlung eröffnete der Richter den zweiten Teil des Verfahrens mit einer nochmaligen, eingehenden Vernehmung des Beklagten. Unter Vorhalt der Beweismittel wurde der Verdächtige aufgefordert, sich zur angelasteten Tat zu äußern, sich zu verteidigen oder zu gestehen. Bei hartnäckigem Leugnen, aber dringendem Verdacht, durfte der Richter Sicherungsmaßnahmen durch Einschließung, Kautionszahlung oder der Ablegung eines Handgelöbnisses anordnen. In diesem Prozeßgang wurde der Beschuldigte zum Inculpanten, dem zur Entkräftung der Vorwürfe alle Verteidigungsmittel zu gewähren waren. Zeigte es sich, daß trotz der Beweise die Verteidigung glaubhafte Entlastung brachte, die erhebliche Zweifel gebot, mußte ein »von der Instanz entbindendes Urteil« gefällt werden, das den Inculpanten solange auf freiem Fuß beließ, bis dem Gericht neue Verdachtsmomente vorlagen. War der Schuldvorwurf bereits in diesem Verfahren ausgeräumt, erfolgte die völlige Lossprechung. Nach einem Geständnis oder einer Überführung durfte bei geringen Straftaten – aber nur mit Einwilligung des Beschuldigten – der Richter ein Strafmaß festlegen. Bei schweren Verbrechen, der Ketzerei etwa, mußte der dritte Teil des Verfahrens eröffnet werden, der eigentliche Kriminalprozeß, die Spezialinquisition. Für das gesamte, stets geheime Verfahren war die schriftliche Protokollierung vorgeschrieben, die nun Grundlage einer letzten gerichtlichen Vernehmung war, in der das Geständnis wiederholt werden mußte und sich die Verteidigung erneut äußern konnte. Jetzt hatte der Richter noch einmal abwägend zu beurteilen, um dann den endgültigen richterlichen Spruch zu fällen.

Auch mit dem Inquisitionsprozeß konnte freilich das besondere Verbrechen des Teufelsbündnisses nicht ohne weiteres bekämpft werden. Das hohe Strafmaß für dieses Verbrechen veranlaßte die Beschuldigten fast immer zu hartnäckigem Lügen. Doch die weitgehenden Vollmachten des Richters ließen Manipulationen zu; im zweiten Teil des Verfahrens konnten, der Besonderheit des Verbrechens angepaßte Verhörmethoden angewendet werden, wie 1231 vom Inquisitor Bernard Gui in einem Handbuch vorgeschlagen:

»Wenn ein Ketzer zum ersten Male zum Verhöre vorgeführt wird, so nimmt er eine zuversichtliche Miene an, als ob er sicher sei im Gefühle seiner Unschuld. Ich frage ihn, warum er vor mich gebracht sei. Lächelnd und artig erwidert er: Herr, es würde mich freuen, von Euch den Grund zu erfahren!

Ich: Ihr seid angeklagt, ein Ketzer zu sein und anders zu glauben und zu lehren als die heilige Kirche.

Angeklagter (indem er seine Augen gen Himmel erhebt und eine Miene gläubiger Frömmigkeit annimmt): O Gott, Du weißt, daß ich dessen unschuldig bin und daß ich niemals irgendeinen anderen Glauben bekannt habe als den des wahren Christentums.

Ich: Ihr nennt euren Glauben christlich, weil Ihr unseren für falsch und ketzerisch anseht; aber ich frage Euch, ob Ihr jemals einen anderen Glauben für ebenso wahr gehalten habt als den, welchen die römische Kirche für wahr hält.

A.: Ich glaube den wahren Glauben, den die römische Kirche glaubt und den Ihr uns öffentlich lehrt.

Ich: Vielleicht leben einige von Eurer Sekte in Rom. Diese nennt Ihr die römische Kirche. Wenn ich predige, so rede ich von vielen Dingen, von denen einige uns beiden gemeinsam sind, z. B. daß es einen Gott gibt, und Ihr glaubt etwas von dem, was ich predige. Nichtsdestoweniger könnt Ihr ein Ketzer sein, weil Ihr andere Dinge glaubt als die, welche geglaubt werden müssen.

A.: Ich glaube alles, was ein Christ glauben muß.

Ich: Ich kenne Eure Schliche. Was die Mitglieder Eurer Sekte glauben, das haltet Ihr für das, was ein Christ glauben muß. Aber wir verlieren Zeit bei diesem Wortstreite. Sagt einfach: Glaubt Ihr an den Einen Gott, den Vater, den Sohn und den Heiligen Geist?

A.: Ich glaube es.

Ich: Glaubt Ihr an Jesum Christum, geboren aus der Jungfrau, der gelitten hat und auferstanden und aufgefahren ist gen Himmel?

A. (freudig und schnell): Ich glaube.

Ich: Glaubt Ihr, daß bei der von dem Priester zelebrierten Messe das Brot und der Wein durch göttliche Kraft in den Leib und das Blut Jesu Christi verwandelt werden?

A.: Sollte ich das nicht glauben?

Ich: Ich frage nicht, ob Ihr das nicht glauben sollt, sondern, ob Ihr es glaubt.

A.: Ich glaube alles, was Ihr und andere gute Doktoren mir zu glauben vorstellt.

Ich: Diese guten Doktoren sind die Lehrer Eurer Sekte; wenn ich mit ihnen übereinstimme, glaubt Ihr auch mir; wenn nicht, nicht.

A.: Ich glaube gern wie Ihr, wenn Ihr mich lehrt, was gut für mich ist.

Ich: Ihr haltet es für gut, wenn ich dasselbe lehre, was Eure anderen Lehrer auch lehren. Sage also, glaubst Du, daß der Leib unseres Herrn Jesu Christi auf dem Altare ist?

A. (schnell): Ich glaube es.

Ich: Ihr wisset, daß ein Leib da ist, und daß alle Leiber von unserem Herrn sind. Ich frage Euch, ob der Leib, der dort ist, der Leib des Herrn ist, der geboren war von der Jungfrau Maria, der am Kreuze gehangen hat, der von den Toten auferstanden und gen Himmel aufgefahren ist usw.?

A.: Und Ihr, Herr, glaubt Ihr es nicht?

Ich: Ich glaube es durchaus.

A.: Ich glaube es ebenso.

Ich: Ihr glaubt, daß ich es glaube; aber ich frage Euch nicht danach; ich frage Euch vielmehr, ob Ihr es glaubt?

A.: Wenn Ihr alle meine Worte in anderer als in klarer und einfacher Weise auslegen wollt, dann weiß ich nicht mehr, was ich sagen soll. Ich bin ein einfacher und unwissender Mann. Ich bitte Euch, mir keine Schlinge aus meinen eigenen Worten zu machen.

Ich: Wenn Ihr einfach seid, so antwortet mir einfach ohne Ausflüchte.

A.: Gerne.

Ich: Wollt Ihr also schwören, daß Ihr nie etwas gelernt habt, was dem Glauben, den wir für wahr halten, widerspricht?

A. (erbleichend): Wenn ich schwören muß, so schwöre ich gerne.

Ich: Ich frage nicht, ob Ihr schwören müßt, sondern ob Ihr schwören wollt.

A.: Wenn Ihr mir befehlt, zu schwören, will ich schwören.

Ich: Ich will euch nicht zwingen, zu schwören, weil Ihr, da Ihr Eide für ungesetzlich haltet, mir, der ich Euch zwang, die Sünde zuschieben würdet; aber wenn Ihr schwören wollt, will ich Euren Eid entgegennehmen.

A.: Warum soll ich schwören, wenn Ihr es mir nicht befehlt?

Ich: Damit Ihr den Verdacht, ein Ketzer zu sein, von Euch abwälzet.

A.: Mein Herr, ich weiß nicht, wie ich schwören soll, wenn Ihr es mich nicht lehret.

Ich: Wenn ich zu schwören hätte, so würde ich meine Hand aufheben, meine Finger ausstrecken und sagen: So wahr mir Gott helfe, habe ich nie Ketzerei kennengelernt, noch etwas geglaubt, was im Widerspruch steht zum wahren Glauben. Alsdann stottert er, als ob er die Formel nicht wiederholen könnte, so daß kein förmlicher Eid herauskommt und man doch glaubt, er habe geschworen. Oder er verdreht die Worte so, daß er gleichfalls nur scheinbar schwört. Oder er verwandelt den Eid in eine Gebetsformel, zum Beispiel: ›Gott helfe mir, daß ich kein Ketzer bin!‹ Gefragt, ob er geschworen habe, wird er sagen: ›Höret Ihr mich nicht schwören?‹ Wird er dann weiter hart gedrängt, so fängt er an, an das Mitleid des Richters zu appellieren, indem er spricht: ›Mein Herr, wenn ich in etwas Unrecht getan habe, so will ich gerne die Buße tragen; nur helft mir, von einer Anklage mich zu reinigen, der ich aus Bosheit und ohne mein Verschulden preisgegeben wurde.‹ Aber ein energischer Inquisitor darf nicht zugeben, daß in solcher Weise auf ihn eingewirkt wird; er muß vielmehr entschlossen vorgehen, bis er solche Leute entweder zum Geständnis ihres Irrtums oder zur öffentlichen Abschwörung der Ketzerei veranlaßt, so daß sie, wenn sich später herausstellt, daß sie falsch geschworen haben, ohne weiteres Verhör dem weltlichen

Arme überliefert werden können. Wenn jemand darin einwilligt, zu schwören, daß er kein Ketzer ist, so sage ich zu ihm: ›Wenn Ihr nur schwören wollt, um dem Scheiterhaufen zu entgehen, so wird weder ein Eid noch zehn, noch hundert, noch tausend genügen, weil Ihr Euch gegenseitig von einer gewissen Zahl von Eiden, die Ihr in der Zwangslage geleistet habt, dispensiert; ich werde daher unzählige Eide fordern. Außerdem werden Eure Eide, wenn ich, wie ich glaube, Beweise wider Euch besitze, Euch nicht vor dem Feuertode bewahren. Ihr werdet nur Euer Gewissen beflecken, ohne dem Tode entgehen zu können. Wenn Ihr dagegen einfach Euren Irrtum bekennt, könnt Ihr Gnade finden!‹ Ich habe Menschen gesehen, die, in solcher Art bedrängt, schließlich Geständnisse ablegten.«[25]

Das Inquisitionsverfahren verlangte für ein Strafurteil den absoluten Schuldbeweis, letztendlich durch ein Geständnis. Mit List und Tücke versuchten die ermittelnden Richter, den Angeklagten das Bekenntnis ihres Verbrechens zu entlocken, wobei sie im Verhör – die formalen Rechtsvorschriften keinesfalls außer acht lassend – mit scholastischer Spitzfindigkeit Widersprüche konstruierten und die Beklagten mit einem psychologischen Verwirrspiel zermürbten. Bernard Gui stellte sogar als Belohnung für ein freimütiges Geständnis kirchliche Milde in Aussicht, freilich, ein zu nichts verpflichtendes Versprechen, denn nicht er schickte die Unglücklichen in den Tod, sondern dies oblag der weltlichen Gerichtsbarkeit. Für schwere Verbrechen sah das kirchliche Recht die Exkommunikation vor, was den Ausschluß aus der Gemeinschaft der Christen und damit entsetzliches Elend bedeutete – war jedoch den grauenvollen Qualen des Feuertodes vorzuziehen.

Trotz der verzehrenden Auseinandersetzung zwischen der weltlichen und geistlichen Macht um den Anspruch höchster irdischer Rechtsautorität, die Notwendigkeit eines gemeinsamen Kampfes gegen die Heerscharen des Bösen war niemals umstritten. Wenn sich die weltlichen Herrscher zuweilen in der Verfolgung von Glaubensfrevlern strenger und unerbittlicher als die Kirche zeigten, so dokumentierten sie damit ihr uneingeschränktes Anerkenntnis der geistlichen Autorität und zugleich den Anspruch, Sachwalter der irdischen Gerechtigkeit zu sein, von Gott berufen, die Heilige Kirche und die gesamte Christenheit vor den Werken der Finsternis zu schützen. Der

Streit zwischen dem Papsttum und dem Königtum hatte zur Folge, daß beide Mächte im Kampf um die Befestigung des Gottesstaates in heiligem Eifer konkurrierten und sich zuweilen zu überbieten suchten. Es ist dies ein bislang wenig beachteter Aspekt, der eine Erklärung für die rasche Ausbreitung und Zunahme der Zaubereiprozesse gibt. Stets waren es die christlichen Herrscher, die, in geistlichen Dingen den Anregungen der Kirche folgend und entsprechend der Vorstellung, »der Himmel dem Papst und die Erde dem König«, kirchliches Gebot in weltliches Recht umsetzten.

Die schwere Krise der weltlichen und kirchlichen Obrigkeit hatte für weite Kreise der Christenheit katastrophale Folgen. Genährt von eschatologischen Ängsten sahen die Menschen in dem deutlichen Verfall der Ordnung eine Ankündigung der Herrschaft des Antichristen. Im 20. Kapitel der Offenbarung des Johannes findet sich jene düstre Prophezeiung, die fortan die gesamte Christenheit mit Schrekken erfüllen sollte. Dort heißt es: »Und ich sah einen Engel vom Himmel fahren, der hatte den Schlüssel zum Abgrund und eine große Kette in seiner Hand und er griff den Drachen, die alte Schlange, welche ist der Satan, und band ihn tausend Jahre und warf ihn in den Abgrund und verschloß ihn und versiegelte ihn oben darauf, daß er nicht mehr verführen sollte die Heiden, bis daß vollendet würden tausend Jahre und danach muß er los werden eine kleine Zeit ... und wenn tausend Jahre vollendet sind, wird der Satan los werden aus seinem Gefängnis und wird ausgehen, zu verführen die Heiden an den vier Enden der Erde, den Gog und Magog, sie zu versammeln zum Streit, welcher Zahl ist wie der Sand am Meer.«[26] In dieser Prophezeiung offenbart sich die Vorstellung der frühen Christen von der Wiederkehr des Messias und seinem Sieg über den altbösen Feind. Christus selbst würde alsdann eine tausendjährige Friedensherrschaft ausüben, die man sich als real, von der Person des Messias unmittelbar ausgeübt, vorstellte. Dies bedeutete aber auch, daß mit dem Beginn seiner Regentschaft die irdischen Herrscher ihre Stellvertreterschaft verlieren würden, Kirche und Kaiser in die Reihen des gemeinen Christenvolkes zurückzutreten hätten – eine Vorstellung, die der Hierarchie nicht ausgesprochen angenehm war. Als Provisorium oder Interimswirt des Diesseits mochten sich die weltliche und staatliche Obrigkeit nicht verstanden wissen, und so hatte der heilige

Augustinus bereits im 3. Jahrhundert verkündet, die Kirche wäre zur Stellvertreterschaft Christi berufen, verkörpere seine irdische Herrschaft. Dieses Reich Christi wäre schon angebrochen, zwar nicht vollkommen und immer noch von den Anfechtungen Satans bedroht, doch allenthalben in den Werken der Kirche erkennbar.

Tausend Jahre, so hatte Johannes offenbart, sollte dieses Reich währen, dann aber würde der Teufel eine kurze Zeit die Herrschaft übernehmen. Als nun im 12. Jahrhundert dieser Zeitpunkt verstrich, war das Christenvolk zunehmend beunruhigt; einige stellten neue Berechnungen an, andere versuchten, befördert durch Schreckensvisionen geistlicher Schauspiele und ängstigender Predigten, mit großherzigen Stiftungen an Klöster und Kirchen drohendes Unheil abzuwenden. Selbstsüchtige Bischöfe und Äbte erkannten in der Furcht der Gläubigen eine profitable Einnahmequelle, die sie mit Hilfe grausiger Endzeitschilderungen ausgiebig sprudeln ließen. Doch für eine wachsende Zahl der Christen bedurfte es dieser Warnungen nicht, für sie waren genug Zeichen zu erkennen, daß Satan seine Herrschaft bereits begonnen hatte. Der Streit zwischen dem Papsttum und dem Königtum, die anhaltenden dynastischen Auseinandersetzungen und blutigen Thronkämpfe, Rechtsunsicherheit und Verrohung, grausame Fehden und Raubzüge des Adels, die Bauern und Bürger um Hab, Gut und Leben brachten, waren deutlicher Hinweis, daß die göttliche Ordnung zerrann.

Im süditalienischen Corazzo erfuhr der Zisterzienserabt Joachim durch himmlische Botschaft Klarheit über das bevorstehende Ende. Danach war das »Zeitalter des Heiligen Geistes« abzuwarten, das mit der Regierung eines untadeligen religiösen Herrschers sowie einer Gefolgschaft asketischer Mönche eine kurze Zeit währen würde, dann aber hätte die Christenheit die Ankunft Satans zu erwarten. Mit dieser Prophezeiung war die nahende Endzeit bestätigt, und eine breite Anhängerschaft des Abtes verkündete dies in den Gemeinden, schürte damit hysterische Ängste und Weltuntergangsvisionen. »Wir haben viele Zeichen gesehen, an denen wir sein Kommen erkennen«, schrieb Walther von der Vogelweide, »wie uns die Heilige Schrift wahrheitsgetreu belehrt hat. Die Sonne hat sich verfinstert, Treulosigkeit ihren Samen allenthalben auf den Wegen ausgestreut. Der geistliche Stand, der uns den Weg zum Himmel bereiten sollte, treibt in Schalkskleidern Betrug. Gewalttätigkeit sprießt auf, vor Gericht welkt Gerechtigkeit dahin.«[27]

In dieser Zeit des Zusammenbruchs der alten Ordnung entstand, parallel zu der Endzeithysterie weiter Teile der Christenheit, eine Gegenbewegung, die, ausgelöst durch den Machtverfall des französischen Königtums und dem damit verbundenen Niedergang der staatlichen Ordnung, die Idee von der Gemeinschaft der Christen im Gottesstaat neu belebte. Äbte und Bischöfe versuchten, die Mächtigen des Landes zur Einhaltung des Friedens zu verpflichten, um damit den marodierenden, Kirche, Bauern und Bürger bedrängenden Adel in Zucht und Recht zu zwingen. Mit einem feierlichen Eid sollte der Gottesfriede beschworen und »Kirchen und Klöster, geistliche Personen, Frauen und Mädchen, pflügende Bauern und ihre Wohnstätten vor Fehde und Brandstiftung, Totschlag und Raub verschont werden«.[28] Darüber hinaus bestimmte die Geistlichkeit, zusätzlich zu den kirchlichen Feiertagen, heilige Tage der Waffenruhe. Unter dem Schirm der Kirche vereinten sich die Mächtigen der irdischen Ordnung zu einer Friedensbewegung, um die Schwachen zu schützen und den Angriffen der Feinde gottgewollter Ordnung Einhalt zu gebieten. Mit Waffengewalt drohte man jenen, die den Eid verweigerten oder brachen.

Die Harmonie kirchlicher und weltlicher Obrigkeit wurde durch gemeinsame Strafen unterstrichen: Nach kanonischem Recht exkommunizierte man die Frevler, ihr Vermögen konnte eingezogen werden; die weltliche Macht schreckte mit Leibes- und Lebensstrafen. Damit wurde eine neue Qualität in die mittelalterliche Rechtspflege eingebracht, die mit dem Übergreifen der Gottesfriedensbewegung auf Deutschland nachhaltige Folgen hatte. Bis dahin war es die Aufgabe der weltlichen Richter, dem Opfer Wiedergutmachung für den erlittenen Schaden angedeihen zu lassen, den Täter zu verpflichten, durch Ersatzleistung (Geld) materiellen Schaden abzubüßen. Beredtes Zeugnis dieser Rechtspraxis sind die Wehrgeldregelungen und Wundbußenkataloge, tabellarische Aufrechnungslisten, mit denen Glieder und Menschenleben in Geldwert umgerechnet wurden. Dort finden wir den Preis eines Daumens, der mit 12 Schillingen zu Buche steht, eine Hand oder ein Fuß mit 40 Schillingen, der Totschlag eines freigeborenen Priesters war mit 100, eines Bischofs schließlich mit 300 Schillingen zu entgelten.[29] Diese Regelungen hatten das Ziel, Täter und Opfer zu befrieden, denn ein von Amtswegen eingeleitetes Verfahren gab es nicht. Der Verletzte oder die Hinterbliebenen waren auch nicht verpflichtet, ein Gericht zu konsultieren, sondern konnten die Sühne selbst erzwingen, indem sie private Vereinbarungen zur Wiedergutmachung verabredeten oder blutige Rache übten, die nicht nur den Täter, sondern auch seine Angehörigen traf. Um diese, bisweilen nicht enden wollende Blutrache einzudämmen, war die Befriedung durch ein Gericht möglich, das freilich nicht sühnte, sondern wiedergutmachte. Seit dem 13. Jahrhundert nun trat zu dieser Bußgerichtsbarkeit die Blutsgerichtsbarkeit hinzu. Der Idee des Gottesfriedens folgend, war jede Straftat ein Bruch der heiligen Ordnung und ein Verstoß gegen die Regeln des Gottesstaates und damit ein Frevel an der Gemeinschaft, der im öffentlichen Interesse zu sühnen war. Das bedeutete eine Kriminalisierung des Rechts; von nun an war eine Tat nicht mehr lediglich die Verletzung von Rechten eines anderen, sondern auch des populus dei, des Gottesvolkes.

Eine weitere Konsequenz dieser Friedensbewegung war nicht weniger bedeutsam für die künftige Rechtsentwicklung: Jedes Individuum hatte entsprechend seines Standes einen irdischen Gerichtsherrn und war unterschiedlichen Rechtskreisen zugeordnet – daran wird sich in bezug auf die Organisation des Gerichtswesens in der feudalen Ordnung auch nichts ändern. Doch der von der Obrigkeit gestiftete Gottesfriede setzte nun ein übergeordnetes Recht, das alle Stände und Schichten gleichrangig erreichte. Für die regionalen Herrscher bedeuteten die friedenstiftenden Gebote eine willkommene Gelegenheit zur Befestigung ihrer territorialen Macht, indem sie die Gottesfriedensidee aufgriffen und in Gesetze und Verordnungen einbanden, die als Landfrieden das Fundament ihrer Landesherrschaft begründete und schließlich im Landrecht seine endgültige Ausformung erhielt. Damit waren im feudalen Gemeinwesen alle, vom Adel bis hinab zu den zinspflichtigen freien Bauern, einer gemeinsamen verbindlichen Rechtsnorm unterworfen. Gleichzeitig entstand zur Durchsetzung des Rechts eine praktikable Gerichtsordnung: die Landgerichte der Grafen und Schöffen, die über Eigen und Erbe, Wehrgeld und Buße zu befinden hatten, sowie die Gogerichte, denen die Verfolgung handhafter Täter oblag. Durch die Mitwirkung der zur Anzeige strafbarer Handlungen verpflichteten Bauermeister konnte die handhafte Tat nicht verstreichen, die Öffentlichkeit blieb durch sie am Prozeßverfahren beteiligt. Vor allem aber galt es, durch das Landrecht die private Lynchjustiz einzudämmen und ein geordnetes Verfahren zu ermöglichen. Alte Stammesrechte, Verordnungen Karls des Großen, kanonisches Recht und schließlich die vielfältigen Bestimmungen des Gottesfriedens flossen im Landrecht zu praktikablen Rechtsordnungen zusammen.

»Das Recht hab' ich selbst nicht erdacht, es ist von den Alten auf uns gebracht, unseren guten Vorfahren.«[30] Mit diesen Worten beschrieb der Ritter Eicke von Repchow seine Rechtssammlung, die er einen »Spiegel der Sachsen« nannte, »ein Spiegel wie ihn die Frauen nutzen, ihr Antlitz zu schauen«. Im Recht, so empfand der gelehrte Ritter, zeigte sich das Gesicht eines Stammes, offenbarten sich Wesen und regionale Eigenart. Repchow folgte damit einem Trend der Zeit; in vielen Regionen Europas wurden heimische Rechtsquellen gesammelt und aufgezeichnet. Vorbild waren kirchliche Rechtsgelehrte, die mit päpstlicher Genehmigung kirchliche Ordnungsnormen zur Befestigung des Glaubens zu verbindlichen Kirchengesetzen zusammengefaßt hatten.

Wie sehr die Idee des Gottesfriedens das Rechtsempfinden Eicke von Repchows leitete, offenbart eine Grundidee seines »Sachsenspiegels«, in dem er den Schwur des Reichsfriedens Heinrich IV. aus dem Jahre 1103 erweiterte und seiner Sammlung voranstellte: »Frieden sollen haben die Pfaffen und geistlichen Leute, Mädchen und Frauen, Juden, an ihrem Gut, an ihrem Leben, Kirchen, Kirchhöfe und jedes Dorf innerhalb seines Grabens und seines Zaunes, Pflüge und Mühlen und des Königs Straßen zu Wasser und zu Lande.«[31] In poetischen Reimsprüchen pries Repchow das alte Recht als überkommenen Schatz der Vorväter. Vor allem aber war es die karolingische Rechtsauffassung, wonach der königliche Herrscher das alttestamentarische Bild des strafenden und richtenden Gottes im Diesseits verkörperte, die Repchow zum Ideal erhob. Ungeachtet der Bestrebungen der territorialen Herren, das Recht an sich zu ziehen, erinnerte der Sachsenspiegel daran, daß alle Gewalt vom König auszugehen hätte, der den »Königsbann« an seine Grafen verlieh und ihnen damit die Gerichtsbarkeit überantwortete. Das war jedoch nur noch Theorie, denn die Vasallen betrachteten sich bereits weitgehend als unabhängig und stifteten, kraft ihrer Territorialgewalt, eigenverantwortlich den Städten, Universitäten und Gutsherren Rechtsbefugnisse und waren allenfalls bereit, ihre Gerichtsbarkeit, dem König untergeordnet, als erbliches Lehen zu betrachten. Aus des Königs Hand hatten sie ihre Macht erhalten, damit sahen sie sich der von Gott gegebenen Ordnung verpflichtet, waren gleichermaßen von Gottes Gnaden in die irdische Hierarchie eingebunden und entsprechend des christlichen Weltbildes jener Zeit zu Sachwaltern der diesseitigen Gerechtigkeit erhoben. Voraussetzung der Befestigung ihrer territorialen Gewalt war die Organisation des Gerichtswesens und vor allem die Einschränkung der privaten Selbstjustiz und des »handhaften« Verfahrens.

Das unmittelbare Tötungsrecht eines Geschädigten erlaubte es, den auf frischer Tat ertappten Verbrecher unverzüglich zu erschlagen. Erst nach dieser Vollstreckung wurde der Prozeß in Gang gesetzt, indem der rechtsgeschützte Totschläger die Nachbarn herbeirief, die damit zu Tatzeugen wurden. Mit dieser Anzeige war es den Angehörigen des Getöteten nicht mehr gestattet, blutige Rache zu üben. Das Recht des Opfers blieb eine gewisse Zeit bei seinem Leichnam, denn die Seele – so glaubte man – stiege nicht sogleich in den Himmel (oder die Hölle), sondern verbliebe noch eine geraume Zeit im Körper, folglich konnte der Verblichene noch vor das Gericht geladen werden. Das Geschehene mußte sodann beschworen und entsprechend der Glaubwürdigkeit und Anzahl der Eidesleistenden der Parteien ein Urteil gefällt werden. In geordneten Gemeinwesen mochte diese Form der Selbstjustiz durchaus zur Schlichtung nachbarschaftlichen Haders und zur Begrenzung endloser Blutrache praktikabel gewesen sein. Kläger und Beklagte waren allen bekannt, ihr Leumund offenkundig, und damit bedurfte es nicht der Ermittlung des Tatherganges, sondern, fußend auf das beeidete Wort der vor Gericht Stehenden, galt die Glaubwürdigkeit der Zeugen. Es waren eilig herbeigerufene Notgerichte, die praktisch über eine bereits vollendete Sühne zu befinden hatten.

Diesen althergebrachten Rechtsbrauch galt es zu reformieren und durch ein geordnetes Verfahren zu verbessern, ohne damit die tradierte Gerichtspraxis völlig zu mißachten. Das »handhafte« Verfahren wurde in veränderter Form beibehalten, indem man die Selbstjustiz untersagte, dem Rachebedürfnis aber gerecht wurde und für eine sofortige Prozeßeröffnung durch die Anzeigepflicht des Bauermeisters sorgte. Als Ersatz für die Blutrache wurde ein grausamer Katalog von Leibes- und Lebensstrafen festgelegt.[32]

Diese Veränderungen des Handhaftverfahrens hatten sich aus dem Stadtrecht entwickelt. Der Zustrom von um Bürgerrechte bemühter Fremder sowie arbeitssuchender Handwerksgesellen, Knechte und Mägde ließ die Stadt zu einem Sammelort unterschiedlicher Landsmannschaften werden. Wohl kannte man die Nachbarn im ständisch geprägten Quartier, doch im Streitfall waren zuweilen Unbekannte beteiligt, deren Eid man nicht trauen konnte und deren Zeugnis anfechtbar war. Zudem beklagte die Bürgerschaft eine zunehmende Kriminalität, landschädliche Leute bedrohten das Umfeld der Stadt, bisweilen gelang es ihnen, auch die Torwachen zu passieren und in den Gassen diebisches Unwesen zu treiben. Das herrenlose Gesindel waren heimatlose, in Gruppen umherstreifende Menschen, die – aus der feudalen Ordnung herausgefallen, ganz auf sich allein gestellt, ohne sorgenden, wehrenden und richtenden Herrn, ohne Recht und Gesetz – ihr Tagewerk mit Diebereien und zuweilen auch mit Mord und Totschlag betrieben. Landschädliche Leute waren es, für die der »Sachsenspiegel« die Regelung vorschrieb, »daß jene, die ihr Recht durch Raub und Diebereien verloren haben« keinen Reinigungseid leisten durften.[33] Es wäre undenkbar gewesen, die Kumpane des Diebesgesindels als Eideshelfer vor Gericht erscheinen zu lassen. Mochten sie auch die Schwurhand erheben, sieben ehrenwerte Männer aus den Reihen der Bürgerschaft konnten einen Fremden oder übel Beleumdeten mit ihrem Eid den reinigenden Schwur »verlegen«. Später übernahmen Mitglieder des Gerichts oder durch das Los erwählte Helfer den klagenden Eid. Einige Städte bestimmten eine Person »ex officio« zum Ankläger, der mit einem Schwur das Verbrechen bezeugte. Das setzte allerdings voraus, daß eine Ermittlung stattgefunden hatte oder ein Geständnis vorlag. Damit war der Zeugenbeweis eingeführt, so, wie er bereits im kanonischen Recht gefordert war. In den meisten Fällen genügten dem Gericht zwei Zeugenaussagen zum Urteilsspruch. Wenn diese nicht glaubhaft waren oder die Zeugen keine ausreichenden Beweise vorzubringen hatten, durfte schließlich »peinlich befragt«, mit Folterwerkzeugen die Aussagefreudigkeit des Beklagten befördert werden.

Zur Bekämpfung diebischen Gesindels und notorischer Gesetzesbrecher waren diese Verfahrensänderungen notwendig geworden, zugleich war damit aber auch den schändlichen und gottlosen Zauberern zu begegnen, die im »Sachsenspiegel« mit dem Feuertod bedroht werden. Jenen, die »mit Gift und Zauber« umgingen, konnten böse Kräfte und gottlose Genossen mit einem reinigenden Eid nicht mehr helfen. Freilich, die Beschränkung des Zaubereiverbrechens auf den Giftmord und den Schadenzauber sowie die noch nicht in Rechtsnormen zusammengefaßten Hexenvorwürfe veranlaßten die weltlichen Gerichte kaum, Zaubereiprozesse zu eröffnen, zumal der »Sachsenspiegel« für die braven, in Sitte und Brauch eingebundenen Bürger und Landleute immer noch den reinigenden Eid vorsah.

Aus dem Recht sollte der Frieden erwachsen, die gottgewollte Ordnung durch Gesetzesnormen befestigt werden. Diese Forderung, von Eicke von Repchow dem »Sachsenspiegel« vorangestellt, verpflichtete die weltliche Obrigkeit auf die alten Ideale des fränkischen Königtums. Die Herrscher, als Sachwalter der allumfassenden göttlichen Gerechtigkeit, waren hierzu – ungeachtet der strittigen Frage, ob direkt von Gott oder durch den Papst – mit dem Schwert belehnt. Der Anspruch des Papsttums auf das Anrecht höchster irdischer Rechtsautorität und die Ausbildung des kanonischen Rechts waren nicht allein Ausdruck eines Machtkampfes zwischen Papsttum und Königtum. Mit Hilfe des Rechts wollte die Kirche der Christenheit Richtlinien für ein gottgefälliges Leben ohne Sünde vorschreiben. Wer sich an die Normen hielt, war vor der ewigen Verdammnis gefeit. Doch die zunehmend weniger der Seelsorge verpflichtete, sondern auf Gesetzestreue bedachte Kirche scheiterte. Die Klagen der Päpste über die Zunahme der Gottlosigkeit belegen es eindrucksvoll – das ewige Heil war nicht durch das Recht zu erlangen.

Frieden und Ordnung herzustellen und zu bewahren, oblag der weltlichen Macht, die – entsprechend der Idee des Gottesfriedens – Schutz den Schwachen, der Kirche, den Frauen und Kindern, den pflügenden Bauern und Alten angedeihen lassen sollte. Dieser

Gedanke rückte zur Mitte des 15. Jahrhunderts wieder in den Mittelpunkt der rechtstheoretischen Überlegungen der Gelehrten, die, vom Humanismus geleitet, eine Reformation des Rechts forderten und in ihrer Verehrung des Altertums auch eine Renaissance des römischen Kaisertums anstrebten. Mit Hilfe des römischen Rechts sollte das Reich erneuert werden, das Kaisertum erstarken. Zum »gemeinen nutz und notdurft« sollte eine »gute Policey« zum Wohl der Gesamtheit der Christen wirken. Darunter verstand man weniger ein Organ staatlicher Machtausübung als vielmehr eine gemeinnützige Verpflichtung der Obrigkeit. Gelehrte Juristen, eine wissenschaftliche Rechtspflege sollten, der Idee der allumfassenden christlichen Friedensordnung verpflichtet, das obrigkeitliche Recht in Gesetzen manifestieren, um damit dem sündhaften Tun, dem Laster und dem Verbrechen Einhalt zu gebieten, Zucht und Ordnung zu gewährleisten. Die »gute Policey« forderte von jedem Individuum, entsprechend seines Standes, die Einbindung in die feudale Ordnung und berechtigte die Obrigkeit, zur Verhinderung von Hoffart Kleiderordnungen zu erlassen, Lasterhaftigkeit durch das Verbot ausschweifender Feste zu unterbinden, heidnischen Volksbrauch gleichermaßen wie kirchlich beanstandete Ungebührlichkeiten in Gotteshäusern zu untersagen.

Am Ende der Jahrhunderte währenden Auseinandersetzung der Päpste mit den weltlichen Herrschern um die höchste irdische Rechtsautorität stand die Unterscheidung und Verselbständigung zweier Rechtsbereiche; die kirchliche und weltliche Macht erfuhren eine Trennung. Mit dem verwissenschaftlichten Recht des Staates wurde die diesseitige Macht des Königtums entsakralisiert, doch, weil sie sich nach wie vor von Gott legitimiert sah, nicht säkularisiert.[34] Das reformierte Recht entsprach im allgemeinen den kirchlichen Vorstellungen irdischer Rechtspflege, denn durch Anlehnung an das kanonische Recht waren die Interessen der Kirche weitgehend berücksichtigt, die Mitwirkung an den Prozessen gesichert. Die Bemühungen des Kaisers, das Reich durch das Recht zu stärken, forderte den Papst nicht zum Widerstand heraus. Zwar fürchtete Clemens VII. die wachsende Machtfülle Karls V., in dessen Reich die Sonne nicht unterging, doch wählte er in diesem Kampf um die irdische Vorherrschaft das diplomatische Ränkespiel, indem er die um Machtverlust bangenden Territorialfürsten in seine Intrigen einband. Die Einheit des Königtums mit dem Papsttum war seit dem Investiturstreit zerbrochen, doch mit dem neuen Recht hatte sich im Sinne des Gottesfriedens, zumindest partiell, die ersehnte Harmonie wieder eingestellt. Beide Rechtskreise, zum Miteinander verpflichtet und aufeinander abgestimmt, vermochten die Christenheit in die feudale Ordnung einzubinden.

Diese Entwicklung fand die Ablehnung des einfachen Volkes, der Bauern, die zunehmend mit Gewalt das alte Recht zurückforderten und im römischen Recht der Pfaffen ihr Unglück erkannten. Die Stärkung der Reichsmacht durch das römische Recht zerbrach am Widerstand der Partikularfürsten, die zudem mit Willkür und uneingeschränktem Herrschaftsanspruch ihre Untertanen mit Abgaben und Lasten bedrängten. Die Hoffnung auf Besserung versprachen sich die rechtlosen Landleute vom Kaiser. »An eim Keiser stat al unser gloub. Er wird tusend jor regieren, gut gesetz machen, sim folck werden die himmel ufgethan.«[35] Der Ruf nach dem guten Kaiser und dem guten alten Recht ließ die verzweifelten Bauern sich zusammenrotten. Gefordert wurde die alte feudale Ordnung, ohne Leibeigenschaft und grundherrschaftliche Willkür, Zunftknechtschaft und bevormundendes Regiment der Pfaffen und römischen Juristen. Längst waren die Bauern von der Mitbestimmung an den Geschicken des Reiches ausgeschlossen. Als sie aufstanden und alte Rechte einklagten, mit Knütteln und Sensen die ritterlichen Heere berannten, war es freilich zu spät; die Rechtsreform hatte ohne sie stattgefunden, nicht zugunsten der Reichsmacht, sondern der Territorialstaaten, die dem Kaiser lediglich die Stiftung eines übergeordneten »ewigen Landfriedens« zugebilligt hatten, über den der Kaiser und die Reichsstände im Reichskammergericht wachten. Vielleicht hätte das Reichsregiment als Organ einer zentralen Regierungsgewalt das Kaisertum gestärkt; die Fürsten wußten diese für sie bedrohliche Institution zu behindern und schließlich aufzulösen. Bestand hatte der jährlich zusammentretende Reichstag, dessen Beschlüsse für den Kaiser bindend waren.

Anläßlich einer dieser hohen Versammlungen in Freiburg wurde von den Ständen über die wachsende Rechtsunsicherheit Klage geführt. Kirche und humanistische Philanthropen bemängelten die brutale Aburteilung landschädlicher Leute, die, zu Hauf getrieben, massenweise hingerichtet wurden, wobei zuweilen auch achtbare Bürger der Hatz zum Opfer fielen. Zudem war offenkundig, daß solche Pogrome einer Verrohung des Rechts Vorschub leisteten, unter der die Allgemeinheit zu leiden begann. Der Reichstag beschloß, diese Klagen zu beherzigen, »eine gemeine Reformation und Ordnung im Reiche vorzunehmen, wie man in criminalibus procedieren soll«.[36] Nach mehrjähriger Arbeit konnte sodann der Reichstag zu Regensburg 1532 die »constitutio criminalis« beschließen, die zu Ehren Kaiser Karls V. die abkürzende Bezeichnung »Carolina« erhielt. Es war eine Prozeßordnung, in die freilich einige wesentliche Strafbestimmungen eingefügt worden waren, um den Richtern eine Richtschnur für die Zumessung einer Sühne an die Hand zu geben. Das war nötig, weil auch die »Carolina« den Gerichtsherren einen Entscheidungsspielraum zubilligte, ihnen erlaubte, den Leumund des Sünders und die subjektive Beurteilung des Sachverhaltes bei der Festlegung der Strafe zu berücksichtigen. Nicht aufgeführte Verbrechen sollten an ähnlichen, in der »Carolina« aufgenommenen Straftatbeständen gemessen werden, »wie es unseren kaiserlichen Rechten und dieser Ordnung am gemäßesten ist«. Ob des Mangels eines dezidierten Strafgesetzbuches wurde auf das kaiserliche Recht verwiesen, worunter man das römische Recht verstand. Die deutschen Kaiser sahen sich in der Nachfolge der römischen Imperatoren, die sich als höchste Rechtsautorität verstanden hatten, und folglich sollten auch die Diener des deutschen Kaisers aus diesem Recht schöpfen. Die »Carolina« hatte freilich auch alten deutschen Rechtsbrauch bewahrt, der Anklageprozeß war weiterhin zugelassen, ein Geschädigter durfte noch immer seine Klage vorbringen, ebenso ein von Amtswegen bestellter Ankläger. Daneben war aber auch das Inquisitionsverfahren, die Untersuchung einer Straftat und Einleitung des Verfahrens von Amtswegen, vorgesehen.

Mit dem Verdacht eines strafbaren Verbrechens, einer Klage eines Geschädigten oder eines öffentlichen Anklägers konnte ein Prozeß eröffnet werden. Sogleich begann das Vorverfahren mit der Ermittlung, dem Verhör des Beschuldigten und der Zeugen. Lagen zwei übereinstimmende Aussagen vor, konnte ein Spruch gefällt werden, doch zumeist zog es das Gericht vor, trotz eindeutiger Beweislage,

Im Märchen ist die Hexe nur Nebenfigur, über ihr Aussehen wird nur wenig erzählt. Ludwig Richter und andere Illustratoren gaben ihr jene Gestalt, die sich uns unauslöschlich einprägte.

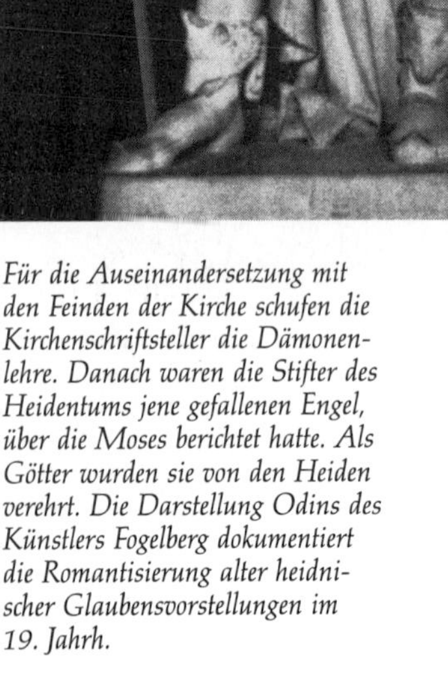

Für die Auseinandersetzung mit den Feinden der Kirche schufen die Kirchenschriftsteller die Dämonenlehre. Danach waren die Stifter des Heidentums jene gefallenen Engel, über die Moses berichtet hatte. Als Götter wurden sie von den Heiden verehrt. Die Darstellung Odins des Künstlers Fogelberg dokumentiert die Romantisierung alter heidnischer Glaubensvorstellungen im 19. Jahrh.

Die Forderung der weströmischen Kirche, der sexuellen Lust zu entsagen, veranlaßte Satan, mit Vorliebe die Gestalt schöner Frauen einzunehmen. Beispielhaft widerstand der heilige Antonius von Padua den Verlockungen. Seine Erfahrungen gemahnten jedoch, den Weibern mit Argwohn zu begegnen.

Die Erfahrung hatte es gelehrt: Trotz fürbittender Gebete für das Seelenheil des Weibes gelang es den frommen Männern nur schwer, Satan davon abzuhalten, dieses schwache und gebrechliche Geschlecht zu verführen. Sich vom Tisch des Herrn abwendend unterlag es bereits den Einflüsterungen des Bösen.

Hæc fuit effigies quondam uenerabilis Husi,
Dum sua pro Christo membra cremanda dedit.

Na Obraz Mistra Jana Husy/
Mučedlnyka Božyho.

Dies ist das Bildnis weiland des ehrwürdigen Huß,

Oppositionelle Kräfte, die am kirchlichen Lehrgebäude zweifelten, wurden entsprechend der Dämonenlehre der Anhängerschaft Satans bezichtigt. Für sie war der Feuertod bestimmt. Neu-Manichäer, Katharer und die Verbreiter der Wiclif'schen Lehre wie Jan Hus wurden aus Sorge um das Gottesvolk den Flammen überantwortet.

Seit dem Baseler Konzil des Jahres 1481 rückten Nachrichten über bäuerlichen Ungehorsam in den Mittelpunkt päpstlicher Sorge. Zum Beweis ihrer Verführung durch den Bösen wurden alte Berichte über den Kult fremder Gottheiten herangezogen. Im Mittelpunkt der Verehrung der Abtrünnigen stand – so behauptete man – der Teufel höchstselbst.

Der »Hexenhammer« warnte die Richter vor den vielfältigen Möglichkeiten des Teufels, Hexen zu befreien. Voraussetzung dafür war, daß die Hexen den Boden berührten. In der Burg Penzlin in Mecklenburg sind die Nischen erhalten, in denen man Zauberinnen vorschriftsmäßig und sicher verwahren konnte.

Dem schweren Verbrechen der Zauberei konnte nur mit außerordentlichen Rechtsmitteln begegnet werden. Vielfältige Foltermethoden erwiesen sich als brauchbares Mittel, die Teufelsbündner geständig zu machen. Mit List mußte dabei vorgegangen werden, denn die Inculpanten durften sich der Hilfe Satans versichert sein.

Wie kein anderer Herrscher verkörperte Karl der Große die mittelalterliche Vorstellung der Gottesregentschaft. Die Darstellung zeigt, wie der heilige Petrus Karl die Fahne Roms als Zeichen der weltlichen Herrschaft übergibt, während Papst Leo III. als Symbol der geistlichen Macht die Stola erhält. Beiden oblag es, das Gottesvolk vor den Anfechtungen Satans zu bewahren und mit Hilfe des Rechts Gottes Ordnung im Diesseits zu verwirklichen.

Wo historische Quellen sich unserem festgeschriebenen Hexenbild nicht fügen wollen, wird zuweilen nachgebessert. Den Umschlag einer wissenschaftlichen Publikation zum Zauberglauben schmückt die Zeichnung einer besenreitenden Frau. Vorlage ist das Fresko der »Nachtfahrenden« im Dom zu Schleswig aus dem 14. Jahrhundert, die jedoch ohne Zweifel einen Baum reitet, der vom Zeichner mit wenigen Strichen entsprechend seiner Hexenvorstellung verändert wurde.

Gelehrte Forscher vermuteten, daß mit Hilfe salbenbestrichener Besenstiele Frauen über die Geschlechtsorgane haluzinogene Drogen aufnahmen. Doch die Luftflüge wurden auch mit Hilfe flinker Tiere bewerkstelligt, die wohl kaum mit einer Hexensalbe behandelt wurden. Die Abbildung zeigt eine »Nachtfahrende« (oder ist es ein Mann?) im Schleswiger Dom.

Sieben schwarze Siegel verschließen das Sechste und Siebte Buch Moses. Wer das Buch öffnet, verfügt über Fähigkeiten der schwarzen und weißen Magie, vermag Schaden zu stiften, aber auch Ungemach bei Mensch und Tier abzuwenden.

Drogerien und Apotheken bieten schadenabwehrende und unglückbringende Mittel feil. Schützendes Räucherwerk muß aus schwarz- und weißmagischen Kräutern bestehen, wie z. B. Asa foetida in Verbindung mit Weihrauch (oben).

Bewährtes Hausmittel, bösen Leuten den Zugang zu Wohnung und Stall zu verwehren, ist eine Stopfnadel, an verborgener Stelle versteckt. Das Öhr der Nadel symbolisiert das zauberabwehrende dritte Auge (unten).

Tacitus verwies auf germanische Frauen, die als heilige Wesen mit Sehergabe verehrt wurden. Illustratoren des 19. Jahrh. gaben ihnen Gestalt. Der Holzschnitt aus dem Jahre 1841 zeigt die Seherin Veleda, eine weise Frau, weil sie in die Zukunft zu blicken vermochte.

Auf einem Relief der Colonna Antonia in Rom glaubten Forscher des 19. Jahrh., germanische Priesterinnen entdeckt zu haben. Einziger Hinweis für die Richtigkeit dieser Vermutung ist lediglich die sinnende Frau auf dem Wagen – oder ist es Trauer über die Unterwerfung der Markomannen unter Marcus Aurelius?

In den deutschen Einigungskriegen 1870/71 wurden die heiligen Wesen deutscher Art, Seherinnen und Kriegskumpaninnen, künstlerisch vollendet. Es entstand Germania, das drohende und schildbewehrte Heroenweib.

Strabo berichtete über furchteinflößende Weiber, die aus dem Blut geschlachteter Gefangener orakelten. Der Künstler des 19. Jahrh. hielt die feierliche Prozedur in einer Zeichnung fest und nahm ihr den Schauder der barbarischen Sitte sogenannter weiser Frauen.

Ein Newer
Albertus Magnus /
Von Weybern vnd Geburten der Kinder / sampt jhren Artzneyen. Auch von Tugenden etlicher fürnemer Kreüter / vnd von Krafft der Edlen Gestein. Von art vnd Natur etlicher Thier. Mit sampt einem bewerten Regiment für die Pestilentz. Alles auffs new gebessert / durch Q. Apollinarem.

M. DCXIIII.

Zum Nachweis der Existenz weiser Frauen wurde vor allem das Metier der Hebammen bemüht, denen Kräuterwissen und Heilkunst nachgesagt wurden. Diese Kenntnisse wären der Kirche suspekt gewesen. Der Titelholzschnitt zum Albertus Magnus preist die Tugenden der Kräuter und empfiehlt sie ausdrücklich in der Geburtshilfe.

Genes. am 3. Capitel.

Vnd zum Weib sprach Gott der HERR: ich wil dir Schmertzen schaffen / wenn du schwanger wirst / Du solt mit Schmertzen deine Kin-

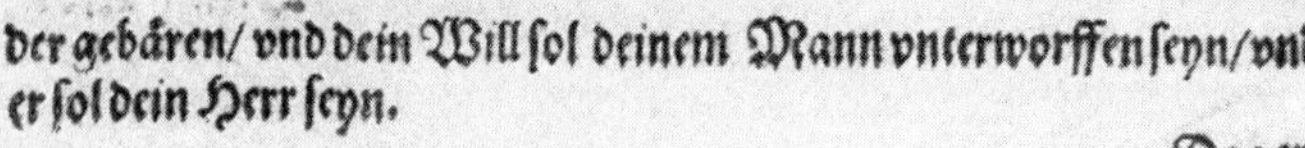

der gebären / vnd dein Will sol deinem Mann vnterworffen seyn / vnd er sol dein Herr seyn.

Das er-

Jakob Rueffs Hebammen-Buch aus dem Jahre 1533 zeigt die Bademutter bei der Arbeit, während weise Männer aus den Sternen die Zukunft des Kindes deuten.

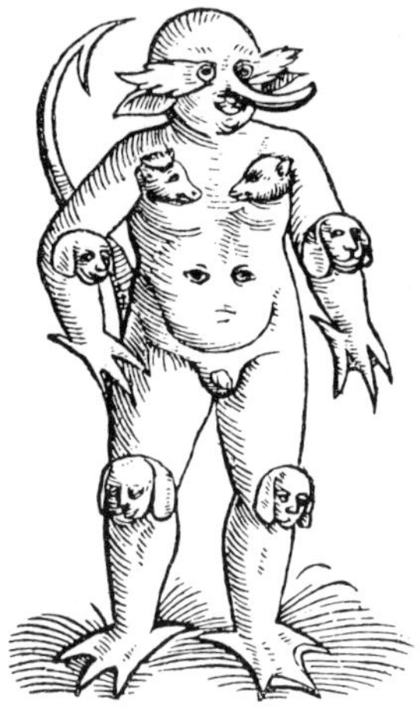

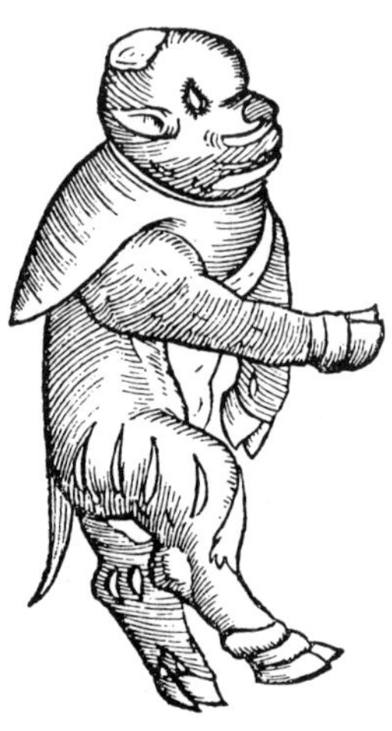

Der Hebamme oblag es, bei Leben gefahr für das Kind die Nottaufe vorzunehmen. Überdies hatte sie darauf zu achten, ob das Neugebo rene dem Erzeuger ähnelte. Der Obrigkeit sollte sie Anormalitäten mitteilen und Verdachtsmomente z Anzeige bringen, die darauf schlie ßen ließen, daß der Teufel an der Vaterschaft beteiligt war. Beispiele für Wechselbälge zeigt das Hebam men-Buch aus dem Jahre 1554.

Im Dritten Reich pflegte man Brauch und Sitte mit »Brausi« abzukürzen. An Denkmalen der Vorgeschichte und fragwürdigen heidnischen Kultplätzen zelebrierten Fähnleinführer der HJ neo-germanische Weihestunden.

Omas Nippes zu hexischem Kultgerät umfunktioniert auf dem Deckstein einer vorgeschichtlichen Grabanlage. Neue Hexen und Hexer feiern ein heidnisches Fest.

ein Geständnis des Beschuldigten zu erlangen. Bei widersprüchlichen Aussagen war das Geständnis zwingend notwendig, das bei ausreichenden Verdachtsmomenten und nach Maßgabe einiger Einschränkungen mit Hilfe der Folter erpreßt werden durfte. Nach der peinlichen Frage war dem Beklagten eine geraume Zeit der Erholung zugestanden, um danach das Geständnis noch einmal zu wiederholen. Erst dann wurde die »Urgicht«, das Eigenbekenntnis des Angeklagten, schriftlich niedergelegt. Bis zu diesem Verfahrensteil war die Öffentlichkeit ausgeschlossen. Der alte Rechtsbrauch, Missetaten vor der Gemeinde abzuurteilen, war in der »Carolina« nur noch in dem symbolischen Akt der öffentlichen Vorführung des Sünders, der Verlesung des Urteils sowie der Hinrichtung erhalten.

So sehr uns heute die grausame Folter und die schrecklichen Leibes- und Lebensstrafen der »Carolina« erschrecken mögen, die Festlegung des Procederes der Folter und der Strafe bedeuteten einen Fortschritt und schränkten Richterwillkür und hemmungslose Brutalität der Nachrichter ein. In philanthropischer Sorge sollte das Leiden der Beschuldigten der Schwere des Verbrechens angemessen und einer übergeordneten Gerechtigkeit unterworfen sein, Richter und Prozeßbeteiligte waren an strenge Prozeßvorschriften gebunden und der christlichen Milde verpflichtet. Diesen Gedanken stellte einer der maßgeblichen Väter der »Carolina«, Johann Freiherr von Schwarzenberg, der Vorläuferin dieser Reichsordnung, der »Bambergensis«, voran: »Verfügter Straf der Geld und Pein / Soll Lieb ohn Haß die Ursach sein.«[37]

Für einige Verbrechen allerdings war bezüglich der Prozedur der Anzeige und der Ermittlung solcherart »Lieb ohn Haß« nicht vorgesehen. Es waren dies die als »crimen exceptum« zu behandelnden Straftaten der Majestätsbeleidigung, des Hochverrats, der Falschmünzerei, Straßen- und Seeräuberei, der Ketzerei und Zauberei, die das Gericht von den allgemeinen Prozeßvorschriften entbanden. In diesen Fällen wurde das Gericht mit außerordentlichen Vollmachten ausgestattet. Die Entbindung von den Rechtsnormen erwies sich vor allem für die Aburteilung der Ketzer und Zauberer als zwingend notwendig, waren doch diese Verbrechen gemeinschaftlich mit dem Teufel verübt. Zudem geschahen sie an geheimen Orten im Verborgenen, so daß Zeugen nur selten namhaft zu machen waren und es der

List des Richters bedurfte, Beweise zu sammeln. Eine schwere Aufgabe, denn es galt zu bedenken, daß unsichtbar an der Seite des Angeklagten der Leibhaftige stand, um seinen Diener schützend im Leugnen zu bestärken. Überdies sahen sich auch die Richter von den Mächten der Finsternis, mit denen sie einen harten Kampf zu führen hatten, bedroht. Aus diesem Grunde verbot sich auch der Anklageprozeß, war es doch einem klageführenden Geschädigten nicht zuzumuten, sich den gefährlichen Angriffen des Leibhaftigen auszusetzen. Zum Schutz der Prozeßbeteiligten zog man es vor, die durch Teufelswerk Geschädigten zur Denunziation zu animieren. Nachbarschaftliche Bezichtigungen und vage Vermutungen des Richters genügten, einen Prozeß zu eröffnen. Der Artikel 44 der »Carolina« trug der besonderen Schwere des Verbrechens Rechnung, indem die Einschränkungen zur Anwendung der Folter aufgehoben und bestimmt wurde, daß »so jemand sich erbeut, andere Menschen Zauberei zu lehren und jemand zu bezaubern bedroht – und dem Bedrohten dergleichen geschieht, auch sonderlich Gemeinschaft mit Zauberern oder Zauberinnen hat, oder mit solchen verdächtigen Dingen, Gebärden und Worten und Weisen umgeht, welche Zauberei auf sich tragen und dieselbig Person ferner auch sonst bezüchtigt ist, das gibt eine redliche Anzeigung der Zauberei und genugsam Ursache zur peinlichen Frag«.[38]

Dem »Hexenhammer« folgend, sollte nur der Schadenzauber mit dem Tode bestraft werden. Dies bestimmte der Artikel 109 der »Carolina«: »Item so jemand den Leuten Schaden oder Nachteil zufügt, soll man strafen vom Leben zum Tode und man soll selbig Straf mit dem Feuer thun. So aber jemand Zauberei gebraucht und damit niemand Schaden gethan hat, solle sonst gestrafet werden nach Gelegenheit der Sach.«[39] Zauberei war grundsätzlich eine strafbare Handlung, doch sollte, wie bereits Institoris im »Hexenhammer« dargelegt hatte, die weiße Magie, die Orakelkunst milde bewertet werden, zumal diese Sünden schwer nachzuweisen waren und vor allem nicht immer aus böser Absicht geschahen. Die Bestrafung dieser Vergehen mit Leibesstrafen sollten korrigierende und ermahnende Wirkung haben und mit dem Hinweis auf den richterlichen Ermessensbereich nach römischem Recht abgeurteilt werden, womit freilich auch härtere Strafen verhängt werden konnten.

Grundsätzlich, so befanden kirchliche und weltliche Rechtsgelehrte, war das Verbrechen der Zauberei ein »crimen fori mixti« und gehörte damit vor den weltlichen und geistlichen Richter. Das geistliche Gericht hatte über den Frevel am Glauben zu befinden, das weltliche sollte den Schaden der Menschen an Eigentum sowie an Leib und Leben sühnen. Zwar waren die weltlichen Richter befugt, selbständig die Todesstrafe zu verhängen, doch durfte der Vollzug erst nach der Schulduntersuchung und Erteilung der Kirchenstrafe erfolgen. Diese Überordnung des kirchlichen Rechts fand den Widerspruch der weltlichen Gerichtsbarkeit, die, ausgestattet mit praktikablen Rechtsverordnungen, danach trachtete, alleinverantwortlich und eigenständig die Prozesse zu führen und schließlich auch darauf verweisen konnte, daß durch die Reformation des Rechts die Bekämpfung des sündhaften Lasters der Hexerei erst möglich geworden war.

Bis zum Inkrafttreten der »Carolina« waren kaum Zauberprozesse in Gang zu bringen gewesen, weltliche Richter, Bischöfe und Weltgeistliche hatten die heilige Inquisition sabotiert und versucht, den nach Zauberei fahndenden Dominikanern die Arbeit zu erschweren. Trotz dieser Behinderungen konnten sich die Inquisitoren rühmen, manche Hexe und etliche Zauberer dem Feuer übergeben zu haben; doch erst seit Mitte des 16. Jahrhunderts loderten die reinigenden Flammen in allen Regionen Deutschlands, konnte die systematische Verfolgung der Teufelsdiener in Gang gebracht werden.

Es war ein unerbittlicher Kampf, den Inquisitoren und weltliche Richter gegen die Zauberer und Schwarzkünstler zu führen hatten. Nicht allein weil es so schwer war, ihrer habhaft zu werden und ihr teuflisches Wirken zu entlarven, sondern weil Männer der Kirche, Rechtsgelehrte und Ärzte zur Vorsicht mahnten, ja, verführt vom Bösen, das heilige Werk in Frage stellten. Vor allem war es der Leibarzt Wilhelms IV., des Herzogs von Jülich, Kleve und Berg, Johannes Weier, der nach gründlicher Beobachtung der sogenannten Zauberinnen, Studien in vom Hexentreiben heimgesuchten Nonnenklöstern und theologischen Erwägungen zu der Erkenntnis kam, daß alle Anklagen falsch, die Bekenntnisse lediglich durch die Folter erzwungen oder durch Wahnsinn hervorgerufen und demzufolge die Opfer unschuldig gerichtet worden waren. Mutig übersandte er seine Schrift, für die er 1563 in Basel einen Verleger gefunden hatte, an den Kaiser und etliche Fürsten. Geschützt durch seinen freisinnigen, die Wissenschaften fördernden Herzog konnte er diesen kühnen Vorstoß gegen Aberglauben und Unwissenheit wagen und andere Ärzte, zum Beispiel in Bremen und La Rochelle ermuntern, ihm nachzufolgen.

Vor allem waren es die Rechtsgelehrten, die, um nicht in den Ruch des Justizmordes zu kommen, an der Konstruktion des Hexenverbrechens festhielten. Einer der erbittertsten Gegner Weiers war der bedeutendste und einflußreichste Staatsrechtler und Magister der Weltweisheit, Jean Bodin, der in seinem Werk »Traité de la démonomanie des sorciers« eine deutliche Gegenposition bezog und nicht ohne Witz und Ironie Weiers Argumente zu entkräften suchte. Bodin war freilich durch seine maßgebliche Beteiligung an Hexenprozessen in Frankreich in diese Rolle gedrängt und möglicherweise war seine harsche, unnachgiebige Haltung auch vom schlechten Gewissen diktiert. Er vertrat die Ansicht, daß die weltliche Gerichtsbarkeit verpflichtet wäre, dem allenthalben sichtbaren Wirken der Finsternis entgegenzutreten, und entsprechend dieser Forderung widmete er sein Buch dem Präsidenten des Pariser Parlaments, lobte seinen König, weil dieser sich nach den Versäumnissen seiner Vorgänger verstärkt der Verfolgung der Frevler annahm und forderte die Richter auf, auch ohne die Mitwirkung des königlichen Protektors, eigenverantwortlich und selbständig das Werk der Reinigung voranzutreiben. Den Geistlichen empfahl er, in den Kirchen Kästen zur Aufnahme anonymer Anzeigen zu installieren, um damit die Denunziation in den christlichen Gemeinden zu befördern. Schließlich listete er das teuflische Verbrechen in fünfzehn gleichermaßen todeswürdige Delikte auf, deren unnachsichtige Verfolgung er dringend gebot.

Den »Hexenhammer« und Bodin noch in den Schatten stellend, versuchte um die Wende zum 17. Jahrhundert der katholische Rechtsgelehrte Martin del Rio (Delrio), die Flammen der Scheiterhaufen verstärkt zu entfachen. Dem beginnenden Geist der Zeit Rechnung tragend, durchaus liberalen Gedanken zugeneigt, ja sogar zur Vorsicht bei der Anwendung der Folter ratend, trachtete er danach, das theologische Fundament der Strafverfolgung zu modernisieren, in Wahrheit jedoch, mit gelehrter Spitzfindigkeit Altbekanntes in wohlgesetzten Worten zu wiederholen und den Straftatbestand zu ergänzen. Die Theurgie und die sogenannte weiße Magie, bislang weitgehend straffrei, erklärte er für Unsinn. Dämonen ließen sich nicht durch magische Gaukeleien von Menschen bezwingen. Freiwillig und ohne die kunstvollen Bemühungen der schwarzen und weißen Magier wirkte der Teufel, vorausgesetzt, die zauberischen Menschen wären mit ihm einen Pakt eingegangen, wofür der Teufel die Glaubensabtrünnigen mit Wunderwirken belohnte. Das Paktum mit dem Satan, stets mit Abschwören des Christentums verbunden, bildete die Grundlage der Zauberei und müßte folglich, auch wenn kein Schaden entstanden wäre, mit dem Feuertod bestraft werden. Damit war schriftlich festgehalten, was zunehmend Rechtsbrauch geworden war: Nicht nur der Schadenzauber, sondern jeglicher Umgang mit Magie war zu verfolgen.[40]

Dies hatte auch Martin Luther in der Auslegung des 2. Gebotes in seinem »kleinen Katechismus« die protestantischen Christen bekennen lassen. Verboten war ihnen das Besprechen, Wahrsagen, Zeichendeuten, Geisterbannen und jegliche »sonst vorwitzige Kunst«.[41] Entsprechend dieser Ermahnung sah sich der protestantische Jurist, Professor der Rechte zu Leipzig, Benedict Carpzov, veranlaßt, die lutherische Interpretation des zweiten Gebotes in die Rechtspraxis umzusetzen. Zeitgenossen rühmten seinen Fleiß und vor allem seine unnachsichtige Strenge. Zwanzigtausend Todesurteile sollen seine Unterschrift getragen haben, weil es ihm gelungen war, die sächsische Kriminalordnung von hinderlichem juristischen Firlefanz zu reinigen und ausschließlich die Prozesse nach dem Inquisitionsverfahren führte.[42] In seinem streitbaren Werk »Practica nova rerum Criminalium Imperalis saxonica in tres partes divisia« berief er sich auf Bodin und Delrio, teilte deren theologische Überlegungen. Insbesondere forderte er gleich ihnen die Ausweitung des Verbrechens auf jegliche Zauberei. Damit erwies sich die »Carolina« als nicht ausreichend, weil sie den Richtern einen zu großen Ermessensraum zubilligte und den Skrupeln menschenfreundlicher Gerichtsherren Vorschub leistete. Geeigneter zur unnachsichtigen Verfolgung erschien Carpzov das sächsische Partikularrecht, das für alle schweren, die Ruhe und Ordnung des Staates störenden Verbrechen den Inquisitionsprozeß bindend vorschrieb. Bei den geringsten Anzeichen einer teuflischen Verschwörung verpflichtete Carpzov die Richter zur Eröffnung eines Verfahrens und der uneingeschränkten Anwendung der Folter. Sein maßgeblicher Einfluß führte im 17. Jahrhundert zu einem erneuten Aufflammen der Hexenprozesse, vor allem in den protestantischen Ländern. Die den Richtspruch fällenden Amtmänner beriefen sich auf die verschärften Kriminalordnungen ihrer Territorialherren. Zugleich waren sie verpflichtet, das Gutachten einer juristischen Fakultät einzuholen, die den Spruch zu überprüfen und vor allem den Rechtsgang zu beurteilen hatte. Mit der Berufung auf Carpzov, seine große Rechtsautorität und juristische Erfahrung, zeigten die gelehrten Professoren der Universitäten, daß sie willig und ohne Einwände, den immer deutlicher vernehmbaren Widerstand überhörend, das Erbe der Dominikaner angetreten hatten und eigenverantwortlich und selbständig die Mordbefehle zu unterzeichnen bereit waren, um schließlich daraus einen einträglichen Lebenserwerb zu gründen. Sie waren es, die der Jesuit Friedrich von Spee in seiner »cautio criminalis« brandmarkt, »die Juristen, die nach und nach herausgefunden haben, daß es ein sehr einträgliches Geschäft sein müßte, wenn ihnen die Hexenprozesse anvertraut würden, und sich deshalb um dies Amt bewerben. Alsbald machen sie dann unter dem Anschein der tiefsten Frömmigkeit der Obrigkeit große Angst, wenn sie nicht gegen Hexerei wütet. Dabei durchschaut natürlich keiner ihre wahren Ziele.«[42]

Lehrlinge des Satans:

Die Zauberer und ihre Kunst

An einem Wintertag des Jahres 1610 erschienen vor dem Amtsvogt zu Amelinghausen zwei Männer und zwei Frauen, die über geheimnisreiche Vorfälle Klage zu führen hatten. Pflichtgemäß protokollierte der Vogt die vorgebrachten Beschwerden, die der Egestorfer Kantor und Heimatforscher Schulz etwa 300 Jahre später in einem Archiv entdeckte und als Beleg für die barbarischen Prozesse des Mittelalters für seinen heimatverbundenen Leserkreis in verständliche Form brachte.[1] Dort lesen wir, daß Michael Otten über sein krankes Kind klagte: Sieben Wochen schrie es des Nachts in seinem Bett, bis endlich eine Frau, Anneke Stehrs, sich erbot, bei einem Weibe in Lüneburg Hilfe zu holen. Dafür hatte Michael Otten ihr Roggen, Speck, Brot, Honig und Schinken gegeben. Es war damals von Anneke Stehrs versprochen worden, es der kundigen Frau zu überbringen. Gebettelt hatte die Stehrs, und als er dessen überdrüssig geworden, geflucht und sie bedroht. Er wollte wissen, wo die Gaben geblieben waren und selbst mit nach Lüneburg gehen. Das wollte die Stehrs natürlich nicht. Schließlich war es dann mit dem Kind besser geworden.

Anneke Bargmann trat darauf vor den Vogt. Sie erklärte: Beim Hüten ihrer Schafe war Anneke Stehrs Mann mit der Drohung auf sie zugekommen: »Deine Schwester hat in meinem Land gepflügt, wie ein ehrloser Sock und das soll ihr den besten Ochsen kosten!« Kurze Zeit später erkrankte der Ochse. Sieben Wochen konnte er nicht stehen noch gehen, im Liegen mußte er fressen, bis das Tier schließlich verreckte. So war es gewesen und könnte von ihr mit einem Eid beschworen werden.

Als nächste gab Peter Lüdemanns Ehefrau zu Protokoll, daß sie vor 15 Jahren, damals noch in Oldendorf wohnend, das Unglück unter den Kühen hatte. An den Tieren war kein Gedeihen, nicht eine Kuh hatte sie melkend bekommen, und auch sonst war eitel Ungemach. Die Mutter von des Müllers Christopher riet ihr, doch Anneke Stehrs zu gebrauchen. Sie tat das, gab den Schwestern Stehrs, Anneke und Barbara, Speck, Brot, Flachs und Grütze. Da ward es besser mit den Kühen.

Als letzter machte Ripke Lührs seine Aussage. Auch er hatte Ärger mit den Stehrs, freilich nicht ohne Grund. Wegen einer kleinen Schuld hatte er Barbaras Schwestermann durch den Vogt pfänden lassen, darüber war Barbara Stehrs so erzürnt gewesen, daß sie seinen Schweinen etwas angetan, die sodann wie toll auf dem Rükken lagen und nur noch liegend fraßen. Trotz seines Verdachts gegen die Stehrs bat er sie um einen Segensspruch, dazu fand sie sich bereit, dreimal bötete sie mit gutem Erfolg. Doch dann kam das Ungemach auf sein Kalb, sie hatte es heimlich besehen, wonach es krank wurde. Noch einmal ersuchte er sie zu helfen, doch sie sagte: »Es ist zu spät, sei zufrieden, daß dir nichts Aergeres widerfährt.« Später aber wehrte sie dann doch das Unglück seiner Kühe ab.

In einer Randbemerkung fügte der Vogt dieser Aussage noch eine Erklärung hinzu. Barbara Stehrs, so wußte er, war vor etlichen Jahren beim Pastor zu Embsen als Magd in Stellung gewesen. Dort hatte auch ein als Erzzauberin berüchtigtes Weib gedient, das erwiesenermaßen den ehrenwerten Pastor Adam zu Amelinghausen vergiftet hatte und deshalb in Winsen verbrannt worden war. Beide Frauen waren Schlafgenossinnen gewesen, woraus der Vogt folgerte, daß Barbara die Zauberkunst wohl von diesem Weib erlernt hatte.

Die vorgebrachten Anzeigen der Denunzianten ergänzte der Vogt noch mit ihm offensichtlich zu Ohren gekommenen, weiteren Vorwürfen. Der Knecht Heinrich Thies, so lesen wir, hatte ein Ackerstück seines Bruders gepflügt. Dieses Land hatte vor etlichen Jahren der Mann Anneke Stehrs' unter dem Pflug gehabt, folglich war sie darüber erzürnt, weil die Thiesens das Land an sich genommen hatten. Heinrich hörte deutlich eine schreckliche Drohung, die auf furchtbare Weise in Erfüllung ging. Sein Bruder verfiel in eine jämmerliche Krankheit und wurde an Leib, Händen und Füßen so hart geplagt, »daß ihm nicht anders zu Sinn gewesen als läge ihm ein Pflug auf dem Leibe und müßte er auf dem Rücken liegend von seinem Hause auf seines Nachbars Feld kriechen«. Schließlich lag er todkrank danieder. Der Nachbar Heinrich Müller forderte darauf die beiden Zauberschen auf, zu dem Geplagten zu gehen und sich mit ihrem Widersacher zu vertragen, doch sie gaben vor, nicht kommen zu können.

Nachdem der Amtsvogt die Anzeigen gehörlich aufgenommen, übersandte er das Protokoll an seinen Vorgesetzten, den Amtmann Karstadt in Winsen. Nach Recht und Gesetz leitete dieser nun die förmliche Ermittlung ein und verfügte die gefängliche Einziehung der verdächtigen Schwestern. Als erste wurde Anneke Stehrs verhört, zunächst gütlich und – da sie offenkundig zu einem vollständigen Geständnis nicht bereit war – erfolgte die »peinliche Frage«. Gemartert gestand sie und ward sogleich dem Nachrichter übergeben, der sie vor den Toren der Stadt zu Asche verbrannte.

Die jüngere Schwester Barbara war noch immer in Haft. Am 9. Februar 1611 stand auch sie vor dem Richter, dem sie angesichts der Marter sogleich ihre Schandtaten gestand: Ja, sie hätte, angelernt von der verbrannten Zauberin in Embsen, geb öt et, doch Böses wollte sie nicht getan haben. Diese Einschränkung erzürnte den Amtmann, der nun dem Nachrichter den Befehl erteilte, die Verstockte zu foltern. Das Protokoll des Geständnisses ist erhalten. Siebenunddreißig Fragen mußten beantwortet werden:

»1) Saget ihr Buhle hieße Hans.

2) Saget, das Weib, so sie zu den Buhlen gebracht, hieße Gesche Olderlands und habe gewohnt in Lüneburg bei der Kämmerei und ist nun tot. Diese habe sie vor 9 Jahren an einem Donnerstag abend zu Amelinghausen in ihres Vaters Hause zu ihm gebracht.

3) Der Buhle sei ein Jungkerl gewesen und habe einen roten Bart, schwarze seidene Kleider mit blanken güldenen Knöpfen und einen linken rugen Hundefuß, einen weißen Hut mit schwarzem Band und Silberbeschlag, darauf drei weiße Kronsfedern gesteckt gehabt.

4) Saget, ihr Buhle wäre in ihres Vaters Hause, wie er noch gelebet, bei ihr gewesen und hätte ihr einen halben Taler gegeben und zugesagt, er wolle sie nehmen und wäre oft in der Woche zu ihr gekommen.

5) Sie hätte mit ihrem Buhlen am Donnerstag in den Karten gespielt. Sie hätte drei, er vier Blätter gehabt. Er hätte gewonnen und hätte ihr oft Geld gebracht, beizeiten halbe Taler, beizeiten 2 Schilling und 1 Schilling.
6) Das Geld hätte er aus Sarstedten Hause und aus dem güldenen Stüver in Lüneburg geholt.
7) Saget, ihr Buhle sei auch einmal zu ihr ins Gefängnis gekommen und habe mit ihr gebuhlet und wäre die Natur kalt gewesen.
8) Bekennet, ihr Buhle hätte ihr Pulver zugebracht, so rot gewesen, wozu er schwarzen Hahnen und Hahnenfeddern, quade Poggen und Lindwürmer genommen, welche er in seinem Namen auf dem Herde zu Pulver gebrannt und auf dem Holz klein geklopft.«

Die Fragen eins bis acht machen die Notwendigkeit zur Anwendung der Folter deutlich, denn die klageführenden Denunzianten hatten über den Buhlen, den Teufel also, nichts berichtet. Sie brachten lediglich den Schadenzauber zur Anzeige, über die Teufelsbuhlschaft und den Umstand des unseligen Verkehrs mit dem Leibhaftigen konnten sie keine Aussagen machen. Kirchlicher Aberglaube war zu Recht erstarrt, die gelehrten Juristen hatten die Vorstellungen des »Hexenhammers« übernommen und in einem praktikablen Fragenkatalog zusammengefaßt. Durch die Folter unterstützt, konnten damit Punkt für Punkt die Verbrechen abgefragt, bei unklaren Bekenntnissen nach der Ursache des schändlichen Tuns insistiert werden. Vor allem galt es, das verwerfliche Bündnis mit dem Teufel nachzuweisen, das seinen Ausdruck in der Übergabe des unheilstiftenden Pulvers aus Hahnenfedern, Fröschen und Lindwürmern durch den Teufel an seine Anhänger fand. Für das mit diesem Pulver gestiftete Unheil gab es reichlich anklagende Zeugen, doch das Gericht – zur absoluten Wahrheitsfindung verpflichtet – ließ es bei den Zeugenaussagen nicht bewenden, die quetschenden Beinschrauben, das streckende Brett, die piksende eiserne Jungfrau beförderten zumeist noch weitere Schandtaten.

Fünfundzwanzig Zauberverbrechen gestand Barbara Stehrs. Sie hatte nach eigenem Bekenntnis Kühe, Pferde, Schweine zum Tode gebracht, darüber hinaus Äcker unfruchtbar gemacht, Menschen mit Krankheit und Tod belegt. Schließlich gestand sie ein bislang unentdecktes, wohl nicht der Phantasie entsprungenes Verbrechen: »Magdalena Hoyers, eine Bademutter aus Lüneburg, hätte vor 5 Jahren ihrem Schwager Christoph Niemann ein klein Kind gebracht. Dafür hätte Jürgen Meyer, ein Höker bei den Schrangen in Lüneburg, ihm jährlich 10 Mark zur Zehrung zugesagt. Zwei Jahre hätte ihr Schwager das Geld bekommen. Als Jürgen Meyer aber das dritte Jahr das Geld nicht hatte ausgeben wollen, hätte sie das Kind mit Pulver in einer Büchse Milch vergeben und es sei vor 2 Jahren verstorben. Des Kindes Mutter hätte Lisbeth geheißen und wäre hernach von Lüneburg gen Hamburg gezogen, wer aber des Kindes Vater gewesen, wußte sie nicht.«

Damit war freilich der Verbrechenstatbestand noch immer nicht vollständig. Keine Zeugen gab es für den notwendigen Nachweis der Luftflüge und des Hexensabbats auf dem Blocksberg. Auch hier ermunterte die Folter zum Geständnis; nach gehöriger Drehung der Beinschrauben bekannte Barbara Stehrs schließlich auf die 35. Frage: »Wenn sie nach dem Blocksberg gewollt, so hätte sie sich mit schwarzer Salbe den ganzen Leib eingeschmiert und hätte sich auf ihren Kumpan, der schwarz gewesen und drei Füße gehabt, gesetzt und wäre durch ein Loch bei der Missentür in des Teufels Namen dahingefahren.«[2] Der Gebrauch einer derart beflügelnden Paste mußte, um das Verbrechen vollständig zu machen, unterstellt werden. Die Stehrs machte keine Angaben über die Ingredienzien der Salbe, andere Protokolle nennen das Fett ungetaufter Kinder, giftige Schlangen, Eidechsen, Kröten und Spinnen.

Die Existenz einer Zauberpaste war nicht neu. Bereits im 2. nachchristlichen Jahrhundert beschrieb Lucius Appuleius eine Salbe, mit der sich ruchlose Weiber beschmierten, zwar nicht, um sich in die Lüfte zu begeben, wohl aber vermochten sie sich damit in Tiere zu verwandeln. Aber ihm waren auch als hervorragender Kenner der griechischen Literatur die thessalischen Weiber bekannt, die mit einer Salbe aerodynamische Gesetze überwanden.[3] Denkbar ist, daß im Altertum Rauschpflanzen wie Schlafmohn, Wolfsmilch, Schierling, Bilsenkraut und Stechapfel nicht nur in der ärztlichen Medikation gebraucht, sondern auch von männlichen und weiblichen Konsumenten für halluzinogene Trips benutzt wurden, die vermutlich den Eindruck des Fliegens hervorriefen.

Für die christliche Vorstellung der Hexenflüge waren jedoch die pflanzlichen Extrakte von untergeordneter Bedeutung. Die von den Gelehrten der Kirche erdachte Hexensalbe mußte theologisch begründet werden, und folglich konstruierte man in einer umständlichen Beweiskette einen biblischen Ursprung dieses teuflischen Mittels. Bereits Epiphanius hatte über das ekelerregende Phibionitenmahl berichtet, eine Speise aus gesottenen Kindern, Honig und Gewürzen. Damit, so hatte er erklärt, sollte das Böse eingesammelt und Archon entzogen werden. Als es nun galt, die Katharerverbrechen auf das Zauberunwesen umzudeuten, veränderte man die Phibionitensalbe zu einer Flugsalbe. Dabei halfen den phantasievollen Verbrechensschöpfern die Legenden und Vermutungen der Kirchenschriftsteller über den angeblichen Stifter der Gnosis. In der Apostelgeschichte fanden sie in Simon Magus den Erzzauberer, dem sie die Gründung der teuflischen Sekte der Gnostiker unterstellten. Im 9. Vers des 8. Kapitels der Apostelgeschichte wird über das zauberische Treiben dieses Magiers, der das »samarische Volk bezauberte und vorgab, etwas Großes zu sein«, berichtet. Die Apostel – so lesen wir dort – bekehrten das Volk, indem sie die Hände auf die Häupter der Menschen legten und damit den Heiligen Geist in sie fahren ließen. Simon war von diesem Wunder tief beeindruckt, erbat die Taufe und ersuchte die Apostel, ihm für eine gehörige Geldsumme diese segensspendende Kunst zu verkaufen. Der Zauberer Simon, der die Taufe empfangen, zugleich durch den vorgeschlagenen Handel sein Heidentum aber nicht verleugnet hatte, erschien den Kirchenschriftstellern als biblische Symbolfigur der heidnisch-christlichen Gnostiker. Folglich machten sie ihn zum Stifter der teuflischen Gnosis, ergänzten die kargen Mitteilungen des Paulus mit Legenden und Vermutungen. Von den Aposteln für unwürdig befunden, so behaupteten sie, hätte Simon sein böses Treiben fortgeführt, und – um sich dem Heiland gleichzusetzen – vor seinen Anhängern eine Himmelfahrt inszeniert. Dazu hätte er, so erzählt die Legende, eine Flugsalbe benutzt, die jedoch seinen Tod bewirkte. Daß der Teufel Luftflüge bewerkstelligte, hatte auch der heilige Thomas biblisch belegt. Danach war Christus vom Leibhaftigen auf die Zinnen des Tempels getragen worden.[4]

Für den prozeßrelevanten Nachweis der schuldhaften Anwendung einer Flugsalbe schuf man nun aus den Nachrichten der Alten jene Büchse schwarzer Salbe beziehungsweise die Rezeptur eines Mittels, das der Teufel den Zauberern übergab. Freilich, der Beweis für die Existenz eines solchen Gebräus war nur mit Hilfe der Folter zu erzwingen, denn mit Sicherheit hatte keiner der unglücklichen Verdächtigen jene Salbe zusammengerührt, von der zum Ende des 15. Jahrhunderts Johannes Nider im »Formikarius« – das Phibionitenmahl vor Augen – berichtete: »Es ging allgemein das Gerücht, wie der Richter Petrus Boltingen berichtet, daß im Berner Land dreizehn Kinder von Hexen verzehrt worden seien. Auf die Frage des Richters, auf welche Weise sie die Kinder verzehrten, antworteten sie: Besonders stellten wir eben noch nicht getauften Kindern nach, aber auch den Getauften, besonders wenn sie nicht mit dem Zeichen des Kreuzes oder durch Gebete geschützt waren. Diese töten wir, wenn sie in der Wiege oder an der Seite der Eltern liegen, durch unsere Zeremonien, und während man glaubt, daß sie erdrückt oder sonst aus einem Grunde gestorben sind, stehlen wir sie heimlich aus der Gruft und kochen sie in einem Kessel bis nach Ausscheidung der Knochen das ganze Fleisch fast trinkbar flüssig wird. Aus den festen Stoffen machen wir Salben, um unsere Wünsche, Kunst und Fahrten bequem ausführen (zu) können . . .«[5]

Aus dem Gelehrtenwissen, den Kenntnissen arabischer Medizin wurden zuweilen weitere Rezepturen zusammengestellt, um sie nach insistierender und suggestiver Frage durch die ahnungslosen Opfer bestätigen zu lassen. Für die Männer der Kirche bestand die Salbe aus Kinderfett, doch die weltlichen Gelehrten suchten nach glaubwürdigeren Zusammensetzungen. In Hartliebs »Buch aller verbotener Kunst« des Jahres 1456 wird eine solche, zweifellos nicht beflügelnde Rezeptur aus sieben Entsprechungskräutern für die sieben Wochentage kreiert: »Die Hexen prechen yeckliches Kraut an einem Tag, der demselben Kraut zugehört, als am sundag Solsequium (Wegwarte) am montag Lunarium (Mondraute) am erctag verbenam (Eisenkraut) am mittwoch mer curialem (Bingelkraut) am pfinztag barbam jaris (Hauswurz) am freitag capillos veneris (Frauenhaar).«[6] Freilich, gelehrtes Drogenwissen mag zuweilen in den Zauberschatz des ungebildeten Volkes gelangt sein, nicht als Rauschmittel, sondern – in Unkenntnis der Wirkung – als Sympathiemittel. So bekannte 1538 eine Hexe in Pommern, »daß sie es einem Manne angetan habe, indem sie ihm Erde vom Grabe des ertrunkenen Scharfrichters, zusammen mit Knochen von einem Totenschädel, Bilsensamen, Salz und ihren Genitalhaaren heimlich in die Schuhe legte. Die Folge war, daß der so Bezauberte ihr nachlaufen müßte.«[7] Bilsensamen waren auch in einem Goslaer Hexenprozeß die Ursache einer Schädigung, hier ebenfalls nicht als Rauschdroge oder gar Zutat für eine Flugsalbe verwendet, sondern die schädigende Person hatte den Samen zwischen zwei Liebende gesät, die sich dadurch fortan hassen mußten.

Wissenschaftler des 19. Jahrhunderts sahen in dem Konsum von Rauschmitteln eine Erklärung des mittelalterlichen Hexenwahns. Als Nachweis dieser mittelalterlichen Drogenwelle, der mit Hilfe des Zaubereiparagraphen begegnet worden wäre, führten die Gelehrten die Wirkung des Stechapfels an. L. Mejer glaubte, daß nach Einnahme des Stechapfels der Berauschte den Eindruck des Fliegens erlebte und so die Geständnisse der Hexenflüge zu erklären wären.[8] Dem widersprachen die Naturwissenschaftler, die nachzuweisen vermochten, daß diese Pflanze im 15. und 16. Jahrhundert in Europa noch äußerst selten vorkam, erst im 18. Jahrhundert einigermaßen häufig verbreitet war.[9] Es sind also Zweifel geboten, Drogenwissen als Bestandteil oder gar Ursache des Hexenglaubens anzunehmen. Die die Hexenschmier oder schwarze Salbe betreffenden Protokollpunkte entlockten den Gefolterten keine wirkungsvollen Rezepturen, mit einer Ausnahme: In zahlreichen Verhören gestanden die Beschuldigten, auf dem Blocksberg reichlich Bier genossen zu haben. Diese Droge erfreute sich allerdings allgemeiner Beliebtheit, und folglich stiftete der Teufel den versammelten Hexen einige Fässer des schmackhaften und berauschenden Getränkes. Nicht vom Teufel verführt, sondern in der Absicht zu panschen, setzten die Brauer zuweilen dem Bier rauschbefördernde Kräuter hinzu, die nicht selten auch gesundheitsschädigende Wirkung hatten. Um diesen Verfälschungen Einhalt zu gebieten, erließen die Landesherren Reinheitsgebote beziehungsweise legten die Rezeptur fest und sorgten für eine Überprüfung der Brauereien.

Doch kehren wir zurück zum Schadenzauber, zu den Schwestern Stehrs in Amelinghausen. Allein Barbara gestand, 14 Stück Rindvieh, 2 Pferde, 2 Schweine, 1 Kind, 2 Menschen, einen Acker und zwei wertvolle Eichen geschädigt zu haben. Die ländliche Bevölkerung fürchtete sich vor allem vor dem Zauber, der Tiere, Äcker und schließlich das Wetter betraf. Die Protokolle zeigen, daß entsprechend der Wertvorstellungen der Dörfler besonders diese Schäden angezeigt wurden. In der Lüneburger Heide war das Rindvieh ein sehr wichtiger Bestandteil der Landwirtschaft, weniger als Einnahmequelle, sondern mehr als Helfer bei der Rekultivierung des kargen Heidebodens, der durch die sogenannte »Plaggenwirtschaft« in fruchtbaren Ackerboden verwandelt wurde. (In den Ställen standen die Rinder auf Heideplaggen, die, gut durchgemistet, auf die Anbaufläche gebracht wurden.) Ein großer Rindviehbestand war somit in den Heidegebieten die Voraussetzung eines bescheidenen Auskommens. Möglicherweise ist die große Zahl der verhexten Rinder im Lüneburgischen ein Beleg dafür, daß die Hexen gerade die existenziellen Dinge der Menschen schädigten. Auch in den Städten lebte der größte Teil der Bevölkerung von einer bescheidenen Landwirtschaft, doch zeigen sich hier Abweichungen von den ländlichen Schadenzaubervorfällen. Hier traktierten die vermeintlichen Hexen vornehmlich die das städtische Leben prägende Nachbarschaft, wobei vor allem mit Leibesgebrechen geschädigt wurde. 1627 klagte der Metzgermeister Schumm vor dem löblichen Rat der Stadt Schweinfurt über seine Nachbarin, »weil sie ihn bestialisch angegriffen mit Schimpf und Scheltworten, so daß er jämmerlich gelähmt sei«.[10] Andere städtische Zaubervorkommnisse entstanden häufig durch mißglückte Kuren bei der Krankenpflege: Ebenfalls in Schweinfurt pflegte die Witwe des Christian Jaeger eine an Fieber erkrankte Person – ohne Erfolg. Das schien verdächtig, zumal sie die sechsjährige Tochter ihrer Nachbarin an einen Tisch gebunden und mit einem Kleid bedeckt hatte. Seit diesem Tag war das Kind »albern und aberwitzig«.[11] Daneben bewahren die Ratsarchive zahlreiche Protokolle über durch Zucht- und Sittenlosigkeit ausgelöste Hexenbeschuldigungen. In Eßlingen wurde Hans Wild Schneider eingezogen, weil er in gottloser Weise seine Stieftochter mißbraucht und als arger Fresser und Säufer aufgefallen war. Nach eigenem Bekenntnis hatte er, wohl im Delirium tremens, den Teufel gesehen.[12]

Eine städtische Besonderheit war die Bezichtigung teuflisch infizierter Kinder, deren Streiche und Ungehorsam zur Anzeige gebracht wurden. »Etliche Bürger zu Wertheim« klagten 1628 vor der Herrschaft gegen einige Kinder der Stadt. »Obwohl der leidige Satan«, so lesen wir in der Einleitung des Verfahrens, »Gottes und aller Menschen abgesagter Feind, nach seinem Abfall von Gott viel unnatürliche Gräuel und verdammliche Sünd ins menschliche Geschlecht gebracht und unter seinen Adhaerenten mehr und mehr häufet und fortpflanzet, so finden wir doch bei der jetzigen sehr bösen Welt keine gemeinere, größere, verderblichere und bei Gott verhaßtere Sünd als die teuflische verfluchte Zauberei und erschrecklichen Abfall von Gott, unserem Schöpfer und Erlöser, welches Uebel vor wenig Jahren durch Verhängnis Gottes allenthalben, dermaßen zugenommen, daß sie nunmehr aller Orten im öffentlichen Schwang und also dahin gehet, daß auch, Gott seis geklagt, die Kinder und Schüler sie lernen und practiciren wissen. Inmaßen wir mit Entsetzen müssen hören, und deshalb mit Eltern wegen ihrer verführten und zum Abfall gebrachten, auch hingerichteten Kinder, deren Blut über Eltern und Obrigkeit um Rache zum Himmel rufet, billiges Mitleid haben sollen ... Von ihrem Meister angetrieben, stifteten die Kinder durch göttliche Zulassung allerlei Ungewitter, Hagel, Frost.« Freiwillig, das heißt ohne die Anwendung der Folter, jedoch unter Anwesenheit des gestrengen Schulrektors bekannten die Kinder ihre Untaten. Ursula Hofmann gab zu Protokoll, sie hätte »Fahren gelernt auf Besen und Läus und Flöhe machen«. Des weiteren gestanden die Kinder Unzucht und schließlich, Giftpillen den Eltern in das Essen getan zu haben. Die Verhöre der Kinder schlossen zunächst mit der Hinrichtung jener Männer und Frauen, die die Kinder verführt hatten. Wie viele Kinder hernach noch verbrannt wurden, ist zweifelhaft; in der Einleitung wird jedoch erwähnt, daß nicht nur die Verführer, sondern auch ihre kindlichen Opfer den Tod fanden.[13]

In den frühen Hildesheimer Zaubereiprozessen wurden offensichtlich ausschließlich Giftmorde geahndet. Am 15. Januar 1477 wurden zwei Frauen wegen Zauberei verbrannt. Sie hätten, so lautete der Vorwurf, »Gift gemacht, dar lude von gestorven weren«.[14]

Auch als Zauberer wurden 1496 zwei Männer gerichtet, deren Verführungskünste ihnen zum Verhängnis geworden waren, »dan sie konden mit over duvelschen kunst alle frauwen und jungfrauwen to falle bringen«.[15] Es ist dies eine Komponente des Schadenzaubers, die häufiger in den Prozeßakten der Städte erscheint. 1513 erbat die Moellersche bei Gesche vam Hus, die als »eyn fruwe van eventur«, also als kundig im Glück und Unglück, Hilfe zu ihrem Liebesglück. Die Moellersche begehrte den Bürger Hans Peppersack, und um seine Gunst zu erlangen, sollte die Gesche vam Hus zauberisch tätig werden, die daraufhin ihre Gehilfin Gesche Grotehopper beauftragte, aus dem alten Beinhaus vom Kirchhof einen Totenkopf zu besorgen. Aus der Schädeldecke brannte sie darauf ein Pulver, das in den Totenkopf geschüttet, und dieser wurde dann unter der Kammertür des Opfers vergraben. Der Erfolg blieb nicht aus: Hans Peppersack mußte der Moellerschen »nalopen alse eyn dull hunt«. Die Verhöre ergaben, daß Gesche vam Hus im Liebeszauber eine Meisterin war und etliche Frauen in ihrem Kummer bei ihr Rat eingeholt hatten. Ihre Vorschläge, Männerherzen entbrennen zu lassen, umfaßten einen weiten Katalog liebesbefördernder Mittel, die nun vor dem Gericht der Zauberin entlockt wurden. Aber auch rächende Gerechtigkeit war ihr Werk gewesen, der Richerschen hatte sie ein Mittel geraten, das dem ungetreuen Ehemann und dessen Kebsweib eine böse Geschlechtskrankheit angetan hatte. Die Protokolle enden mit einer Rechnungslegung des kostspieligen Prozesses, von der der Posten »zehn Stiege wasen, do men die wive brande« den geringsten Teil der Auslagen ausmacht.[16]

Ein weiteres Mittel, schädigenden Zauber auszuüben, wurde in den Apotheken gekauft und zeugt nicht von großem Kräuterwissen der »Toverschen«. Sie erwarben Rattenpulver, um es beispielsweise einem Kind in einen Kringel einzubacken oder es einem schmackhaften Kohlgericht für den Knecht eines Bürgers beizumischen.[17] Daß aus nachbarschaftlichem Hader, Neid und Mißgunst, Kinderstreichen, Liebeshändel und Flegeleien Hexenbezichtigungen wurden, ist allein der Folter zuzuschreiben, die aus tatsächlichen Verbrechen, aber auch aus überliefertem Hokuspokus den Verbrechenstatbestand »handhaft« machte.

Am 6. Juni 1615 erschienen vor dem Hildesheimer Bürgermeister Georg Dethmers die Vormünder der Kinder des verstorbenen Meisters Peter Krüger und erbaten die Einvernahme des Gesellen Heinrich Kirch. Der Vorwurf lautete, er hätte das Erbe der Kinder durch Diebstahl geschmälert. Gütlich befragt gestand dieser, aus einer Lade

Schmuckstücke, Leinen und Kleidungsstücke gestohlen zu haben. Doch für die Richter war dieses Bekenntnis nicht ausreichend. Sie hatten gehört, daß der Knecht verdächtigt wurde, an Spukgeschehnissen im Hause des Meisters Krüger nicht unbeteiligt gewesen zu sein. Die Gefahr offensichtlich ahnend, verweigerte der Beschuldigte die Aussage. Dies war Grund genug, ihn ein wenig mit den »Stiefeln« und schließlich mit der »Leiter« zum Geständnis zu nötigen. Er hätte, so erklärte der Gepeinigte schließlich, gemeinschaftlich mit einem lahmen Schüler im Hause des Meisters des öfteren »Polterei und Spukerei« inszeniert, um sich damit für die »große Überlast und schlecht Kost« zu rächen, womit er zugleich die Diebereien zu erklären versuchte. Zu diesem Zweck wären sie auf dem Boden herumgesprungen, hätten Katzenjaulen imitiert und die ängstlich herbeigelaufenen Nachbarn mit Steinen und Lehm beworfen. Einmal, so gestand er ferner, hätten sie eine Katze in eine Lade gesperrt, als nun der Meister diese Lade kontrollieren wollte, wäre das Tier fauchend herausgesprungen. Überdies hätten sie ein andermal eine Katze totgeschlagen, ihr Lumpen ins Maul gesteckt, um damit dem Meister zu beweisen, daß das Teufelsuntier seine Habe gefressen hätte und nun an diesem Fraß verreckt wäre. Den verharmlosenden Einlassungen des Beklagten, es handelte sich nur um bübische Streiche, schenkte das Gericht keinen Glauben. Nach erneuter Folter und entsprechend insistierenden Fragen wurde aus der Katze ein Werwolf. Schließlich gestand der Knecht, vom lahmen Schüler einen Gürtel empfangen zu haben, der auch ihn in einen Werwolf verwandelt hätte. Damit war das Urteil gefunden, Heinrich Kirch den Flammen übergeben. Der lahme Schüler hingegen konnte der Sühne entgehen, das Protokoll bemerkt, daß er entwichen sei.[18]

Erschreckende Schadenzaubervorfälle vermeldete auch die Geistlichkeit, Johannes Nider im »Formicarius«, Heinrich Institoris in seinem »Hexenhammer«. Ihre wissenschaftlichen Traktate sind gefüllt mit eigenen Erfahrungen sowie Berichten von Amtsbrüdern und Beichtkindern über das Wirken des Leibhaftigen, der sich in seinen bösen Werken dem Christenvolk offenbart und insbesondere mit der Verführung zum Schadenzauber seine Anhängerschaft an sich bindet. Im zweiten Teil des »Hexenhammers« widmet Heinrich Institoris diesem Hauptverbrechen der Hexen seine besondere Aufmerksamkeit. In Fallbeispielen erläutert er die Praktiken der Unholde, dokumentiert die Arten der Schädigungen an Leib und Leben unschuldiger Menschen, an Tieren und schließlich die böse Kunst, Hagelschlag und Gewitter zu bewirken und sogar Blitze auf bestimmte Ziele zu schleudern. Es ist eine Zusammenfassung aller möglichen Untaten, wobei eine Kategorie des Verbrechens das besondere Interesse der frommen Männer erfuhr, die zwar in den Anzeigen der denunzierenden Bürger und Ländler kaum eine Rolle spielte, wohl aber von den Geistlichen mit großer Sorge betrachtet wurde. Hexen, so befanden sie, pflegten – geleitet von Eifersucht und Neid – mit besonderer Vorliebe das »eheliche Werk« glücklich Liebender zu stören, indem sie Unfruchtbarkeit und Impotenz zu erregen wußten. Vornehmlich schwangere Frauen und zeugungsfähige Männer waren von den Angriffen der Hexen betroffen. Zum Beleg dieser Gefahr schildert Institoris das Unglück einer adeligen Dame in Reichshofen. Dort lebte eine besonders berüchtigte Hexe, die durch bloße Berührung und zu jeder Stunde zu hexen und vor allem Frühgeburten zu bewirken verstand. Als nun besagte adelige Dame schwanger war, warnte die zur Pflege bestimmte Hebamme eindringlich vor den schwarzen Künsten dieser Hexe und empfahl ihrer Herrin, das Schloß nicht zu verlassen, um nicht in die Gefahr einer Unterredung oder gar Berührung mit dem bösen Weib zu kommen. »Uneingedenk jener Warnung«, so berichtet Institoris, verließ die Schwangere jedoch das Schloß, »um einige Frauen in einer Gesellschaft zu besuchen. Als sie dort eine Weile gesessen, kam die Hexe dazu und berührte die Herrin, wie um sie zu begrüßen, über dem Bauche mit beiden Händen. Plötzlich bemerkte sie, daß sich das Kind in schmerzhafter Weise bewegte. Als sie erschreckt darüber nach Hause zurückkehrte und die Sache der Hebamme erzählte, rief diese: »Wehe, nun hast du dein Kind verloren«, und wie sie es vorausgesagt, so zeigte es sich bei der Geburt. Denn sie tat keine eigentliche Frühgeburt, sondern gebar allmählich bald Stücke des Kopfes, bald die Hände und Füße . . .«[19]

Eine weitere teuflische Kunst der Hexen richtete sich – so lesen wir im »Hexenhammer« – gegen die Männer. Wehe, sie verschmähten das Liebesbegehren einer Hexenfrau, denn aus Rache vermochte diese mit Hilfe des Leibhaftigen jenes männliche Teil wegzuhexen, das sie lustvoll begehrte und bei einer Verweigerung Nebenbuhlerinnen nicht gönnen wollte. In Regensburg trug es sich zu, daß ein Jüngling sein Herz an ein Mädchen hing, doch nach einer geraumen Zeit ihrer überdrüssig wurde. Kaum hatte er sich von der Maid getrennt, verlor er sein »Männliches, so daß er nichts sehen und fassen konnte als den glatten Körper, worüber er beängstigt ward«. Zum Glück traf der junge Mann eine kundige Frau, die seinen Verdacht auf die verschmähte Braut lenkte und ihm riet, mit Gewalt sich zurückzuholen, was ihm einst gehörte. Mit einem Handtuch würgte der kastrierte Jüngling daraufhin das Mädchen, das erst nach einer intensiven Blaufärbung zur Rückgabe des Gliedes zu bewegen war. Sie berührte mit der Hand das Schambein und streichelte ihn zwischen den Beinen und sprach: »Nun hast du was du wünschest, und der Jüngling ... fühlte deutlich, bevor er durch Sehen und Fühlen sich vergewisserte, daß ihm das Glied durch die bloße Berührung wiedergegeben ward.«[20] Es soll dahingestellt bleiben, ob es Zauberkünste waren, die dem Jüngling seine Männlichkeit wiedergaben, oder ob die zärtliche Berührung so wundersam wirkte. Daß dies kein Einzelfall war, belegt der Bericht eines Paters »von ehrbarem Wandel«, der aus seiner Gemeinde in Speyer zu berichten wußte, daß ein Jüngling im Verlauf der Beichte plötzlich darüber zu wehklagen begann, daß ihm sein Glied abhanden gekommen war. Der Pater, der gottlob über die hexischen Untaten informiert war, befahl dem Jungen, die Hose zu öffnen und vergewisserte sich des Schadens. Alsdann riet er dem Unglücklichen, die im Verdacht stehende Frau aufzusuchen und mit freundlichen Worten um die Rückgabe zu ersuchen. Das geschah auch, und nach einigen Tagen konnte der Jüngling seinem Beichtvater stolz den wiedererlangten Inhalt seines Beinkleides vorweisen.[21] Nicht immer war es so leicht, ein entferntes Geschlechtsteil wiederzubekommen. Ein derart Beraubter hatte sich zur Rückgabe seiner Gesundheit an eine Hexe gewandt. Sie befahl dem Geschadigten, auf einen Baum zu steigen, und erlaubte ihm, aus dem dort befindlichen Nest, in welchem sehr viele Glieder lagen, sich eines zu nehmen. Als er ein großes nehmen wollte, sagte die Hexe: »Nein, nimm das nicht«, und fügte hinzu, »es gehört einem Weltgeistlichen.«[22] Institoris' Hinweis auf den großen Penis des Weltgeistlichen kam nicht von ungefähr, denn den nicht in die strengen Klosterregeln der Dominikaner eingebundenen Patres unterstellte man fröhliche Sinneslust, die offensichtlich den gestrengen Inquisitor mit Neid erfüllte.

Neid und Mißgunst, jenes nagende Gefühl, das nach Zerstörung dessen trachtet, was man begehrt und nicht erlangen kann, wird uns im Zusammenhang mit dem Phänomen des Schadenzaubers noch zu beschäftigen haben. Die Erfahrungen des in Brauch und Sitte städtischer Quartiere und dörflicher Gemeinschaften eingebundenen Volkes, daß neidische Nachbarn durch allerlei Künste den sozialen Frieden zu stören vermochten, griffen die Inquisitoren zum Beweis ihrer Hexentheorie dankbar auf, indem sie diesen Schadenzauber in den Mittelpunkt des Verbrechens stellten, wohlwissend, daß dieser Kreuzzug gegen vermeintliche Unruhestifter die Zustimmung einer breiten Masse fand.

In einer Zeit, da noch immer die Scheiterhaufen entzündet wurden und weltliche Gerichtsherren nach Recht und Gesetz angebliche Zauberer und Zauberinnen verurteilten, wagte es der Jesuit Friedrich von Spee, diese, zum Wahn eskalierte Massenhysterie mit streitbarer Schrift zu befehden. Die Zeit war freilich noch nicht reif, eine theologische Disputation zu eröffnen, sie hätte den philanthropischen Gelehrten zweifellos einen Ketzerprozeß eingebracht. In seiner »cautio criminalis« äußert er rechtliche Bedenken, die er mit der uneingeschränkten Anwendung der Folter begründet, unter der die gestandenen »Altweibergeschichten« wie ein Evangelium »in den Ohren der Richter klangen, die ohne Sachkenntnis, vor Eifer schäumend, nicht erkennen wollten, daß allenthalben nur Bosheit und Dummheit in den Prozessen herrschten«.[24] An die Adresse der Fürsten richtete er seine Mahnung, die Ursache des Wahns zu untersuchen, die er vor allem im »unvernünftigen, in der Regel auch noch neidischen und niederträchtigen Pöbel« erkannte, »der sich ungestraft überall mit Verleumdungen an seinen Feinden rächt und seiner Schwatzhaftigkeit nur durch Verunglimpfungen Genüge tun kann. Was darf man denn als besonnener Mensch noch mit gutem Gewissen glauben, solange nicht der öffentlichen Meinung mit harten Strafen die Freiheit, jeden zu verleumden, beschnitten ist? ... So ist es dem Volk schon zur Gewohnheit geworden: Wenn die Obrigkeit nicht sogleich auf jedes noch so haltlose Gerücht hin zugreift, foltert und brennt, dann zetert es alsbald hemmungslos, die Beamten hätten für sich selbst, ihre Frauen und Freunde zu fürchten; sie seien von den Reichen bestochen, alle angesehenen Familien der Stadt seien der Magie ergeben, man könne schon bald mit Fingern auf die Hexen weisen, – darum wage die Obrigkeit nicht einzuschreiten, und Ähnliches mehr, das deutlich zeigt, wie unerhört die Niedertracht des Pöbels ist. Sollte man nun diesen Leuten glauben dürfen, wenn sie sich gegenseitig der Hexerei beschuldigen, da sie ja sogar die Obrigkeit derart grundlos zu verleumden wagen? Doch wünsche ich, ich könnte nicht auch noch Diener der Kirche, Geistliche aus der oben besprochenen Gruppe nennen, die obendrein selbst solche Gerüchte der Leute über die Obrigkeit fördern, während es doch ihre Pflicht wäre, sie zu bekämpfen.«[24]

Die mutige Rechtskritik Friedrich von Spees fand ihre Resonanz, und jene, die ihm folgten und gegen die barbarische Unmenschlichkeit des kirchlich und weltlich sanktionierten Wahns schließlich offenen Widerstand leisteten, vermochten endlich die Flamme des Humanismus leuchten zu lassen, indem sie die Landesfürsten überzeugten, dem Treiben staatlicher Hexenkommissare Einhalt zu gebieten. Der mecklenburgische Herzog Adolf Friedrich II. war ein schönes Beispiel landesherrschaftlicher Fürsorge und menschenfreundlicher Gesinnung. Sein Kampf gegen den düstren Geist mittelalterlicher Strafrechtspflege wurde in den zahlreichen Verordnungen und Edikten seiner Regierung deutlich. Zauberei und Aberglauben blieben zwar strafwürdige Verbrechen, und die Amtmänner wurden in steter Wiederholung aufgefordert, derart gottlose Umtriebe nicht zu dulden und mit Geld- und Leibesstrafen zu ahnden, den Flammentod oder eine andere Lebensstrafe hatten die Frevler jedoch nicht mehr zu befürchten.[25]

Um die Wende zum 18. Jahrhundert gab es kaum noch Landesfürsten, die Hexenverfolgungen duldeten, und auch die Gelehrten erinnerten sich nur noch mit Scham ihres Beitrages an den Prozessen. Im Volk jedoch war der Glaube an schädigende böse Leute, die Menschen und Tieren Ungemach bereiten konnten, ungebrochen erhalten. Bei Störungen des sozialen Friedens in dörflichen Gemeinschaften suchte man weiterhin nach Schuldigen, denunzierte sie beim Amt oder ersuchte den Grundherrn um Wiederherstellung der nachbarschaftlichen Eintracht.

»Am 18. September 1702 erschien der Bauer Joachim Freitag aus Klein Rüntz vor dem Amtmann zu Stove und gab klagend zu Protokoll. Sein Nachbar Heinrich Voß beschuldigte seine Frau der Hexerei, entweder solle dieser das Gerede lassen oder den Beweis der Wahrheit antreten.« Die Behandlung dieser Angelegenheit durch den herzoglichen Administrator zeigt, wie sehr die Anweisungen des Herzogs Adolf Friedrich beherzigt wurden. Pflichtgemäß zitierte der Amtmann den Beschuldigten in das Amtshaus und erfuhr von dem beklagten Bauern Voß, daß dessen Tochter vor einem Jahr einen bösen Anfall bekommen hatte. Diese Ohnmachten hatten oft zwei oder drei Stunden gedauert, währenddessen das Mädchen die Frau des Nachbarn Freitag als Hexe benannt hatte. Wieder bei Sinnen, wußte sie von nichts und schob die Schuld für das Unglück einem Butterbrot zu, das die Nachbarin ihr vor einem Jahr einmal gegeben hatte. Der Vater bedauerte, daß sein Kind solche Aussagen machte, auch wußte er nicht, ob die Freitag einen Spruch gemacht, als sie das Brot übergeben hatte. Die Entscheidung des richterlichen Amtmannes macht die Rechtsunsicherheit jener Zeit deutlich. Die Bestimmungen der »Carolina« waren noch gültig, die Verordnungen des Landesherrn jedoch ermahnten zu einer vorsichtigen Behandlung derartiger Angelegenheiten. In diesem Sinne sprach der Amtmann die Freitag von der Anklage frei, um zugleich die Nachbarn zu ermahnen, Geduld zu haben und einander zu achten. Ohne Erfolg – denn am 20. November 1702 machte Freitag eine Eingabe an seinen Landesherrn, den Herzog Adolf Friedrich II.:

»Ew. Hochfürstliche Durchlaucht geruhen sich hiermit untertänigst vortragen zu lassen, wasmaßen ohngefähr vor anderhalb Jahren meines Nachbars Hinrich Vossens Tochter Dorthe mit meinen beeden Kindern im Felde gegangen und die Gänse gehütet, da sichs dan zugetragen, daß mitten im Felde auff der Erden diese drey Kinder drey kleine zusammen gewickelte Plünnen ansichtig geworden, von welchen jedes Kind derer Plünnen auffgenommen und besehen, worauff meine beyden Kinder selbe bald wieder weggeworfen, diese Dorthe Vossens aber den ihrigen behalten und bey sich gestecket; Kaum eine Viertelstunde hernach ist die gedachte Dorthe Vossens zur Erden gefallen, hat auch einen paroxismum bekommen und sich darin so abscheulich und entsetzlich gebährdet und angestellet, als wenn sie, Gott sey bey Unß! von dem Satan besessen wäre, welches sie von der Zeit an biß hierzu täglich continuiret, auch an bey sich unterschiedliche mahle verlauten lassen, ob hätte ihr meine Frau den Satan zugewiesen, welches auch ihre Eltern ohne den geringsten Grund und Beweiß meine Frau, von der ich doch niemals was böses oder verdächtiges gespüret, hier und da im Lande ausruffen und blamiren, daß dieselbe eine Hexe, und ihre Tochter bezaubert hätte. Wenn aber, gnädigster Fürst und Herr, meine Ehefrau ihres Christlichen Lebens und Wandels halber bey jedermann, Gott Lob, nach ihrer Art ein gut Gerüchte hat, gleichwohl an diesen falschen Bezüchtigungen höchst unschuldig leiden muß, welche mir und ihr heftig zu Gemüthe gehen, als ergehet an Ew. Hochfürstliche Durchlaucht mein unterthänigstes Suchen und Flehen, Sie geruhen den offterwehnten Hinrich Voßen nebst dessen Frau dahin ernstlich anhalten zu lassen, daß sie meiner Ehefrau die beschuldigte Hexerey wie Recht gründlich erweisen, wiedrigen Falls aber Ihnen bey nachdrücklicher Straffe ein perpetuum silentium desfalls imponiret sein solle.«

Der Brief stammte mit Sicherheit nicht aus der Feder des Bauern, ein gebildeter Anwalt oder Geistlicher wird ihn aufgesetzt haben. Die Antwort des Herzogs ist leider nicht erhalten, ein Prozeß wurde jedoch nicht eröffnet. Die Beschwichtigungen des Amtmannes, der den streitbaren Nachbarn zur Güte und zum Verständnis für das kranke Kind riet, fanden jedoch offensichtlich die Mißbilligung der Dörfler, denn bereits ein Jahr später wandten sie sich erneut an den Herzog, um weiteren Schadenzauber zu denunzieren:

»Ew. hochfürstlichen Durchlaucht kan ohneröfnet nicht sein lassen, wie das meine Leute ohngefehr für 3 Wochen auff dem kleinen Rüntzer Felde, absonderlich auff des Jochim Freytagen an dem Hofe abgetretenen Acker Klueten geklopffet, erstlich der Vogt allda in der erde einer Handbreit tieff ein Andt Ey (Entenei) eingegraben gefunden, gleich darauff an der andern Seite desselben Stückes eine Dirne, so im Hofedienst mitgearbeitet, ebenfalls auff Vorige Art 1 Ey eingegraben gefunden, auch sein ferner mehrere Eyerschaelen so auff dem Acker gelegen angetroffen worden. Ob ich nun zwar mein Lebetage von solchen Eyer nicht gehöret, so kommen aber unterschiedliche Leute zum Ambte und zeigen an, das für diesen solche Boeßheit in andern Dörffern auch wohl geschehen wehre, den Tähter aber niemalen erfahren können, den mißwachß aber schmerzlich erfahren, zu mahlen sie auf solchen Acker in 5 oder 6 Jahren kein Korn sondern Distel und unkraut gebauet, ja unter anderem wehre dem Sehl. Schultzen Aeckern zu Kleinen Rüntz in seinen Acker Eyer gegraben worden, womit er Jochim Freytagen beschuldiget und in großen Verdacht gehabt hatte, auff selben Acker ohne angesehen, daß es das beste Landt auff dem ganzen Felde gewesen, kein Korn wachsen wollen und wehre auch der Schultze auf seiner Stedte vorarmet. Wie nun die gefundene Eyer in des Jochim Freytagen Acker angetroffen, und solche Boeßheit auch andere in dem Ambte betrieben, so möchte wohl gar eine Acker Vergifftung herauskommen. Solchem aber vor zu kommen so werden Ew. hochfürstl. Durchlaucht gnädigst geruhen einen Notarium anhero zu senden, der mit mihr eine genau inquisition im ganzen Ambte vornehme, daß Corpus delictum (!) untersuche, alle Verdächtige verhöre, zu protokoll bringe und davon unterthänigst referire damit die Boeßheit an das Licht komme und Ew. hochfürstl. Durchlaucht solche Sache ernstlich zu bestraffen wissen.«[26]

Auch dieser Brief vermochte den Landesherrn nicht zu bewegen, den Vorschriften der »Carolina« zu folgen und einen Hexenprozeß zu gestatten. Der folgende Fall der Anne Lene Hoyer zeigt jedoch, daß bei erwiesener Zauberei noch immer strenge Strafen verhängt wurden:

Die Hoyersche war eine Vagabundin, die sich ihren Lebensunterhalt mit dem Sieblaufen verdiente. Mit einem kreisenden Sieb waren Krankheiten zu heilen, Vorhersagen zu machen und auch Schadenzauber auszuüben. Lene Hoyer brachte im mecklenburgischen Schönberg den Bürger und Krämer Arend Kruse und dessen Schwiegermutter, die Witwe Anne Maria Maaß, mit einem solchen Zaubersieb in arge Bedrängnis: Unvorsichtig hatte die Hoyersche das Sieb drehen lassen und den Krämer und seine Schwiegermutter des Kirchendiebstahls bezichtigt. Das wollten die guten Bürger nicht auf sich sitzen lassen und erhoben am 26. August 1721 Klage gegen die Zauberin und die anderen Beteiligten dieser Séance. Ort der Zauberei war die Boddiensche Gastwirtschaft gewesen. Zunächst hatte die Hoyersche ihre Kunst nur der Schwiegertochter des Wirtes vorgeführt, doch recht bald gesellte sich die Schönberger Gesellschaft hinzu, angesehene Bürger, darunter der Rittmeister Ditmar. Sie alle stellten Fragen, die das Sieb auch prompt beantwortete. Man fragte unter anderem nach dem vor Jahren geschehenen Kirchendiebstahl, nach dem Räuber des Zinngeschirrs im Pastorenhaus sowie nach einem »chaumierten« Kleid und dem Pferd, die beide dem Rittmeister abhanden gekommen waren. Zwei der Gäste mußten nun den unteren Ring einer geöffneten Schere fassen, welche fest in den Siebrand gestoßen wurde, worauf die Hoyersche eine Beschwörungsformel sprach: »Ich schwöre auf Sankt Marie, Sankt Peter und Sankt Paul und alle Teufel, die in der Hölle sind, daß der Mann, der es gethan, bekannt werde.« Die Anwesenden durften nun die Namen der Bürger Schönbergs nennen, und das Sieb drehte sich sodann bei den Schuldigen, dem Krämer Arend Kruse und seiner Schwiegermutter, denen der Ortsklatsch diese Beschuldigung sehr bald zutrug, worauf diese sogleich Klage erhoben. Die Landesherrschaft verfügte die Haft der Beteiligten, doch wurde man nur des Ehepaars Boddien habhaft, der Rittmeister konnte sich der Einvernahme entziehen. Am 12. November 1721 erkannte das Gericht für Recht, den »Holzvogt Cord Wentzel Boddien und dessen Ehefrau, weil sie solche Beschwörungen in ihrem Hause geduldet und denselben beygewohnt, Ihnen zur Straffe und anderen zum Abscheu mit veerzehntägigem Gefängnis zu belegen oder zusammen in fünfzig Reichstaler fiscalischer Straffe ohne geringste Remission zu verurteilen, dessen Sohn der Jager Boddien mit achttägigem Gefängnis zu belegen, oder ein jeder unter ihnen eine unnachlässige Geld Buße von 12 Reichstaler zu condeminieren.« Die Hoyersche erwies sich als geschickte Gaunerin: Zwei vorgelegte Bescheinigungen bezeugten, daß sie zum Abendmahl gegangen war, und überdies – so belehrte sie das Gericht – wäre das Sieblaufen keine »Hexerey oder Zauberei auch keine Sünde«, wobei sie die Nennung des Teufels im Spruch überdenken wollte, das sonstige Ritual wäre jedoch »eine Klokenschaft oder Wissenschaft und Verstand«. Das Gericht verfügte, Lene Hoyer dennoch an den Pranger zu stellen und – weil unvermögend – mit »etlichen Ruten zu belegen«.[27]

Der Kampf gegen den Aberglauben wurde zunehmend der Gerichtsbarkeit entzogen, die Landesherren setzten vielmehr auf die Wirkung der christlichen Predigt und die Hebung der Volksbildung.

Die Aufklärung sollte die düstren Schatten des Mittelalters vertreiben. Gebildete Bürger, die interessiert das »rohe, ungezügelte Volk auf dem platten Lande« wissenschaftlicher Betrachtung unterzogen, berichteten in Almanachen und Intelligenzblättern vom hartnäckig bewahrten Zaubereiglauben und forderten eindringlich eine Verbesserung des Schulwesens. In wissenschaftlichen Disputationen suchte man, den Aberglauben zu erklären und für die Überwindung dieses »finsteren Barbarentums« dessen Ursachen ausfindig zu machen. Ein Rostocker Gelehrter belegte in einer umständlichen Abhandlung, daß nicht nur die schlechte Gewohnheit den Aberglauben so hartnäckig überdauern ließ, sondern er – zumindest in Rostock – auf die besondere Luft dieser Seestadt zurückzuführen wäre. In den »Wöchentlichen Rostockischen Nachrichten und Anzeigen« vom 16. Oktober 1752 entbrannte darauf eine heftige Diskussion durch die Entgegnung eines Gelehrten, der den wahren »Ursprung des mehrsten bei uns noch gewöhnlichen Aberglaubens von den Gebräuchen unserer alten heidnischen Vorfahren« ableitete, »welche in den Gemütern ihrer katholischen und lutherischen Nachkommen zum Abscheu wahrer Christen sich fortpflanzt«. »Es hat auch«, so fuhr der Gelehrte fort, »ein ehrbarer Rat dieser Stadt von Zeit zu Zeit verschiedene Verordnungen dagegen publizieren lassen. Denn so ist bereits im Jahre 1552 rühmlichst verordnet, daß die abergläubischen Fastelabends-Gebräuche sollten abgeschafft werden. Im Jahre 1561 ist eine Verordnung erlassen wider das Fastelabendgehen und Mummenschanzen halten, 1606 wegen Abschaffung des bei dem heiligen Christfest gebräuchlichen Umtragens eines Sterns und anderen barbarischen Spiels, 1608 wider das ungebührliche Auskleiden zur Fastelabendszeit. 1659 wegen Abschaffung des beim heiligen Christfest gebräuchlichen abgöttischen Wesens, 1661 wider das Johannesfeuer.«[28]

Die theologisch begründeten Gebote der Kirche wurden nun unter dem Aspekt gelehrter Vernunft ausgedeutet und übernommen. Einen Sieg freilich konnten die Aufklärer nicht erringen. Resigniert schrieb J. H. Campe 1789 in sein Reisebuch angesichts des Zustandes der westfälischen Landbevölkerung: »Der bloße Anblick des hiesigen Landvolkes flößt einem menschlich gesinnten Zuschauer Mitleiden ein, soweit ist dasselbe von aller Kultur und

Veredelung entfernt: So sehr liegen Dummheit, Aberglauben, verschrobene und verunstaltete Menschheit auf jeglichem Gesichte.«[29]

Im Jahre 1810, so notierte später ein Pastor in der Lüneburger Heide, wäre Johann Joachim Mojen in dem Dorfe Buchholz Spökenkieker und Hexenmeister gewesen. Sein Nachbar vom Tittens-Hof hätte ihm allerdings nicht nachgestanden. In stetem Unfrieden ließen sie sich gegenseitig ihr Vieh sterben. »Welch ein Unglück«, so klagte der Pastor, denn auch der Schulmeister wäre der Hexerei verdächtig gewesen.[30]

1855 schilderte C. J. Weber die düsteren Verhältnisse auf dem Lande, beklagte die Unbildung der Bauern, die »von den Schweinen, mit den Schweinen und wie die Schweine leben«. Nichts, so befand er, hatte die Aufklärung zu bewirken vermocht: »In diesen isolierten Hütten kann es nicht fehlen, daß der Aberglaube spuket, wie Gespenster, Teufel und Hexen. Zum allgemeinen Volks-Aberglauben und im Dunkel der Hütten nehmen sich Gespenster-Märchen weit besser aus und erregen weit mehr Grauen. Der Nordwind, der um die Hütte heult, die verschneite Türe und schwere Kost drängen die Phantasie hinweg von den freundlichen Bildern des Lebens hin zu schauerlichen Gegenständen und zum Grabe . . . In langen Winterabenden, wenn sie um den Feuerspan sitzen, steckt Eins das Andere mit Vorurteilen und Märchen an.«[31]

Bereits im 19. Jahrhundert hatten Kirche und Staat den Kampf gegen Aberglauben und Zauberei aufgegeben, und so sagte ein Landpastor zu einem über den Schadenzauber klagenden Schulmeister: »Ach, lassen Sie es nur, hauptsächlich die Leute glauben überhaupt etwas«, und sein Superintendent bemerkte anläßlich einer Kirchenvisitation 1882: »Diese Leute brauchen keinen Pastor, sondern Missionare.«[32]

Unter der Überschrift »Die Dummheit stirbt nicht aus« beschrieb um die Jahrhundertwende Schulmeister Kröger in der Schulchronik seines Heimatdorfes in der Lüneburger Heide nachbarschaftlichen Schadenzauber. Von Amts wegen – so hielt er fest – hätte er versucht, die Leute zu belehren, doch diese hätten trotzig abgewinkt und erklärt, davon verstünde er nichts.[33]

Ein Seelsorger der kleinen Gemeinde Buchholz vermerkte in seinen Aufzeichnungen die Vermutung, daß etwa 25 Seelen seines

Amtsbezirks »anderen etwas antun«. Das hätte ihm eine Frau vertraulich mitgeteilt, und der Apotheker eines nahegelegenen Fleckens sollte bekundet haben, daß er »nach keinem Orte so viel Hexenware verkaufe als nach Buchholz«. Das große Vertrauensverhältnis, das der Pastor mit seinen Gemeindegliedern verband, ließ ihn mehr hören als andere Amtsbrüder, und so gelang es ihm auch, einige Vorfälle zu dokumentieren:[34]

»Frau I. durfte auch sehr verständigen Leuten zu meiner Zeit nicht ins Haus kommen, aus Furcht, daß sie Kinder und Vieh verhexe. Ein Bauer sieht, daß Frau I. seinem Nachbarn in den Stall guckt, wo sie nichts zu tun hat. Am nächsten Tage ist dessen Kuh krank und stirbt. Er friedigt deshalb seinen Hof ein, damit man nicht darüber gehen kann.

Einer sieht, daß Frau I. im Dunkeln vor dem Fenster des Nachbarn Bäcker kauert. Er sagt seiner Frau: Paß auf, ob was passiert. Sie vergessen es die nächsten Tage, bis sie hören, daß ein Kind von dem Bäcker krank ist. Es ist seit dem Abend krank und stirbt. Ein böses Weib war die I.

Hexen können über kein Kreuz gehen. Junge Leute machen sich den Spaß, vor Frau I. ein großes Kreuz ganz über den Weg zu ziehen. Sie geht um dasselbe herum, obwohl sie dabei durchs Kornfeld muß.

Frau F. erzählt im Juli 1909: Mein kleines Mädchen, 2 Jahre alt, ist seit einiger Zeit krank, es ißt nichts, magert sehr ab. Die Leute sagen, dem ist was angetan, du mußt nach Bendestorf. Ich gehe erst zum Arzt, der sagt, dem Kind fehlt nichts, nur etwas erkältet. Es ißt aber weiter nichts. Nun ging ich nach Bendestorf, erhielt ein Pulver zum Räuchern. In einen Topf muß ich glühende Kohlen tun, das Pulver hineinwerfen und das Kind, völlig entkleidet, dreimal darüber halten. Außerdem muß das Kind eine Zeitlang ein kleines Kissen mit einem Kreuz auf der Brust tragen. An demselben Abend nach dem Räuchern ist das Kind gesund.

Bei erwachsenen Personen macht man es etwa so: stellt den Topf mit Räucherwerk unter einen Stuhl, setzt den Kranken darauf, in Decken eingehüllt, dies dreimal. Bei Gastwirt N. N. hat es sofort geholfen, nachdem er wochenlang trotz zweier Ärzte die furchtbarsten Schmerzen ausgehalten hat, wie seine Frau erzählt.

Frau G. erzählt 1911 oder 12 mit großem Eifer: Die Bösen sind mit dem Teufel im Bunde. P. in Lüneburg, der die kräftigsten Mittel gegen Hexerei hat, ist mit Gott im Bunde. Er holt seine Mittel oder seine Kraft vom Kirchhof, von den Toten.

Kürzlich hat Frau F. dem Kinde B.'s was angetan. Es ist daher elend gewesen, hat nur Wasser getrunken, keine Milch. B.'s schicken zum Arzt in Buchholz, dann zum Arzt in Tostedt, die sagen: Ich weiß nicht. Wenn ein Arzt dies sagt oder »da kann ich nicht helfen«, so will er nach Meinung vieler sagen: Hier ist Hexerei im Spiele. Dann nach Harburg zum Anti-Hexenmeister, das hilft auch nicht. Schließlich zu P. nach Lüneburg: »Haben Sie nichts von dem Kinde mitgebracht?« »Nein.« »Dann will ich es so versuchen.« Sie kommen nach Hause, da rät ihnen Frau G. (die Erzählerin), sofort Haare vom Wirbel des Kindes an P. zu schicken. Sie tun es, bekommen ein Mittel, das sofort hilft. Frau F. (die Hexe) muß kommen und sich im Hause B.'s etwas leihen.

N. B. So erfährt man, wer einem das angetan hat, das Mittel zwingt die Hexen zu kommen und sich in dem Hause etwas zu leihen, auch wenn sie sonst in dem Hause nie etwas zu tun gehabt haben.

Dieselbe G. erzählt sofort eine andere Geschichte: Frau D. hat M.'s Kind verhext. M. geht schließlich nach Lüneburg. P. in Lüneburg sagt: »Mit dem Kinde steht es sehr schlimm, vielleicht stirbt es von dem Mittel, die Gefahr müssen Sie auf sich nehmen, oder die Hexe wird gezeichnet.« (ward tekend). In den nächsten Tagen läuft die D. mit einem dick geschwollenen Auge herum, sagt natürlich, sie habe sich gestoßen. Aber jedermann weiß, daß sie die Böse ist.

Frau G.'s Mutter haben die Hexen 30 Jahre untergehabt, sie ist daran gestorben. Ihr Bruder (oder Vater) hat auch viel darunter gelitten. An seine Pferde hat er oft nicht herankommen können, so wild sind sie gewesen. Die Schweine haben aus dem Trog nicht gefressen, das Beste nicht, über den Eimer sind sie nur so hergefallen. Schließlich ist er dagegen angegangen, d. h. hat es gewagt, es der Hexe zu sagen.

Man kann sich nämlich gegen die Hexen wehren, wenn man erst weiß oder ahnt, wer es ist. Die eine Hexe z. B. trug Zeitungen aus. Sowie sie mit der Zeitung ins Haus kommt, sagt der Empfänger zu einem Hausgenossen: »Stäk se int Füer.« Die Hexe ist nie wieder ins Haus gekommen und hat die Wände rauf müssen. – Oder die Hexe bringt Essen. In die Speise ist etwas hineingetan, das man aber nicht proben und schmecken kann. Sagt man sofort: »Smiet et in't Füer«, so muß die Hexe die Wände rauf. Frau G. hat oft auch, um sich vor Hexen zu schützen, ausgesprochen: Wenn uns einer was antut, ich lasse ihn die Wände raufgehen.

Die Bösen *müssen,* dahin werden sie getrieben, daß sie einem was antun. Sie können allerdings auch zu einem Allhorn (Holunderbusch) gehen und es dem antun.

P. in Lüneburg hat gesagt, wie Frau G. berichtet: »Buchholz ist das schlechteste Dorf, aus Buchholz ist fast jeden Tag einer bei mir.«

Noch ein Beispiel: Frau K.'s Schweine fressen nicht. Sie geht zur Kartenlegerin nach Harburg, ohne ihren Namen zu nennen. Die beschreibt ihr ganz genau ihr Haus und fährt fort: »Du häst Swien un ne Zick, dien Zick hätt Hörn.« Ne, Frau, mien Zick hett keen Hörn. »Doch, dien Zick hett Hörn.« Ne, ick melk mien Zick doch jeden Dag, de hett keen Hörn. »Kiek man na, wenn du na Hus kummst – –.« Am Abend bei Tisch erzählt Frau K. ihrem Mann, was sie erlebt hat, auch daß ihre Ziege Hörner haben soll und doch keine hätte. Da sagt der Mann: »Du melkst dien Zick doch jeden Dag un weist nich, dat sie Hörn hett, wiss hett se Hörn.« Die Frau sieht nach und die Ziege hat Hörner. Die Kartenlegerin hat ihr dann auch die Frau beschrieben, die ihren Schweinen was angetan hat usw.

Eine andere Art Aberglaube ist, daß vor der Geburt eines Kindes nur das Allernotwendigste angeschafft werden darf. Sonst ist Gefahr, daß die Geburt nicht glücklich verläuft.

Von einem alten Mann wird erzählt, daß er manchmal auf Umwegen zum Kirchhof geht, er geht dann an dem Hause vorbei, in welchem binnen kurzem einer stirbt. Manche Leute sehen ihm nach, wenn er durchs Dorf geht.

Stirbt jemand in den »Zwölften«, so sterben in dem Jahre in derselben Gegend des Dorfes viele Menschen. Das ist 1908 in Buchholz eingetroffen. Auch 1913 wenigstens in der Weise, daß im Vierteljahr viele Todesfälle vorgekommen sind, wenn auch nicht alle in der Gegend des Dorfes.

In den »Zwölften« läßt man auch keine Wäsche auf der Leine hängen.

Aufgeschrieben im Mai 1913. K. v. Bremen.«[35]

Im Telefonbuch der Telekom für den Bereich Lüneburg/Buchholz/Stade findet sich im Ortsnetz Radbruch eine seltsame Eintragung: Gebrüder Ast, Söhne des Schäfers Ast GmbH. Es ist kein Zuchtbetrieb, der als Gesellschaft mit beschränkter Haftung von den Söhnen eines Schäfers fortgeführt wird, sondern die Firmenbezeichnung eines Heilpraktikerbetriebes, der am Nachruhm eines großen Wunderheilers partizipiert, der vor gerade 100 Jahren das Dorf Radbruch im Lüneburgischen berühmt machte: Schäfer Ast.

In einer Zeit, da der in heilsamen Kuren bewanderte Scharfrichter nicht mehr in der Öffentlichkeit wirkte, sein Handwerk durch staatlich verfügten Geheimnisschutz anonym ausübte, die Hinrichtungen nach Gesetz und Ordnung in den düstren Gewölben der Strafjustizanstalten stattfanden und somit wunderwirkendes Moos vom Haupte Erhängter nicht mehr zu bekommen war, wurden andere, durch ihren Beruf prädestinierte Heilkundige konsultiert: Schmiede und Schäfer. Der Schäfer Heinrich Ast, geboren am 4. April 1848 im kleinen Städtchen Gronau an der Leine, hatte sein Handwerk bei dem Schäfermeister Jörgensen in Burgstemmen erlernt, diente danach dem Herrn von Spörcken zu Lüdersburg, um schließlich nach Heirat mit der Hebamme Dorothea Ahlers 1873 das Häuslingshaus des Hofes Nr. 2 in Radbruch zu beziehen. Es war ein kümmerliches Auskommen; als sogenannter Häusling hatte Ast die Schafherde seines Bauern zu betreuen und auch kleine Arbeiten zu übernehmen. Häuslinge pflegten im allgemeinen durch einen kleinen Nebenerwerb das karge Budget zu verbessern, sie fertigten Holzschuhe, Topfkratzer aus Heidekraut oder Löffel. Heinrich Ast war jedoch mit wundersamen Kräften begnadet. Er wußte, anhand des Zustandes des Haarkleides bei Menschen und Tieren, Krankheiten zu diagnostizieren und diese sodann mit einem Mittel oder durch »Böten« zu heilen. Bis weit in die entlegenen Dörfer und einstelligen Höfe der Heide verbreitete sich sein Ruf und veranlaßte manch Heilsuchenden, den beschwerlichen Weg nach Radbruch anzutreten. Als praktisch erwies es sich, daß die erkrankten Menschen und Tiere nicht unbedingt persönlich vorgestellt werden mußten, es genügte, ein wenig Haupthaar der siechen Großmutter, des gebrechlichen Alten, eine Wollprobe des Schafes oder ein Zipfelchen des Roßschweifes dem wundertätigen Schäfer vorzulegen.

Zum Ende des 19. Jahrhunderts entdeckten Hamburger und Berliner die bis dahin wenig beliebte Lüneburger Heide als ursprüngliche, von der Zivilisation unberührte Landschaft, in der die großstadtmüde Jugend, aber auch das Alter ausgiebige Wanderungen machten und ursprüngliches Bauerntum erleben konnten. Über sie und die Presse erfuhr ganz Deutschland vom Wunderheiler Ast und seinen großartigen Erfolgen. Zu Tausenden strömten aus allen Teilen des Landes die Kranken herbei, um Rat und Hilfe beim Schäfer zu suchen. In langen Schlangen warteten Arm und Reich, hochwohlgeborene Menschen ebenso wie weniger privilegierte vor dem bescheidenen Haus 58, in dem ohne Ruh und Rast der »Volksarzt« mit einer großen Lupe die vorgelegten Haare betrachtete. Die Radbrucher Mitbewohner stellten bescheidene Quartiere, und in der Gastwirtschaft richtete man zuweilen Notlager ein, die für ein stolzes Geld den Heilsuchenden angeboten wurden. Im November des Jahres 1894 verkaufte der Hamburger Bahnhof 352 Fahrkarten mit dem Reiseziel Radbruch, und im Oktober hatten von Harburg gar 1100 Fahrgäste – gleichfalls belegt durch die Fahrscheinausgabe – die Reise in das einst verschlafene Heidedorf angetreten. Im Laufe der Zeit hatte sich eine gutgehende Praxis entwickelt, von deren Zuspruch auch das Dorf profitierte; Straßen konnten gepflastert werden, die Gastronomie erblühte und auch der Höker verzeichnete einen steigenden Umsatz.[36]

Aus dem Dunkel der abergläubischen Vorstellungen des Volkes war wieder einmal ein Beleg für den traurigen Zustand der Bildung und Aufklärung auf dem platten Lande emporgestiegen. So sah es zumindest der Geheime Medizinalrat und Kreisarzt Dr. med. Hesse aus Lüneburg, der – von Amts wegen für die staatliche gesundheitliche Fürsorge verantwortlich – den Wunderheiler zu beobachten hatte, mit Sorge das Treiben in Radbruch verfolgte und einen zähen Kampf gegen die Quacksalberei führte. Bei der schulärztlichen Untersuchung mußte er zuweilen feststellen, daß Erkrankungen der Kinder verschleppt worden waren und die Nachfrage, ob eine ärztliche Behandlung erfolgt wäre, freimütig bejaht und Schäfer Ast als Arzt benannt wurde. Mit den gesetzlichen Regelungen konnte der Heiler kaum belangt werden, gerichtliche Verfahren endeten meist mit einem Freispruch. Nur in einem Fall war ein Verstoß gegen die

Arzneiabgaben-Verordnung nachzuweisen, der zu einer dreimonatigen Haftstrafe führte.[37] Das hinderte freilich die Menschen nicht, weiterhin den Wunderheiler zu konsultieren, waren doch schon seine Vorfahren – so wurde verbreitet – Schäfer gewesen, die Otto I. und Heinrich d. Löwen geheilt hatten. Sein Leben beschloß Heinrich Ast als reicher Mann: Fünf Bauernhöfe, einige Häuser und schließlich ein Rittergut konnte er erwerben und seinen, die Praxis fortführenden Erben übergeben.[38]

Medizinalräte und Gerichte jener Zeit mochten mit der Strenge des Gesetzes jedoch nicht gegen den Aberglauben vorgehen, waren doch die sogenannten Volksheiler ehrbare Männer und Frauen, die sich in der Tradition alter Heilmethoden sahen. Schäfer Ast, der »Mann aus Schwalingen«, der mit einem festen Händedruck zu heilen verstand, oder der wundertätige Förster aus Wichmannsburg waren keine Betrüger. Ihr und ihrer Patienten Aberglaube war Ausdruck einer noch weit verbreiteten Unbildung, die zu bekämpfen Aufgabe der Schule sein sollte.[39] In diesem Sinne urteilten die Gerichte äußerst milde, und selbst in den Vampirprozessen vor preußischen Gerichten blieben die eindeutig durch die Staatsanwaltschaft belegten Straftatbestände der Leichenschändung und Störung der Totenruhe unbestraft.[40] Mit dem Hinweis auf den noch lebendigen Volksglauben verwiesen die Richter auf das mangelhafte Schulwesen und billigten den abergläubischen Tätern den Glauben an unheilstiftende Wiedergänger zu, der diese in vermeintlicher Notwehr hatte handeln lassen.

Der Verbrechenstatbestand der Zauberei war längst aus der Strafprozeßordnung herausgefallen. Folglich konnten derartige Vorkommnisse ohnehin nur mit Hilfe der Strafandrohungen für Betrug, arglistige Täuschung und Verstöße gegen das Heilmittelgesetz geahndet werden. Der Fall des Schäfers Ast hatte für eine gehörige Publizität gesorgt, war durch die Presse an die Öffentlichkeit gelangt. Seine Heilmittel wurden in Apotheken verkauft und seine dunklen Diagnosen »Du hast es auf der Brust« oder »das sitzt tief im Innern« waren vage genug und konnten hingenommen werden, solange er von einem Arztbesuch nicht abriet. Weitgehend unbekannt blieb, daß die dörflichen Nachbarn ihn auch bei mysteriösen, auf Schadenzauber zurückgeführte Krankheiten konsultierten; möglicherweise ohne Wissen des

Schäfers nutzte man seine Medikamente auch als Abwehrzauber. So berichtete eine mit einem Schadenzauber belegte Frau, »ihr Vater wäre zu Ast gegangen und der hätte was mitgegeben«.[41] Ungebrochen überlebten die Vorstellungen des Schadenzaubers die Turbulenzen des neuen Jahrhunderts.

Für die Ideologen des Dritten Reiches, die, um Brauch und Sitte bemüht, altheidnische Glaubensvorstellungen bewahrt wissen wollten, war freilich der Hexenglaube ein heikles Thema, das weitgehend aus der Brauchtumspflege ausgeklammert und als jüdisch-fremdländische Entartung überlieferten Frauenwissens dargestellt wurde. Im August des Jahres 1935 hatte sich ein Gericht in Hess. Oldendorf mit einer vermeintlichen Hexe zu beschäftigen. Die Presse im ganzen Reich berichtete über diesen Fall: »In einer hier abgehaltenen Verhandlung über eine Beleidigungsklage kam zutage, daß fast ein ganzes Dorf noch in dem Aberglauben befangen ist, es gebe Hexen. Der Sohn beschuldigt seine Mutter der Hexerei und läßt sie infolgedessen nicht mehr in den Stall, um das Vieh zu besorgen; sie darf nicht mehr mit am Familientisch essen, und wo man ihr begegnet, murmelt man Hexengebete. Ja, man läßt, um der vermeintlichen Hexe Herr zu werden, einen Gegenhexer kommen, einen gewissen L. aus Rinteln. Dieser wendet die lächerlichsten Mittel an, um die Hexen zu bekämpfen, in Wahrheit natürlich, um den Leuten das Geld aus der Tasche zu ziehen. Er sucht in den Betten nach den bösen Geistern, der läßt Haare, die von krankem Vieh abgeschnitten sind, nachts kochen und läßt auf der Scheune nachts Feuer anzünden, um die Hexen fernzuhalten! In dem zur Verhandlung stehenden Falle wurde das Verfahren eingestellt.«[42]

In fassungsloser Hilflosigkeit registrierten in den 50er Jahren die Gerichte eine beängstigende Zunahme von »Okkultprozessen«, von der Presse dankbar als »Hexenprozesse« aufgegriffen und einem breiten Leserkreis verkauft. Die große Tageszeitung »Die Welt« berichtete am 15. 5. 56 über eine vor den Schranken des Gerichts stehende Hexe in Sarzbüttel, mokierte sich über den Anachronismus und bemäkelte die Prozeßführung: »Am stärksten wirkte die Hilflosigkeit der Richter ... Es stießen zwei Welten aufeinander: Weder verstanden die Richter die Sprache der Angeklagten und der Zeugen, noch diese die Gedankenwelt der Juristen.« Das Fehlen eines

Zauberparagraphen im Strafgesetzbuch erwies sich nunmehr als Mangel und verlangte von den Juristen die Suche nach anderen anwendbaren Tatbeständen wie Beleidigung, Tierquälerei und Betrug, um dem Treiben der sogenannten »Kundigen« Einhalt zu gebieten. Das war freilich juristisch zuweilen anfechtbar, und so beschlossen die Gerichte in den meisten Fällen, die Verfahren einzustellen. Die vorgebrachten Schadenzauberbezichtigungen, so argumentierten sie, »betreffen keine Tatsachen, die verächtlich zu machen oder in der öffentlichen Meinung herabzuwürdigen geeignet seien, die Behauptung sei rechtlich indifferent oder betreffe offensichtlich Unmöglichkeiten; sie sei leeres Gerede, dessen Haltlosigkeit von jedem vernünftig denkenden Menschen erkannt werden müsse.«[43]

Unbefriedigt ob der gerichtlichen Urteilsmilde sammelten sich die Gegner des »neuzeitlichen Hexenwahns«, aufklärerische Schulmeister wie Johann Kruse, Juristen und Polizisten und schließlich katholische und evangelische Theologen, um getrennt und gemeinsam Nachrichten über die verwerflichen Zauberer zu sammeln. Ein polizeilicher Arbeitskreis wider die Okkultkriminalität wurde gegründet, dessen »Forschungsergebnisse« in der Fachzeitschrift »Deutsche Polizei« veröffentlicht wurden. Damit wollte man die Ordnungshüter und staatsanwaltlichen Ermittler für die Schwere der Verbrechen sensibilisieren, denn – so lesen wir in der Nr. 12/1954 des besagten Fachblattes – »Wer sich anläßlich eines Hexenbanner-Betrugsfalls mit dem weitverbreiteten Hexenglauben der Landbevölkerung und seiner tiefgreifenden Verwurzelung befassen mußte, wird ermessen, wie schwerwiegend die gesellschaftlichen, wirtschaftlichen und gesundheitlichen Schäden sein können, die aus dem Wirken eines einzigen solchen Betrügers erwachsen können.«[44]

Der Ruf nach einer strengen Bestrafung blieb weitgehend ungehört. Trotz mahnender Stimmen, namentlich der Geistlichkeit, blieben die Gerichte bei ihrer Auffassung, es handelte sich um einen lebendigen Volksglauben, für dessen Bekämpfung das öffentliche Bildungswesen verantwortlich wäre. Glücklich die Bayern, Badenser und Hessen, deren Polizeiverordnungen eine Gaukeleibestimmung enthielt, nach der jeder mit Strafe bedroht wurde, der sich »gegen Lohn oder zur Erreichung eines sonstigen Vorteils mit angeblichen Zaubereien oder Geisterbeschwörungen, mit Wahrsagen, Kartenschlagen, Schatzgraben, Zeichen- und Traumdeuten oder anderen dergleichen Gaukeleien abgibt« (§ 54 Bayr. PolStGB). Der katholische Theologe Auhofer bedauerte, daß diese Verordnung 1948 aus dem Hamburger Polizeirecht gestrichen worden war, und forderte die Wiedereinführung des inquisitorischen Zaubereiparagraphen in das deutsche Strafrecht mit dem Hinweis auf das damalige klerikalfaschistische Spanien, in dem katholisches Recht im § 581 des Strafgesetzbuches erhalten geblieben war und jeder mit »Gefängnis bestraft wird, wer aus Gründen des Nutzens oder Gewinns Träume deutet, Voraussagen trifft, Wahrsagerei betreibt oder die öffentliche Gläubigkeit in ähnlicher Weise mißbraucht«.[45]

Im Deutschland der Nachkriegszeit war an eine Hexenbekämpfung mit Hilfe des Rechts freilich nicht mehr zu denken; die Wiedereinführung einer diesbezüglichen Rechtsvorschrift wurde zwar erwogen, stieß aber bei den Juristen auf entschiedenen Widerstand. Die resignierende Klage eines mit Okkulttätern befaßten Polizeibeamten entsprach der vielfachen Auffassung jener Zeit: »Es entsteht der Eindruck, als ob keine der verantwortlichen Stellen durchgreifende Maßnahmen gegen eine systematische Volksverdummung beabsichtigt.«[46] Der Zorn der Ordnungshüter und kirchlichen Stellen richtete sich vor allem gegen die Tatenlosigkeit der Gerichte gegenüber den offensichtlich betrügerischen Wunderheilern und deren, weit über die Grenzen ihres Wirkungskreises wachsende Popularität durch eine sensationslüsterne Presseberichterstattung. Wie sehr die Medien den Aberglauben beförderten, zeigt der Fall des Bruno Gröning.

Für den Danziger Gelegenheitsarbeiter Gröning gestaltete sich die Frage des Lebensunterhaltes im hungernden Nachkriegsdeutschland zu einem ernsten Problem. Wie für viele andere Flüchtlinge und Heimkehrer ohne Fachausbildung war es auch für ihn schwer, einen Arbeitsplatz zu finden: die alternativen Erwerbsmöglichkeiten, auf dem schwarzen Markt mit Tauschgeschäften die Versorgungsengpässe kommerziell zu nutzen, wurden zunehmend gefährlicher. Im Strom der über Land ziehenden Hamsterer suchte auch Gröning sein Glück, mit wenig Erfolg, denn die Ansprüche der Bauern waren gewachsen. Kartoffeln, Speck und Eier waren nicht mehr ohne weiteres zu bekommen, auf die bettelnden Städter pflegte man zuweilen die Hunde zu hetzen. Gröning wechselte daraufhin sein Metier und reiste fortan als Commis voyageur über die Dörfer, bot den Hofbesitzern Abwehrzauber bei teuflischen Schäden an und offerierte ihnen Rat und Hilfe bei Verhexungen von Mensch und Tier. Neben der Präventation durch seine Mittel wußte er Schäden zu benennen und fahndete in den Hofgärten nach vergrabenen »Satanswurzeln«. Lebensmittel waren sein Lohn, die freilich nach der Währungsreform an Wert verloren. So begann Bruno Gröning 1948 in Herford eine neue Karriere als Wunderheiler. Auf wunderbare Weise, so erklärte er, hätte er das »Göttliche in sich aufgenommen«, und versprach jenen, die an ihn glaubten, die Genesung von allen Krankheiten, die den Menschen plagen konnten. Mißerfolge wären ausgeschlossen, es sei denn, es handelte sich bei dem Patienten um ein Satanskind oder durch dunkle Mächte wäre in dessen Nähe ein Satansbaum gepflanzt worden. Für Rat und Tat verlangte er eine ansehnliche Summe, die gern gegeben wurde. Die nordrheinwestfälische Obrigkeit wollte diese Umtriebe nicht dulden und verbot dem Heiler das Metier, der darauf nach Bayern emigrierte und in Rosenheim eine neue Praxis eröffnete. Dorthin war ihm bereits sein wundertätiger Ruf vorausgeeilt. Scharenweise strömten die Heilsuchenden herbei. Die Stadtverwaltung sah sich angesichts der langen Warteschlangen vor ernste Probleme gestellt, Todkranke brachen zusammen, hysterische Frauen wälzten sich auf dem Straßenpflaster und auch wegen der Notdurft der geduldig Ausharrenden gab es ordnungspolizeiliche Beanstandungen. Das städtische Rote Kreuz mußte mit der Aufstellung von Notzelten helfen und die Betreuung der Wartenden übernehmen. Die Organisation von Tourneen übernahm ein cleveres Management, das Lautsprecherwagen durch die Lande fahren ließ, die den Heiler ankündigten und neue Heilerfolge verbreiteten. Fanclubs wurden gegründet, deren Mitglieder zu den Auftritten Grönings herbeieilten und für eine angemessene Begrüßung sorgten, Mitteilungsblätter herausgaben, in denen »wissenschaftliche Kapazitäten« zu Wort kamen, die Grönings Heilungen bestätigten. Ein bayerischer Landtagsabgeordneter hieß den Wunderheiler mit den Worten »Glauben Sie an Gott und Bruno Gröning« willkommen, und eine Gruppe von Psychotherapeuten urteilte nach einer eingehenden Unterhaltung mit dem wundertätigen Mann: »Bruno

Gröning ist kein Scharlatan oder Hypnotiseur, sondern ein begabter, nicht ärztlicher Psychotherapeut.«[47]

Für den schwer schilddrüsenkranken Gröning erwies sich die Arbeitsüberlastung als verhängnisvoll. Berauscht von der Welle massenhysterischer Zuneigung trieb es ihn zu seinen Anhängern, und als er seine Wunderwerke allein nicht mehr schaffen konnte, ließ er gesegnete Stanniolkugeln formen, die für DM 50,– erworben werden konnten. Angesichts des Massenandranges war es für die Ordnungsbehörden ein leichtes, mißglückte Kuren nachzuweisen und einen Prozeß einzuleiten. Zweimal mußte sich Gröning vor einem Gericht verantworten. Die Anklage lautete »fahrlässige Tötung«, die aber fallengelassen werden mußte. Zweitausend Mark mußte Gröning jedoch »wegen fortgesetzten Vergehens gegen das Heilpraktikergesetz« an die Gerichtskasse zahlen. Erst in einer Berufungsverhandlung vor dem Landgericht München wurde Gröning entsprechend des § 330c des StGB zu 8 Monaten Gefängnis mit Bewährung verurteilt. Seinen tieftraurigen Anhängern verkündete er daraufhin seine Emigration nach Österreich, doch dieses Vorhaben konnte Gröning nicht mehr erfüllen, 1959 starb er an einer Krebserkrankung.[48]

Gröning war kein Einzelfall, die offenkundige Glaubensbereitschaft der Bundesbürger animierte weitere Heiler, am Markt zu partizipieren: In Sulingen erzielte eine »Bannerin« täglich bis zu DM 900,–, in Ebstorf verkaufte der »kundige« Lühr handgeschriebene Himmelsbriefe, und Bruno Treder gestand vor Gericht, für Räucherungen bei Schadenzauberfällen pro Einsatz DM 300,– kassiert zu haben.[49]

Die auswuchernde Metropole Hamburg hatte bereits in den vierziger Jahren das kleine Heidedorf Fleestedt mit zum Landleben drängenden Großstädtern erfaßt. Die Kriegsereignisse brachten einen zweiten Strom evakuierter Bombenopfer. Damit wurde die bäuerliche Bevölkerung zur Minderheit. In einem zähen Kampf versuchte sie der Überfremdung zu begegnen, aktivierte dörflichen Gemeinschaftsgeist in der Freiwilligen Feuerwehr und im Schützenverein. Fremde beschlossen im Dorfrat über die Geschicke des Ortes. Trotzig rückten die Einheimischen in ihren alten Nachbarschaften zusammen und wachten untereinander über die Einhaltung des überkommenen Brauchs. Als Brauch hatten sich auch jene Ängste vor neidisch-mißgünstigem Schadenzauber erhalten, die durch die Pflege eines engen, nach außen abschirmenden Miteinanders befördert wurden.[50]

In diese Gemeinde übersiedelte 1944 aus dem bombenzerstörten Hamburg ein kleiner Unternehmer, dessen Firmenbezeichnung »Chemisch-pharmazeutisches Laboratorium Chrometzka« eine Medikamentenfabrikation vermuten ließ. Die werbenden Prospekte priesen das »altbewährte, vielseitig bewährte Naturheil- und Hausmittel Arnikum« sowie das »zuverlässig, klinisch erprobte Blutstillmittel Femmal Styptik« – Heilmittel, die das Gesundheitsministerium geprüft und genehmigt hatte. In seiner bäuerlichen Nachbarschaft erkannte Chrometzka jedoch noch ein weiteres einträgliches Betätigungsfeld: die magische Heilkunst. Ausgestattet mit »Hoffmanns Taschenbuch der tierärztlichen Hausmittel« erbot er sich, bei Ungemach in den Ställen zu helfen. Krankheiten aller Art versprach das sympathische »Blaupulver« zu heilen, und bei Hexereien in Scheuern und Ställen empfahl Chrometzka, sein Granulat »Extra« auf einem Teelöffel zu verräuchern.[51] In einem Sonderkatalog offerierte er überdies 150 magische Mittel, unter anderem Hexenkraut zum Preis von zwei Deutschen Mark. Etwas teurer waren die Alraunen, wundertätige Wurzelgebilde von menschlicher Gestalt, denen bereits im Altertum Zauberkräfte zugeschrieben worden waren. Die Alraunpflanze ist das Nachtschattengewächs Mandragora, das im rauhen Norden nicht gedeiht und nur in den sonnigen Mittelmeergebieten heimisch ist. Chrometzka erntete die Alraunen im eigenen Garten, das Wurzelwerk seiner Johannisbeersträucher. Für alle magischen und okkulten Versuche bot er Jungfernpergament an, und zur Beförderung und Entwicklung des Hellsehens gab es die Kristallkugel Marke »Medial«. Jenseitskontakte stellte ein Astralograph her, der in einfacher und besserer Ausführung feilgeboten wurde. Verglichen mit anderen okkulten Devotionalienhändlern waren Chrometzkas Preise durchaus zivil, und auch die individuell auf den Käufer abgestimmten Amulette und Talismane waren – gemessen an dem Glück, das sie versprachen – mit DM 150,– nicht zu teuer.[52]

Noch hochbetagt empfing Chrometzka Anfang der 80er Jahre in seinem turmartigen Haus. Die saubere Küche war Konsultationsraum. Auf dem, mit einem Wachstuch bedeckten Tisch lag ein kleines silbernes Pendel, das Chrometzka während der Unterhaltung zuweilen in die Hand nahm, nur beiläufig auf die Zeichen achtend, die es beschrieb: Kreise, Diagonalen und Striche. Besonders heftige Ausschläge amüsierten ihn jedoch offensichtlich, diese Zeichen griff er auf, um mit einem merkwürdigen Lächeln den Fluß der Konversation zu unterbrechen und en passant Fakten aus dem Lebensschicksal seiner Besucher einzuflechten. Ein guter Großvater, der seine Nachkommen an ihren Lebensweg erinnerte, den er gütig begleitet zu haben schien. Alles was er tat, wirkte bedeutungsvoll. Wie ein Kleinod übergab er nach geraumer Zeit das Pendel der weiblichen Besucherin, ließ diese eine Weile das magische Werkzeug halten, so lange, bis es Zeichen beschrieb, um dann die Übergabe an den männlichen Besucher zu bestimmen. »Gegengeschlechtlich wird die Kunst übertragen und Vorsicht ist bei der Benutzung geboten«, sagte er, nahm das Pendel wieder in seine greisen Hände, entodete es, legte es zur Seite. Dann fragte er nach den Sternzeichen, Geburtsort und -stunde, sann eine Weile über die Antworten nach, um dann ein wenig mitleidsvoll zu stöhnen und nach einer allgemeinen Klage über die Irrungen und Wirrungen der Zeit die etwas unklaren Verhältnisse seiner Besucher aufzudecken.[53]

Dieser Greis, warmherzig und freundlich, der in seiner Küche den Unfrieden der Welt bejammerte und sich überdies über die Unbildung seiner Klientel beschwerte, gehörte zu jenem Personenkreis, den die Hexenfahnder wie Kruse, Auhofer und Schmidt SJ hinter Zuchthausmauern verwahrt wissen wollten, Behörden und Parlamente bestürmten, ihre drei Hauptforderungen in Gesetzesform umzusetzen:

1. Die Tätigkeit als Hexenbanner ausdrücklich unter Strafe zu stellen.
2. Durch eigene Strafbestimmung vor der Verfolgung als Hexe zu schützen.
3. Den Druck und Vertrieb von Zauberbüchern und – bei offensichtlichem Verwendungszweck – den Verkauf von Zaubermitteln zu untersagen.[54]

Damit war freilich nicht die große Zahl der Gläubigen erfaßt, deren Bedarf an Wunderheilern und Hexenbannern diese Profession erst möglich machte. Der »Deutsche Medizinische Informationsdienst« rechnete in den 50er Jahren mit zehntausend berufsmäßigen Hexenbannern, wobei unklar bleibt, wie diese Zahl ermittelt worden war. Doch wenn auch kräftig übertrieben, unstrittig ist, daß in jenen Jahren des Nachkriegsdeutschlands eine gewaltige Renaissance des anachronistisch anmutenden Hexenglaubens zu beobachten war.

Chrometzka allerdings verstand sich nicht als bäuerlicher Ersatzexorzist, vertrieb nicht mit Hilfe magischer Rituale böse Hexen aus Stuben und Ställen, sondern sah sich in der Tradition der Alchimisten, mixte in seinem Keller das »Rote Lebens Elexieer«, von dem wir in einem Prospekt lesen, es sei »in früheren Zeiten das vielgebrauchte, begehrte Mittel der Gold- und Rosenkreuzer gewesen und diente zur allgemeinen Gesunderhaltung, zugleich zur Beseitigung aller Beschwerden und Krankheiten! Es wurde in neuerer Zeit in unserem Laboratorium im Jahre 1925 hergestellt und in einem Berliner Krankenhaus auf seine Wirksamkeit geprüft und für sehr wirksam befunden . . .« Das rote Lebenselixier, das bei fünfundzwanzig Leiden Hilfe versprach, oder die »echt astrologischen Sympathie-Glücksparfüme« sowie die magischen Räuchermittel aller Planeten und Tierkreiszeichen des Julius Chrometzka hätten wohl kaum eine Änderung des Strafrechts gerechtfertigt, zumal damit auch die, in jenen Jahren noch kritiklos von der katholischen Kirche geduldeten Wallfahrten zu wundertätigen Heilsorten erfaßt worden wären, wo gleichfalls Genesung versprochen wurde.

Die Karriere des Bruno Gröning vom simplen Hexenbanner zum gefeierten Wunderheiler und die berufliche Entwicklung des Julius Chometzka vom chemisch-pharmazeutischen Fabrikanten zum Alchimisten waren für die Nachkriegsjahre symptomatisch. Eine stattliche Zahl weiterer Heiler ließe sich anfügen, in allen Regionen Deutschlands tauchten sie auf, und selbst in der atheistischen DDR praktizierten unangefochten Magnetiseure und Hexenbanner. Für ihre Popularität sorgten die Medien, die kritisch, aber auch sensationslüstern Wundermeldungen berichteten. Der wachsende Zulauf hatte Gründe, die nicht nur an der in sogenannten schlechten Zeiten verstärkten Glaubensbereitschaft lagen. Neu war, daß die Heiler und Banner das eiserne Gebot dieser Zunft, »nur im stillen zu wirken« und über ihre Kunst nicht zu sprechen, mißachteten und sich nicht scheuten, lautstark ihr Können anzupreisen. Damit waren sie für die bodenständigen Gläubigen, die auf die Verschwiegenheit ihrer »Kundigen« bauten, unglaubwürdig. Doch die Heimatvertriebenen und Flüchtlinge, die ihre »stillen Helfer« verloren hatten und nun – wurzellos und fremd – keinen vertrauten Heiler fanden, suchten sich in diesen überregionalen Magiern einen Ersatz und machten öffentlich, was vordem nur im geheimen praktiziert worden war.

Der Kampf gegen den Aberglauben entbehrte zuweilen nicht der Komik, zumal sich die Front der streitbaren Ärzte, Lehrer und Verwaltungsbeamten in der Bewertung des Phänomens nicht einig war. Insbesondere die Theologen wollten sich nicht von den Aufklärern und Rationalisten einvernehmen lassen, übten zum Beispiel Kritik an ihrem sonst so getreuen Bündnispartner Herbert Schäfer, der den Okkultismus als »pseudowissenschaftlichen Schotter«[55] bezeichnet hatte, und auch die in den Statuten der »Deutschen Gesellschaft zum Schutz vor Aberglauben« aufgenommene Beurteilung des Okkultismus »als schwindelhafte Disziplin«[56] erschien den Kirchenmännern nicht angemessen. Für sie war der angeblich wachsende Aberglauben Ausdruck teuflischen Wirkens und – bei allem Unfug, der damit getrieben wurde – »keine harmlose Spielerei«, denn auch einer »unbefangenen und zugestanden ehrlich forschenden Schulweisheit tun sich nur Ausschnitte, Fernsichten und Verkleinerungen auf«, schrieb Herbert Auhofer und verwies damit auf die für die Kirche immer noch gültige Dämonenlehre, wonach böse Geister die Gläubigen zum Widerglauben verführen.[57]

Trotz dieser Differenzen war man sich, wenn auch von unterschiedlichen Interessen geleitet, in der Forderung nach verstärkten staatlichen Maßnahmen gegen den Aberglauben einig. Zuweilen fanden sich auch Staatsanwälte, die dem Drängen der modernen Hexenfahnder nachgaben. Am 28. November 1956 eröffnete ein Gericht in Braunschweig den Prozeß gegen die Gesellschafter des Planet Verlages, F. Masuch und H. Schnell, als Herausgeber des »Sechsten und Siebten Buch Moses«. Strafantrag hatte Johann Kruse gestellt, für den dieses Zauberbuch die Quelle des schlimmsten neuzeitlichen Hexenwahns war. Beeindruckt von der hohen Auflagenzahl dieses primitiven Machwerks schrieb die »Badische Zeitung«, dieses Buch wäre »der eigentliche ländliche Bestseller der

Bundesrepublik Deutschland«.[58] Das war freilich nur eine Vermutung, denn die Verleger machten über ihren Vertrieb lediglich ungenaue Angaben, doch aus der Werbung in den beliebtesten Groschenromanen jener Jahre und durch konspirative Beobachtungen der Geschäftsräume glaubte man, Rückschlüsse auf die Auflagenhöhe ziehen zu können. Als besonders verkaufsfördernd beurteilte man den Trick der Verleger, die das »Sechste und Siebte Buch Moses« mit einem Siegel verschlossen und darauf hinwiesen, daß die Zauberkünste, die das Buch versprach, nur demjenigen zuteil werden könnten, der dieses Siegel erbrach. Auch feldforschende Volkskundler wußten zu bestätigen, daß der, oft nur aus Bibel, Andachtsbuch und Trächtigkeitskalender bestehende bäuerliche Bücherschatz häufig durch das »Sechste und Siebte Buch Moses« bereichert war.

Der Ursprung dieses »sympathischen Heilbuchs« ist ungeklärt; wie in diesem Metier üblich, verwiesen die Schöpfer derartiger Traktate auf uralte Überlieferungen. Moses, so hieß es, verfügte über zauberische Fähigkeiten, besiegte selbst die berühmten ägyptischen Magier. Dieses Wissen hätte er in einem sechsten, siebenten und achten Buch niedergeschrieben. Kirchenväter unterschlugen jedoch der Christenheit diese zauberischen Werke. Andere behaupteten, Moses wäre auf dem Berg Sinai von Gott in magische Praktiken eingewiesen worden, doch mit dem ausdrücklichen Verbot, diese aufzuschreiben. Mündlich wäre das Wissen dann an die Hohenpriester weitergegeben worden. Der jüdische Schriftgelehrte Esdras hätte schließlich diese Kabbala (Überlieferung) um 400 v. Chr. aufschreiben lassen. Die Alchimisten des 17. und 18. Jahrhunderts beriefen sich vor allem auf letztere Version, wobei sie sich mit Vorliebe zu Teilhabern dieses Wissens erklärten. Die Legende von den unterschlagenen Mosesbüchern erhielt bereits in der Reformationszeit viele Anhänger, die nunmehr behaupteten, die Bibelübersetzer hätten die Zauberbücher aus Furcht vor der damit verbundenen Macht weggelassen. Als Volksbuch erschien das »Sechste und Siebte Buch Moses« allerdings erst im Jahre 1849 bei J. Scheible in Stuttgart. Der Erfolg des Büchleins ließ weitere Verlage folgen: 1882 Bartels, Berlin und Glogau, und 1897 Barsdorf, Berlin. Weniger geschätzt waren die Mosesbücher, die in den zwanziger Jahren bei Delafor in Hamburg und Hülsemann in Leipzig herauskamen.[59] In allen diesen Zauberbüchern finden sich neben bewährten Hausmitteln und praktischen Haushaltstips Rezepturen zum Anfertigen von Zauberstäben sowie zum Schutz gegen Impotenz und Frigidität, Liebeszauber und magische Mittel gegen Bettnässen. Vor allem aber versprechen sie die Herrschaft über Dämonen, mit deren Hilfe man Schätze finden kann und zu Macht und Ansehen gelangt. In einer Berliner Ausgabe findet sich ein Mittel, »Parlamentsabgeordnete nackend vor sich tanzen zu lassen«; überdies bietet ein Rezept die Feststellung der eigenen Dummheit an: man solle das Buch noch einmal lesen. Besonders gefürchtet waren die Anweisungen zur Stiftung eines Schadenzaubers, womit der Rat erklärlich wird, daß der Eigentümer dieser »Bibel« deren Besitz geheimhalten müsse.[60]

Über die 1949 erschienene Neuauflage des »Sechsten und Siebten Buches Moses« hatte nun das braunschweigische Gericht zu entscheiden. In maßloser Übertreibung hatte Kruse in seinem Strafantrag behauptet, daß aus diesem Druckwerk »Hexenbanner und Abergläubische ihre düstre Arbeit nehmen, um dann Tausende schutzloser Frauen und Mütter als Hexen zu ächten, zu mißhandeln und in den Tod zu treiben«. Pflichtgemäß bestellte das Gericht zwei Sachverständige: den Ordinarius des Instituts für Volkskunde der Universität Göttingen, Professor Will Erik Peukert, der die Mosesbibel für harmlos hielt und die Öffentlichkeit nicht als gefährdet sah, und Professor Dr. Prokop vom Gerichtsmedizinischen Institut Berlin, der das Buch als »absolut gefährlich« einschätzte, weil es ein Wegbereiter für den sich auf dem Vormarsch befindlichen Okkultismus wäre. Prokop konnte es sich nicht verkneifen, seinen Gutachterkollegen Peukert mit einem Seitenhieb zu bedenken, indem er bemerkte, daß Übersinnliches sogar in die Universitäten eindränge. Bereits Anfang Dezember hatten sich Schöffen und Richter zu einem Urteil durchgerungen. Die Beklagten wurden wegen unlauteren Wettbewerbs, Betrugs, Aufforderung zur Begehung einer strafbaren Handlung, groben Unfugs und Verstoßes gegen das Gesetz zur Bekämpfung der Geschlechtskrankheiten zu DM 9000 Geldstrafe verurteilt. Der Jubel der aufgeklärten Inquisitoren währte jedoch nicht lange. Im September 1957 verhandelte die zweite Strafkammer des Landgerichts Braunschweig als Berufungsinstanz erneut den Fall. Wieder stritten die Sachverständigen Prokop – unterstützt von seinem Kollegen Jungmichel aus Göttingen – und Professor Peukert. Die Verhandlung wurde zunehmend zu einer Posse, einer religiösen Fehde, so beschrieb »Stockholms Tidingen« die Gelehrtenauseinandersetzung, »vor der das arme Gericht sozusagen mit offenem Munde dasaß«. Richter und zuhörende Öffentlichkeit sahen sich einer wissenschaftlichen Disputation ausgesetzt, der zu folgen ihnen schwerfiel. Das lächerlich primitive Hokuspokusbuch wurde Gegenstand philosophischer Betrachtungen der neopositivistischen Naturwissenschaftler und des idealistischen Gelehrten Peukert. Für Professor Prokop war das »Sechste und Siebte Buch Moses« ein »verderbliches und gefährliches Werk«, Zeugnis eines finsteren Aberglaubens und unheilstiftender Auslöser von vielen, bereits vor anderen Gerichten verhandelten Hexenbezichtigungen. Das wollte der Volkskundler nicht gelten lassen, denn zum einen beurteilte er den Aberglauben als »ursprünglichen Glauben der Menschen«, und überdies, wer könnte schon entscheiden, wer im Besitz der Wahrheit wäre. Wenn im Volk die alten Glaubensvorstellungen noch lebten, dann müßte dies von Aufgeklärten toleriert werden. Das Mosesbuch als »gesunkenes Kulturgut« verpflichte als Zeugnis der Medizin unserer Väter zur Achtung. Das Gericht folgte Peukert und dem bereits seit einem Jahrhundert geübten toleranten Rechtsbrauch und kassierte das Urteil des Schöffengerichts. Gutachter und Staatsanwalt konnten nicht an konkreten Fällen nachweisen, daß die Mosesbibel Ursache für Straftatbestände gewesen war.[61]

Die vorhandenen Vorschriften reichten nach Ansicht des Gesetzgebers aus, der Scharlatanerie zu begegnen, und im Falle eindeutiger Beweise konnte juristisch dagegen eingeschritten werden. Zu einer Wiedereinführung eines Straftatbestandes »Zauberei« mochte man sich somit nicht entschließen. Das Urteil des Bundesgerichtshofes vom November 1955 hatte für die Rechtssprechung die zur Begegnung der Quacksalberei notwendige Richtung gewiesen, indem es grundsätzlich noch einmal bekräftigte, daß das bereits vorhandene Heilpraktikergesetz ausreiche, um im Sinne der Volksgesundheit zu verhindern, daß Kranke in die Hände von Unkundigen fallen und Ängste der Leidenden geschäftlich ausgenutzt würden. Erläuternd fügten die Bundesrichter hinzu: »Mit Rücksicht auf diese Zwecke des Gesetzes ist unter einer Tätigkeit zur Feststellung, Heilung oder Linderung von Krankheiten oder Körperschäden im Sinne des § 1

Abs. 2 Heilpraktikergesetz jedes Tun zu verstehen, das bei den Behandelten den Eindruck erweckt, es ziele darauf ab, sie zu heilen oder ihnen Erleichterung zu verschaffen. Das kann auch dadurch geschehen, daß angebliche übernatürliche Gewalten mit vermeintlichen oder vorgetäuschten übersinnlichen Kräften bekämpft werden. Gerade ein solches Treiben kann den Zielen des Heilpraktikergesetzes im hohen Maße zuwiderlaufen und daher besonders gefährlich sein. Dabei spielt es keine Rolle, ob es zugleich Betrug ist. Tateinheit zwischen Betrug und Vergehen gegen das Heilpraktikergesetz ist nicht ausgeschlossen . . .«[62] Mit diesem höchstrichterlichen Beschluß war ein brauchbares Instrumentarium geschaffen, den Wunderheilern das Handwerk zu legen – vorausgesetzt, wissenschaftliche Gutachter fanden sich bereit, die Quacksalberei zu bestätigen.

Von staatlichen Nachstellungen unberührt blieb der sogenannte Schadenzauber, der – fälschlicherweise zuweilen als Hexenglaube bezeichnet – von Johann Kruse und seiner Anhängerschaft so heftig gebrandmarkt wurde. Die in diesem Zusammenhang wirkenden »Kundigen«, die als gute Nachbarn im Schadensfall gefällig waren und mit weißmagischen Praktiken zu helfen versprachen, hatten bereits aus den bitteren Erfahrungen früherer Generationen ihrer Zunft mit der argwöhnischen Obrigkeit eine Technik des Überlebens entwickelt: Noch heute ist für Heilsuchende und kundige Helfer oberstes Gebot, über das Wissen um diese Dinge nicht zu sprechen! Verstöße gegen diese Regel – so heißt es – verhinderten den Erfolg. Die in der Tradition der magischen Nothelfer arbeitende Frau B. in Lüneburg verweigerte 1990 ein Fernsehinterview mit den Worten: »Ich bin nicht für die Öffentlichkeit, darüber spreche ich nicht.« Die Scheu vor der Publizität war nicht nur von der Furcht vor polizeilichen Nachstellungen diktiert, ein Fernsehauftritt hätte sie bei ihrer vornehmlich ländlichen Klientel unglaubwürdig gemacht.[63]

Diese Schweigepflicht ist der Grund dafür, daß nur wenige Schadenzaubervorfälle an die Gerichte gelangen. Ein Fall, der in den 50er Jahren aus dem Dunkel dörflichen Brauchs an das Licht der Öffentlichkeit drang, war der Fall der Irma B. Durch einen Zufall vor die Schranken eines Lüneburger Gerichts gebracht, offenbarte dieser Prozeß die noch heute ungebrochen vorhandene Angst vor finsteren Mächten, die Zank und Unfrieden zum Schaden der Gemeinschaft stiften. Ausgangspunkt des dörflichen Dramas, das zeitweilig wie ein bäuerlich-uriges Lustspiel anmutete, schließlich aber sich zu einer Tragödie entwickelte, war das wohlgepflegte Abbauerhaus des Kleinlandwirts B. Seine Hofstelle war mustergültig geführt, und als besonderes Kriterium dörflicher Anerkennung wurde die Sauberkeit der Hausfrau hervorgehoben. Offensichtlich mißbilligt wurde jedoch die Haltung eines Personenkraftwagens, zu einer Zeit, als noch die großen Bauern einen solchen Luxus sich nicht leisteten und mit Pferd und Wagen zur Stadt fuhren. – Der Polizist des Ortes wußte später von anonymen Anzeigen zu berichten, die ihn zur Wachsamkeit bezüglich der Fahrweise des B. aufgefordert hätten. – Fleiß und Sparsamkeit erlaubten der Abbauerfamilie einen bescheidenen Wohlstand. Tochter Irma zeigte ihren Freundinnen zuweilen eine außergewöhnliche Kollektion wertvoller Schmuckstücke, »echt Gold und mit echten Steinen«, und Nachbarn beobachteten, daß statt der üblichen Leinentücher flauschiges Frottee auf der Wäscheleine hing.

Der offensichtlich einem Abbauer nicht zustehende Luxus führte zu Gerede und Tratsch. In der schlechten Zeit, kurz nach dem Krieg, verbreitete der Postbote, daß die Familie B. fast täglich Pakete aus Amerika erhielte, andere, so meinte man, hätten es nötiger gehabt – doch wie hieße das Sprichwort: »Der Teufel scheißt auf den größten Haufen.« Das alles wußte man sich noch zwanzig Jahre nach dem Prozeß im Dorfe zu erzählen. Freilich, man konnte sich auch daran erinnern, wie fröhlich Irma gewesen war, daß sie gerne zum Tanzen ging und mit ihrer Freundin in die nahe Stadt fuhr, um dort einzukaufen und eine Tasse Kaffee in Macht's Konditorei zu trinken. Doch zunehmend wurden diese kleinen Freuden bei Irma von der Furcht vor Neid und Mißgunst überschattet. »Der Neid der Nachbarn fraß an ihrem Gemüt«, erklärte der Bürgermeister später, so daß Irma sonderbar wurde, »vielleicht«, so fügte er hinzu, »hätte sie mal zu einem Mann gemußt, wenn sie wissen, was ich meine.«

Das Unglück nahm seinen Lauf, als ein Pferd der B's an Hufrolle erkrankte und durch tierärztliche Kunst nicht zu heilen war. Ein Kundiger wurde konsultiert, der sogleich die Vermutung des Vaters bestätigte und das Leiden auf das Werk »böser Leute« zurückführte. »Da ist euch einer nicht wohl«, erklärte er und gab die entsprechenden Anweisungen zur Abwehr des Schadenzaubers: Unter seiner

Leitung wurden in Aromafläschchen die »Zusammenkehrung hinter der Stubentür«, Asa Foetida, Teufelsdreck und Weihrauch gefüllt und unter die Türschwelle gelegt. Desweiteren ordnete er an, die Fenster luftdicht zu verschließen und zudem noch mit Brettern zu vernageln. Besonderes Augenmerk ließ er auf die Stallfenster richten, sie wurden mit Kitt abgedichtet. Als verhängnisvoll erwies sich sein Hinweis, daß die erste Person, die nach dieser Prozedur den Hof betreten würde, der Schadensstifter wäre. Es war die beste Freundin Irmas, der man nun den Zutritt untersagte und überdies mit unflätigen Schimpfworten bedachte.

Die Vorgänge auf dem Hof blieben der Nachbarschaft nicht verborgen, die Kontakte zur Familie B. wurden eingestellt, keiner wollte sich einer Bezichtigung aussetzen. Vater B. hatte zudem dem Postboten das Betreten des Grundstücks verboten. Dies alles forderte nun die Nachbarschaft zu Gegenaktionen heraus. Die Alteingesessenen erinnerten sich der alten Glaubensvorstellungen des Schadenzaubers, wußten, wie gefährlich es war, in den Ruch zu kommen, Urheber des Schadens zu sein und wehrten sich gegen einen möglichen Verdacht, indem sie Irma B. bezichtigten, die Quelle des Übels zu sein. Mit psychischem Terror verfolgten sie das schwächste Glied der Familie. Besonders taten sich der Postbote und der Schmied hervor. Beide umkreisten des nachts mit dem Motorrad den Hof, blendeten mit dem Scheinwerfer auf das Haus, verkleideten sich als Geister, um Irma zu erschrecken, oder stellten ausgehöhlte, mit Kerzen illuminierte Rüben, in die sie Gesichter geschnitten hatten, auf den Gartenzaun. Andere bespritzten das Mädchen mit Jauche und warfen mit Steinen – die Hexenjagd wurde zum Spaß der Kinder und Erwachsenen.

Schließlich entschloß sich Vater B., Klage gegen den Schmied zu erheben. Das Gericht zeigte sich hilflos, der Beklagte war sich seiner Zeugen sicher. Die unglückliche Irma war nach durchlittener Hatz bereits geistig verwirrt und entmündigt. Der Vorsitzende des Gerichts, Amtsgerichtsrat M., sah sich verstockten und schweigenden Zeugen gegenüber, die zwar geduldig seinen Warnungen vor dem Aberglauben lauschten, zur Einsicht aber keine Veranlassung sahen. Als Beweisstück lag damals ein Reisigbesen auf dem Richtertisch, den Nachbarn der »Hexe« vor die Tür gestellt hatten. Drohend schwenkte der Richter diesen Besen über die Zeugen und Beteiligten, um damit zu demonstrieren, daß ein solch nützliches Arbeitsgerät nicht zum Gegenstand böser Verleumdungen werden dürfe. – Irma B. konnte niemals wieder in ihr heimatliches Dorf zurück, den größten Teil ihres Lebens verbrachte sie in der Psychiatrie.[64]

Der Fall Irma B. ist kein Einzelfall. In dem kleinen Dorf T. beklagte sich eine junge Bäuerin bei ihrer Mutter, daß nun bereits im zweiten Jahr eine bestimmte böse Person ihre besonders wohlgeratenen Gänse umgebracht habe. Dem mütterlichen Rat, den Kundigen Walter K. aufzusuchen, wurde entsprochen und sogleich wendete der um Hilfe Gebetene mit einem Abwehrzauber das Unheil ab.[65] Ein Handwerker berichtete aus seiner Kinderzeit: »Ich bin ja in O. zur Schule gegangen. Da war damals eine Frau, sie war ganz verrufen für solche Sachen. Meine Eltern sind aus O. weggezogen, weil sie viel Malheur hatten mit dem Vieh. Wenn die Sau Ferkel hatte, dann konnten sie bestimmt damit rechnen, die (Sau) ging an die Ferkel, um sie aufzufressen. Na, denn ist Vater nach Schäfer Ast hin, und da bekam er was, und wenn die Sau das bekam, denn war das gut. Aber meistens waren dann schon zwei oder drei Ferkel tot. Und auch mit den Kühen – wir haben jedes Jahr eine Kuh zusetzen müssen . . .«[66]

Krankheiten oder gar Todesfälle im Viehbestand können unter bestimmten Voraussetzungen das Werk böser Personen sein. Häufig aber werden auch Menschen mit einem Schadenzauber belegt. Der behinderte Hein E. erklärte sein Leiden als mißgünstige Tat einer namentlich benannten Verwandten: »Daß meine drei Brüder und ich Krüppel geworden sind, das kommt von dieser Frau. Die war die erste, die an das Wochenbett von meiner Mutter gekommen ist, und die hat was gemacht, so was vererbt sich nicht, so was nicht, was angetan ist, vererbt sich nicht, so was nicht . . .«[67] Wöchnerinnen und wonniges Kinderglück fordern die Bösen offensichtlich besonders heraus, unheilstiftenden Zauber auszuüben. Ende der siebziger Jahre klagte das Ehepaar S. über die Sorge um ihre kleine Tochter: »Sehn Sie, Herr P., wir sprechen mit keinem Menschen darüber – wo Sie aber darüber so Bescheid wissen: Wir hatten es mit unserer R. Eines Tages zog sie im Bett die Beine an und schrie aus Leibeskräften. Ich gab ihr einen Klaps, man ahnt ja noch nichts, aber es war jeden Abend so, angewinkelte Beine und Schreien. Wenn sie bei uns im

Bett war, war es eigentlich nicht. Wir haben die Matratze verbrannt, und es nutzte nichts. Frau B. hat es dann gesagt. Es waren drei, die ihr das angetan haben. Nachts sind sie auf der Kreuzung gesehen worden.«[68]

Häufig werden alte Leute bezichtigt, Schaden gestiftet zu haben. Nach einem Geburtstagskaffee fühlte Gisela W. starke Schmerzen im Bein, und als der Doktor »nicht mal mit Spritzen« zu helfen wußte, war ihr klar, daß die auch eingeladene und für solche Dinge verrufene, greise Doris K. »etwas gemacht hatte«.[69]

Die Hexen des 16. und 17. Jahrhunderts, so berichten uns die Prozeßakten jener Zeit, hatten mit besonderer Vorliebe Äcker unfruchtbar gemacht. Auch diese böse Kunst hat sich bis auf unsere Tage erhalten können. Für die Bewohner des Dorfes H. galt es als erwiesen, daß auf dem Feld des Bauern D. nichts gedeihen wollte, weil die berüchtigte »alte M.« auf dem Acker ein Mißwuchs verursachendes Brot vergraben hatte.[70]

Aus der Fülle des gesammelten Materials ließe sich eine Unzahl weiterer Nachrichten zum noch heute lebendigen Glauben an schadenstiftende Mächte anfügen. Doch alle Fälle pflegen nahezu gleich zu verlaufen. Die Betroffenen fühlen sich als Opfer sogenannter »schlimmer Leute«, wobei die niederdeutsche Bezeichnung »lege Lü« die Boshaftigkeit der Unheilbringer noch deutlicher beschreibt. Um Schaden anzurichten, bedarf es gewisser Kenntnisse, die zuweilen in berüchtigten Familien tradiert und stets in Verbindung mit einem neidischen Charakter erklärt werden. Entgegen der oft geäußerten Meinung, lediglich ein böser Blick sei die Ursache der Schädigung, ist festzustellen, daß man nur den Augen eine solche Fähigkeit in unseren Breitengraden nicht zuschreibt. Dennoch sind die schadenstiftenden Praktiken »schlimmer Leute« einfach und bedürfen keiner besonderen Fähigkeit. Vor allem gilt es, die vorgeschriebenen symbolischen Handlungen mit intensiven bösen Gedanken zu begleiten.

Mit einem geschickt angelegten Wortwechsel zum Beispiel kann man Gewalt über eine Person erlangen: Durch entsprechende Fragestellung muß man das auserwählte Opfer dazu bewegen, dreimal mit »Ja« zu antworten. Der junge und pfiffige Walter W. wußte um diese Technik des »Unterkriegens« und machte sich einen Spaß daraus, eine berüchtigte Schadenzauberin zu foppen. »Wir waren«, so berichtete er, »gern bei E. Wir sollten dort eigentlich nicht hingehen, aber wir waren mit der Tochter befreundet, und darum gingen wir dorthin, obgleich unsere Eltern dies nicht gern sahen ... Und ich steh' dort mit dem Rücken am Schrank, und dann sagt die Mutter von unserer Freundin ... sie fragt dich immer Dinge, die du mit ›Ja‹ beantworten mußt und dann hat sie mich auch zweimal gefragt und zweimal habe ich auch mit ›Ja‹ geantwortet, aber wie sie mich das dritte Mal fragte, habe ich gesagt: Und wenn ich nu' auch ja sagen soll, ich tu' das nicht, ich sag nein ...«[71] Häufig Fragen stellende Personen werden schnell verdächtigt, böse Absichten zu verfolgen, man unterstellt ihnen, daß sie es darauf abzielten, ein dreimaliges »Ja« dem Opfer zu entlocken.

Doch als wirksamstes Mittel gelten mit boshaften Gedanken versehene Lebensmittel. Nachvollziehbar ist, daß ekelerregende Substanzen als Essenzugabe Unwohlsein hervorrufen, wie Nasenpopel, abgeschnittene Fingernägel und Haare. Wilhelm K. wußte aus eigenem Erleben von dem Versuch einer solchen Behexung zu berichten. Eine Frau hatte ihm ein Klappbrot überreicht: »Und als ich nachguckte, was drauf war, waren lauter abgeschnittene Fingernägel zwischen der Butter.«[72] Mit besonderer Vorliebe wird jedoch mit begehrten eßbaren Geschenken gezaubert; so wie im Märchen Schneewittchen die böse Stiefmutter dem schönen Mädchen aus Neid und Mißgunst mit einem Apfel die Totenstarre anhexte, wird auch heute noch praktiziert. Frau K. aus T. erzählte: »Wissen Sie, mein Neffe Willi, der sagte, Tante, den Apfel, den ich eben von Frau Z. bekommen habe, den darf ich nicht essen, den muß ich hinten tief eingraben.« Ein anderes Kind in B. hatte juckende Stellen auf den Fußsohlen, und da sie plötzlich gekommen waren, wurden die Angehörigen mißtrauisch und insistierten, ob ihm jemand ein Geschenk gemacht hätte. Die Antwort des Jungen, Frau W. hätte ihm vor einigen Tagen einen Lolly gegeben, ließ die Eltern versichert sein, daß ihr Kind einem Schadenzauber zum Opfer gefallen war.[73] In der 800-Seelen-Gemeinde O. litt Bauer B. über einige Jahre unter ständigem Unwohlsein. Die Krankheit war nicht konkret zu beschreiben und der konsultierte Arzt wußte wenig Rat. »Merkwürdig war«, so erzählte B., »daß, wenn ich O. mal verließ, zum Beispiel nach L. fuhr, dann war es weg.« So war es naheliegend, einen Zauber zu vermuten.

Frage: »Gab es das, daß auch mal Vieh verhext wurde?«

Herr B.: »Ach, wissen Sie, hier nicht, hier war man nicht abergläubisch.«

Frau B.: »Ja, aber du selbst.«

Herr B.: »Ja, das war aber eine andere Sache.«

Frau B.: »Hier war eine Frau, und die hatte jede Zeit und Stunde, jeden Tag etwas für ihn.«

Herr B.: »Ja, sie gab mir etwas zu essen.«

Frage: »So, daß es auffiel?«

Herr B.: »Ja, och, ich mocht' gern saure Gurken, wenn ich dann aufs Feld fuhr, dann kam sie raus und sagte, hier, magst doch gern saure Gurken.« Daß sich B. nach dem Genuß dieser Gurken krank fühlte, wollte er nicht als Aberglauben empfinden, denn schließlich war das Leiden nach dem Wegzug jener Frau »wie fortgeblasen«, das war »schließlich Tatsache und nicht Aberglaube«.[74]

Zuweilen wird ein ärgerliches Geschenk auch als Zauberversuch gedeutet. Eine Frau in H. beschenkte ihre Nachbarn mit Fleisch. Als die mit der hochherzigen Gabe Bedachten den Braten berochen, stellten sie einen strengen Geruch fest – er war faul. Die Spenderin, noch dazu eine Flüchtlingsfrau, galt nun als überführt, »leg« zu sein.[75]

Die Ängste vor einer nachbarschaftlichen Verzauberung führen dazu, daß man sehr ungern etwas ausleiht, denn – so heißt es – die wieder zurückgegebenen Lebensmittel oder Gegenstände seien häufig mit schädigenden bösen Gedanken versehen. Ernst M. berichtete: »Frau H. (Bannerin) hat mir gesagt, ich dürfte in den nächsten Tagen nichts ausleihen, und wenn einer kommt und etwas ausleihen möchte, dann wüßte ich, wer meinen Tieren etwas angetan hat. Und am folgenden Tag kommt einer zu mir und verlangt ein Pflaster. Der Grund? Völlig unbegründet! Wir haben ihm das Pflaster natürlich nicht gegeben.«[76]

Zuweilen aber ahnen die vom Unglück Verfolgten nichts von der Ursache ihres fortwährenden Mißgeschicks. In diesem Fall sind die Zaubermittel durch böse Mitmenschen im Wohnhaus oder in den Ställen heimlich versteckt worden. Schwer zu entdecken sind die besonders gefährlichen Holzsplitter, die beim Baumfällen am Stumpf stehenbleiben. Wenn dieses Holz modrig geworden ist, wird es geerntet und zu boshaften Zwecken verwandt. Vor allem in den

Ritzen von Holzkonstruktionen eines Hauses zeugen diese Splitter unbegrenztes Unglück.[77]

Über einen anderen Hauszauber berichtete ein junger Kaufmann aus dem Fränkischen: Das Haus seines Freundes war von ständigem Mißgeschick heimgesucht. Beim gemeinsamen Aufräumen des Hausbodens entdeckten sie, am Sparren angenagelt, ein Zauberbuch. Der Versuch, den Nagel herauszuziehen, mißlang und zudem erlitt der Freund eine Ohnmacht, so daß man sich entschloß, den Pfarrer zu konsultieren. Die Fahrt zum Pfarrhaus war voller Hindernisse, dreimal wäre es beinahe zu einem Autounfall gekommen. Erst mit einer entsprechenden Behandlung mit Weihwasser und Gebeten des Pfarrers ließ sich das böse Buch entfernen. – Nun, so versicherte der Informant, wäre wieder Friede in das Haus eingekehrt.[78]

Im Zusammenhang mit weiteren schädigenden Mitteln haben wir uns der Strafbestimmung des »Sachsenspiegels« zu erinnern, wonach Menschen, die »mit Zauber und Gift umgehen«, den Flammen überantwortet wurden. Auch heute noch kennt man giftige Substanzen, die dem besonders wohlgeratenen Vieh beigebracht werden und den Tod herbeiführen. In T. berichtete ein Geschädigter: »Als der Pferdeschlachter mein totes Pferd aufschnitt, sagte er, alles verbrannt, innerlich verbrannt durch ein Mittel. Es ist ein feines Pulver, das durch kleinste Ritzen zu pusten ist.« Ein Informant aus K. vermutete, daß seine jüngste Schwester mit »zerschnippelten Menschenhaaren« vergiftet worden wäre, und die Jungbäuerin L. glaubte, im Magen ihrer umgebrachten Gänse zerstampftes Glas entdeckt zu haben.[79]

Der alte Landapotheker in T. galt als kundiger Lieferant »böser Pulver«. Kurz vor seinem Tode bekannte er, über Jahre zahlreiche Schadenzaubervorfälle beobachtet zu haben. Eine Anzeige bei der Polizei hätte zweifellos seine Existenz bedroht, so daß er lediglich seine Kunden warnen konnte. Als nichtsahnend eine junge Frau die verdächtigen Mittel im Auftrag einer berüchtigten Person von ihm verlangte, gab er ihr das Tütchen mit den Worten: »Das hätte ich Ihnen aber nicht zugetraut, Sie wollen doch das schwarze Geschäft nicht anfangen.«[80]

Die Frau des kleinen Landwirts E. in V. sah sich von einer neidischen Nachbarin so »gedrückt«, daß sie es ihr rachsüchtig gleichtun wollte. Uneingewiesen in die schwarze Kunst erwarb sie das »Sechste und Siebte Buch Moses« und verfuhr nach dem dort angegebenen Rezept: »Willst du deinen Gegner schädigen, so schreibe auf eine Glasplatte mit Tinte, nach Sonnenuntergang also: ›Dein Unglück wird kommen auf dein Haupt und deine Bosheit auf deinen Kopf fallen, NN.‹ Beräuchere die Platte siebenmal und lasse immer fünfzehn Minuten Zeit zwischen jeder Beräucherung. Bei jeder Handlung spreche: ›Stehe auf, Adonay, in deinem Grimm und erhebe dich im Zorn wider meinen Gegner, NN.‹ Danach nimm Schmutzwasser, wasche die Platte gut ab und schütte das Wasser auf die Türschwelle deines Gegners. Soll der Schaden groß werden, so zerbreche oder vergrabe die Platte am Hause oder der Türschwelle deines Gegners.«[81]

Gefährlicher als solche angelesene Kunst ist das in einer sogenannten Kette weitergegebene, boshafte Wissen. Wie alle magischen Praktiken muß dieses vor dem Tode abgegeben werden. Eine solche Übertragung folgt stets gegengeschlechtlich, so daß nach dem Tode eines männlichen Kundigen jeweils nur die weiblichen Familienangehörigen mit Argwohn beobachtet werden.

Zaubermittel aus Apotheken und Drogerien, selbstgefertigte schädigende Mittel und schließlich die Bereitschaft, aus böser Literatur die schwarze Kunst zu erlernen, widerlegen die häufige Auffassung, Hexenbezichtigungen treffen nur willkürliche Opfer. Eine berüchtigte Frau in O. bekannte auf die Frage, warum sie einer Flüchtlingsfrau ein Beinleiden zufügte, freimütig: »Ich muß so etwas tun.« Und nur die inständige Bitte des Fragestellers, der Betroffenen das Unglück wieder zu nehmen, ließ die Frau erweichen, das Bein wieder gesunden zu lassen.[82]

Gibt es sie also doch, die Hexer und Hexen, die aus böser Lust Nachbarn und Mitmenschen mit Schaden belegen? Freilich, die Mehrzahl der untersuchten Fälle offenbart haltlose Bezichtigungen, allenfalls verfolgen sie die Absicht, mißliche Leute aus der Dorfgemeinschaft hinauszugraulen oder Sündenböcke für eigenes Fehlverhalten zu benennen. Gemeinsam ist allen Vorkommnissen allerdings das Grundmotiv des Schadenzaubers: Neid und Mißgunst oder die Angst davor.

Die aufklärerische Empörung über den hartnäckigen Bestand des dörflichen Zauberglaubens relativiert sich bei der Betrachtung des

Neidphänomens in ähnlich organisierten Gemeinschaften, beispielsweise hierarchisch gegliederten Betrieben, aber auch Vereinen und Parteien. Machtkämpfe und Außenseiterbehandlungen verlaufen zuweilen gleichermaßen absurd, und die Sanktionen, die eine Mehrheit für mangelnde Anpassung und Normenverstöße bereithält, folgen dem Grundmuster menschlichen Verhaltens in Sitte und Brauch geordneter Gemeinschaften. Intrige, üble Nachrede, Häme und Schikanen sind nicht auf Dorfgemeinschaften beschränkt. Die Opfer erleiden ein unbestimmtes Unwohlsein, von Betriebsärzten als psychosomatische Störung diagnostiziert und medikamentös mit den entsprechenden Pharmaka behandelt; die in tradierte Glaubensvorstellungen eingebundenen Gemeinschaften versuchen mit magischen Mitteln den Auswirkungen des Neides zu begegnen.

Die dörfliche Bewohnerschaft beteuert stets das Miteinander ihrer Gemeinschaft und preist die nachbarschaftliche Geborgenheit in Freud und Leid. Dieses Bild hat die traditionelle Volkskunde weitgehend übernommen und dokumentiert in diesem Sinne dörfliches Brauchtum und Sitte im bäuerlichen Jahreslauf. Die hierarchische Ordnung und die damit verbundenen sozialen Konflikte bleiben zumeist ausgeklammert.

Über seine Jugendzeit um die Jahrhundertwende schrieb der Häuslingssohn Willi R. in einem autobiographischen Bericht über sein heimatliches Dorf: »Niemand durfte sich außerhalb der Gemeinschaft stellen, da er im Falle der Not unbedingt auf die Nachbarn angewiesen ist. Es hieß: Alle für einen, aber auch einer für alle.« Zur Bekräftigung dieses Grundsatzes fügte er das rührende Erlebnis einer armen Frau hinzu, deren Schwein krepiert war. Heimlich, als die Alte schlief, hätten die Bauern ihr ein neues Schwein in den Stall gebracht. Für Willi R. war diese Welt noch in Ordnung. Wer sich nicht anpassen konnte, wer sich außerhalb der festen Ordnungsnormen stellte, der war nicht »eingebürgert«, gehörte nicht dazu. »Aus eigener Schuld«, wie der Chronist befand. »Wenn man dies alles verstehen will«, so fügte er hinzu, »muß man in die Zeit vor tausend Jahren zurückgehen«, denn all das Brauchtum und die dörflichen Sitten seien in jener Zeit entstanden.[83]

Das ist zur Erklärung des Schadenzauberphänomens eine gute Anregung, und auch seine zeitliche Bestimmung ist annähernd zutreffend. Im 10. Jahrhundert festigte sich die feudale Ordnung, die bis zur Bauernbefreiung im 19. Jahrhundert das Dorf und seine Bewohner prägte. In der gottgewollten Gesellschaft mit ihrer strengen Hierarchie war dem Bauern der unterste Platz zugewiesen. Über sich hatte er seinen Fronherrn, dem er zum Gehorsam verpflichtet war. Dieser führte die Personenaufsicht über seine Vasallen, denen er Schutz zu gewähren hatte und bei getreuem Wohlverhalten herrschaftliche Fürsorge angedeihen ließ. Dafür hatte der Bauer zu dienen, mit Handdiensten und Abgaben. Der jeweilige Herr wachte auch über die Einhaltung des sozialen Friedens, nichts durfte ohne seinen Konsens geschehen, und Verstöße gegen diese Ordnung ahndete er unnachsichtig als sündhaftes Vergehen gegen das von Gott gestiftete Herrschaftssystem. Die bäuerliche Gemeinschaft war bis in das Familienleben der Hausgenossenschaft hinein in Rechtsnormen eingebunden; wo obrigkeitliche Bestimmungen Lücken ließen, füllte ortsüblicher Brauch das Zusammensein. Die Beziehungen der Eltern zu den Kindern, die Altenteilerregelungen, die Eingliederung der unverheirateten Geschwister in die Hausgemeinschaft und schließlich die Stellung des Gesindes unterlagen strengen friedensbewahrenden Verordnungen. Doch gar so friedlich und harmonisch gestaltete sich, trotz angedrohter strenger Strafen, das dörfliche Leben nicht. Die zahlreich erhaltenen Protokolle der Landgerichte bezeugen dies. Es sind endlose Listen, in denen die sogenannten »Brüche« festgehalten wurden. Allein am Gerichtstag des 25. 9. 1677 zu Hittfeld mußten sechs Fälle verhandelt werden. »Hans Meyer hat den Kuhhirten einen dickköpfigen Schelm genannt. Hat verbrochen 60 M. Christopher Aldag hat Menke Meyer mit einer zinnernen Kanne in der Vogtei Emsen ein Loch oben an sein Haupt geschlagen. Ist verfunden in 60 M. Dietrich Menke gesteht, daß er mit Helmen Helmsieck alle sechs Schafe gestohlen. Hans Peters und Kaspar Menken haben dem Herrn den Gehorsam verweigert und sind nicht zur Wolfsjagd erschienen.« Schließlich wurde noch der ruhestörende Lärm des Hans Rickmann mit einem Reichstaler Strafe belegt.[84]

Neben den administrativen Machtmitteln verfügte auch die Gemeinschaft über Strafen für Mißachtung von Brauch und Sitte. Jede Anomie, das heißt, jedes unangepaßte Verhalten von Gruppen, aber besonders von Außenseitern forderte zu Sanktionen heraus. Die genau festgelegten Pflichten erlaubten dem Einzelnen kaum eine persönliche Entfaltung außerhalb der normativen Regelungen und seiner hierarchischen Zuordnung. Damit war er für die Gemeinschaft nicht Einzelpersönlichkeit, sondern der »Häusling«, »NN's Knecht« oder der »junge Mann«, der lediglich eine bestimmte Funktion zu erfüllen hatte und von dem man ein seinen Aufgaben entsprechendes Verhalten erwartete.[85]

Vor allem wachten die Frauen der Dorfgemeinschaft über die Einhaltung des ortsüblichen Brauchs. Frauen prägten, bedingt durch die bäuerliche Arbeitsteilung, das Familienleben; ihnen unterstand innerhalb des Hauses das Gesinde, sie waren für den Hof verantwortlich, von ihnen erwartete das Dorf Sauberkeit und Ordnung. Darüber hinaus hatten sie, gewissermaßen im Auftrag der Kirche, über die Einhaltung christlicher Moral Aufsicht zu führen. Gleichzeitig pflegten die Hausfrauen in besonderer Weise die nachbarschaftlichen Kontakte. Nur die weibliche, verheiratete oder verwitwete Dorfbewohnerschaft traf sich – und trifft sich noch heute – in regelmäßigen Abständen zu den sogenannten Visiten. Der dörfliche Humor, der sich in den »Riemels« artikuliert, beschreibt treffend die Funktion dieser Zusammenkünfte: »Wenn Frauen auf dem Haufen sitzen, gibt es Gewitter.«[86] Bei Kaffee und Kuchen treffen sich die Frauen, um über die nicht Geladenen, der Gemeinschaft negativ Aufgefallenen herzuziehen und Normenverstöße zu brandmarken. Für die Anwesenden hingegen bietet das dörfliche Frauenforum eine Kontrolle über den Grad der eigenen Anpassung. Diesem Tribunal, durchaus mit Machtmitteln ausgestattet, obliegt es, über die Einhaltung der überkommenen Regeln des Zusammenlebens zu wachen.

Bis in unser Jahrhundert dokumentierte ein weiterer Brauch die Normenkontrolle in eindrucksvoller Weise und überschattete zuweilen das Eheglück junger Frauen. Einen Tag vor der Hochzeit wurde die Aussteuer der Braut, die unter Mitwirkung der Nachbarn in einer Truhe verpackt wurde, aus dem elterlichen Hause abgeholt und mit dem »Kistenwagen« in das neue Heim gebracht. Dort war es das Recht der weiblichen Dorfbewohner, diese Mitgift eingehend zu prüfen, sich anhand des von der Braut selbstgefertigten Leinens ein Bild von der jungen Frau zu machen und während des festlichen Rituals der Aufnahme in die neue Gemeinschaft durch intensive

Beobachtungen festzustellen, »ob sie auch zu uns paßte«. »Wer nicht zu uns paßte«, sagte Frau E., »der wurde mit allerhand Mitteln ausgeschlossen.«[87]

Der Katalog der Sanktionen kennt entsprechend der Schwere der Normenverstöße unterschiedliche Strafgrade. Ein geringfügiger Verstoß hat die Belegung mit einem »Ökelnamen« (Spitznamen) zur Folge, mit dem Eigenschaften, die der Gemeinschaft aufgefallen sind, verspottet werden. In vielen Dörfern zirkulieren Reime anonymer Verfasser, die die Besonderheiten der Mitbewohner kritisieren. Faulheit, Unsauberkeit, Unordnung, Trunksucht und üble Nachrede werden benannt, aber auch Übertreibungen wie Putzsucht, Geiz, unpassende Kleidung und zu große Anschaffungen finden darin mißbilligenden Spott.

Die Einhaltung des ortsüblichen Brauchs unterliegt einer strengen Kontrolle, und wer sich ihr entzieht, macht sich verdächtig, nicht dazu gehören zu wollen. Noch um die Jahrhundertwende wurden einer Frau in B. die Fensterscheiben zerschlagen, weil sie es gewagt hatte – entgegen der dörflichen Sitte – Gardinen anzubringen, »als hätte sie etwas zu verbergen«.[88] Das Heim war keine Festung, unverschlossen und jedem zugänglich, erlaubte man den Nachbarn den Zutritt, und wer sich den Normen fügte, hatte auch nichts zu befürchten. »Hast du keine Hühneraugen, kann man auch nicht darauf treten«, sagt ein Dorfriemel.[89]

Zugleich wird aber auch das Bemühen deutlich, sich den nachbarschaftlichen Beobachtungen zu entziehen, indem man es unterläßt, über sich zu sprechen und versucht, persönliche Angelegenheiten nicht preiszugeben. Schulmeisterliche Volkskundler idealisierten dies als typisch bäuerliches Charakteristikum. Der Heidelehrer Dageförde beschrieb zum Beispiel den Heidjer als »ruhig und verschlossen ... und die Äußerung von Gefühlsausbrüchen wird ängstlich vermieden. Er ist gern allein und in Gesellschaft am liebsten unter seinesgleichen«.[90] Für Dageförde offenbarte sich darin regionale Eigenart; und auch in anderen Gegenden wirkende Lokalhistoriker beschrieben »ihre« Ländler als verschlossen und ruhig. Doch ist dies vielmehr ein typisches Merkmal bäuerlicher Lebensgemeinschaften; der sture, abweisende und zuweilen etwas mißtrauische Landmann, in sogenannten Volksstücken von Heimatdichtern zu einem grobschlächtigen Monument geformt, ist weniger von Landschaft und Arbeit geprägt, sondern vornehmlich von seiner Einbindung in die soziale Struktur der festgefügten Dorfgemeinde. Der Landwirt Walter B. schrieb für seine Nachkommen die Geschichte seines Heimatdorfes und der Familie auf. Als Prolog setzte er den Rat und die Mahnung: »Prahl nicht heute, morgen will dieses oder das ich tun, schweige doch bis morgen still, sage dann: das tat ich nun!«[91] Walter B. wußte um die Bedeutung dieser Worte, denn er war der Dorfbewohnerschaft aufgefallen, weil er zuweilen seine Landwirtschaft vernachlässigt und wichtige Arbeiten nicht sogleich erledigt hatte, denn seine schriftstellerischen Passionen waren ihm vorrangig gewesen. So etwas wurde übel vermerkt und wenig wohlwollend beurteilt. »Er will wohl was besseres sein«, meinte der Gastwirt auf die Frage, was man gegen Walter B. hätte. »Ich bitte um gute Nachrede«, pflegte der um den Klatsch und Tratsch wenig besorgte Gutsbesitzer v. Buchwald beim Verlassen der dörflichen Schankwirtschaft spaßhaft zu sagen, wohlwissend, daß nach seinem Weggang nicht nur freundliche Worte über ihn gesprochen würden. Für Therese W. war solcherart Nachrede der Beweis für die Boshaftigkeit der Nachbarn, die sie als schlecht empfand. Sie zog es vor, am dörflichen Gemeinschaftsleben nicht teilzuhaben, das Urteil ihrer Mitmenschen, sie hätte »Allüren«, hinzunehmen.[92]

Im Spannungsfeld zwischen Anpassung und abwehrender Vorsicht wachsen jene Ängste, die im Konfliktfall zum Nährboden des Schadenzaubers werden. Es ist ein Circulus vitiosus, in dem sich der einzelne befindet. Zum einen beteiligt man sich im Rahmen des anpassenden Verhaltens am klimavergiftenden Klatsch, zum anderen aber fürchtet man sich vor der Möglichkeit, Opfer eines bösen Geredes zu werden. Wenn die ritualisierten, konfliktverhindernden Mechanismen nicht mehr greifen, Situationen eintreten, die zu einer Störung der sozialen Struktur führen, setzt schließlich der ebenfalls in Brauch und Sitte eingebundene Ablauf des Zauberglaubens ein.

In der administrativ geordneten und kontrollierten Gesellschaft der Feudalzeit versuchte die Obrigkeit, durch neidverhindernde Maßnahmen Konflikte mit Machtmitteln einzudämmen. Entsprechend des Standes wurden Kleiderordnungen festgelegt, Ablauf, Dauer und die Ausgaben für Feste und Familienfeiern bestimmt, und selbst in das Brauchtum wurde eingegriffen, Fastnachtsabende und Spinnstubenzusammenkünfte verboten. Darüber hinaus gab es innerhalb der Gemeinschaft den festgelegten Brauch. Derartige, in Normen eingebundene Gemeinschaften boten kaum Möglichkeiten, familiäre und nachbarschaftliche Konflikte außerhalb dieser Regelungen zu lösen.

Nur für die Männer gab es ritualisierte Ventilsitten, wie zum Beispiel im Ablauf dörflicher Feste dokumentiert. Die gemeinschaftlichen Tanzereien endeten stets mit einer deftigen Prügelei der männlichen Teilnehmer, so daß zumindest einmal im Jahr die Möglichkeit bestand, sich »Luft zu machen«, den aufgestauten Ärger in einem blindwütigen Kampf der Fäuste zu entladen. Die vorsorgende Maßnahme, die Musiker so zu plazieren, daß sie beim Ausbruch der Schlacht ihre wertvollen Instrumente in Sicherheit bringen konnten, verdeutlicht die organisatorische Einbindung der Schlägerei in den Festablauf. Auch den Frauen wurde beizeiten der Beginn des Kampfes mitgeteilt; ihnen war es versagt, an der Generalabrechnung teilzuhaben und der Fluchtweg somit offengelassen. Tätlichkeiten waren den Frauen nicht gestattet, allenfalls die Visiten boten ihnen Gelegenheit, sich des Unmuts und der Aggression, freilich nur im Rahmen des vorgegebenen Rituals, zu entledigen.

Anpassen, nicht auffallen, sich an die Normen halten bedeuten Harmonie und Frieden. »Concordia domi foris pax« ließen die Herren des Rates zu Lübeck an ihr Stadttor anbringen. Die bäuerliche Hoftür wurde mit ähnlichen Sprüchen geziert: »Den Frieden mein, laß Dir, oh Herr, befohlen sein.« Auf bemalten Fenstern an der Eingangsseite liest man bisweilen den Spruch: »Diese Blume ist gold, gehl, rot und bunt, ein jeder halte seinen losen Mund, und redet das allerbeste, so wird er sein willkommne Gäste.«[93] Alles, was diesen Frieden stört, wird als böse empfunden, und dies bedeutet – jede Form der Unangepaßtheit.

Im Fall der Zeit ihres Lebens in einem Bäckerladen beschäftigten Dora A. setzte die Hexenbezichtigung nach Aufgabe des Betriebes ein. Im Geschäft war sie dem dörflichen Klatsch ungefährdet teilhaftig gewesen. Nun, nicht mehr hinter dem Ladentisch stehend, suchte sie durch allmorgendliche Rundgänge und Besuche den Kontakt zu den Mitbewohnern weiterhin zu halten, verbreitete Neuigkeiten von

Haus zu Haus. Als daraus Klatsch und Tratsch entstanden, wurde sie lästig. Man vermied Gespräche mit ihr und diffamierte sie schließlich als »leg«.[94]

In einem anderen Dorf erwählte der Erbe eines großen Hofes ein dort nach der Flucht aus Pommern mit seinen Eltern einquartiertes Flüchtlingsmädchen zur Frau. Altem Brauch entsprechend übernahm der Sohn nach der Hochzeit die Hofstelle, Vater und Mutter gingen auf das Altenteil. Der häusliche Konflikt war unausweichlich, da – entgegen der tradierten Regelung – nun beide Familien der Brautleute in einem Haus wohnten. Heißt es doch: »Je mehr Verwandte in dem Haus, je mehr Frieden aus dem Haus.« Die resolute junge Frau hielt zudem nicht viel von den landwirtschaftlichen Fähigkeiten ihres Schwiegervaters und bevorzugte den fachlichen Rat der eigenen Familie. Die daraus erwachsenden Streitigkeiten und Auseinandersetzungen vermochte der junge Ehemann nicht zu schlichten, »sie hatte ihn unter dem Pantoffel«, kommentierte ein Nachbar. Als der einstige Hofbesitzer krank wurde und dazu noch die typischen Merkmale einer Behexung zeigte, Magengrimmen und Appetitlosigkeit, verbreitete er im Dorf die Vermutung, Opfer eines Schadenzaubers zu sein. Naheliegend war, die Mutter der jungen Frau zu verdächtigen. Nur allzu gern bestätigte der Großteil der Dorfbewohner diese Bezichtigung, waren doch die Fremden ohnehin nicht zugehörig. Sicherlich hätte der Unglückliche ein gehörig Teil Mitschuld, da er die Einheirat nicht verhindert hätte, aber »konnte man ahnen, daß die solche Mittel anwenden?«, so bekundete eine Nachbarin ihre mitleidvolle Teilnahme.[95]

Der Glaube an schadenstiftende Zauberer als Teil des theologischen Hexenbegriffs überdauerte die Jahrhunderte und ist auch heute noch ungebrochen lebendig, wenngleich die Aufklärung das Bild veränderte. Noch bis in das 19. Jahrhundert überwogen die kollektiven Ängste ganzer Gemeinden vor bösen Personen, die schlechtes Wetter machten, mit Hagelschlag die Ernte vernichteten und massenweise das Vieh töteten. Erst durch die Verbreitung wissenschaftlicher Erkenntnisse der beginnenden industrialisierten Landwirtschaft über Wetterzusammenhänge, Hygiene bei Mensch und Tier sowie den Einsatz von Düngemitteln nahmen die kollektiven Ängste ab. Bewahren konnte sich der Schadenzauber jedoch in den nachbarschaftlichen Auseinandersetzungen. Die Individualisierung der Fälle ist auch Folge der grundlegenden sozialen Strukturveränderungen und der damit verbundenen Auflösung des alten Dorfverbandes in der zweiten Hälfte des 19. Jahrhunderts. Mit der Ablösung der Bauern aus den grundherrschaftlichen Lasten und Pflichten und vor allem der uneingeschränkten Nutzung des Landbesitzes konnten an sogenannte »Abbauer« Grundstücke verkauft werden. So entstand bis um die Jahrhundertwende ein neuer unterbäuerlicher Stand von Kleinlandwirten. Bis dahin gab es in einem Dorf lediglich Höfner, Kötner, Brinksitzer und vom Hof abhängige Häuslinge in genau festgelegter, hierarchischer Ordnung und – aufgrund der herrschaftlichen Zuzugsbeschränkungen – konstanter Einwohnerzahl. Nach der Ablösung wuchs die Einwohnerzahl teilweise um das drei- bis vierfache. Die Unterschichten wurden zur Mehrheit und prägten fortan zunehmend das dörfliche Gemeinschaftsleben durch die Gründung von Geselligkeits-, Schützen- und Kriegervereinen. Mitgliederversammlungen und Vorstandssitzungen waren jetzt der Ort, wo sich neue Hierarchien bildeten. Vornehmlich waren dies jedoch Männergesellschaften, die auch regen Kontakt zu Vereinen außerhalb des Dorfes unterhielten. Frauen waren nach wie vor weitgehend ausgeschlossen. Das hatte zur Folge, daß schichtungsbezogene Visiten neu entstanden beziehungsweise aufrechterhalten wurden. Auffällig ist, daß sich in jener Zeit die Berichte über Schadenzaubervorfälle häufen – ein deutlicher Beleg für die durch diesen Strukturwandel wachsenden sozialen Konflikte.

In diesem Sinne ist für die Jahre 1946–1955 eine weitere größere Schadenzauberwelle nachzuweisen, als Flüchtlingsfrauen mit Kindern in den Dörfern Aufnahme fanden. Die Männer waren zumeist noch in Gefangenschaft, verschollen oder gefallen, so daß in den »Visiten« eine tatsächliche oder vermeintliche Gefahr für Sitte und Moral der Gemeinschaft konstatiert wurde.

Die Versuche, familiäres und persönliches Mißgeschick als schicksalhafte Begegnung mit einem Schadenzauber zu erklären, erwachsen zuweilen aus dem Bedürfnis und der Notwendigkeit, eine eingetretene oder drohende Außenseiterposition durch die Schuldzuweisung auf eine sogenannte böse Person abzuwenden. Zum anderen werden damit von der Umwelt noch nicht erkannte individuelle Lebenskrisen und familiäre Spannungen auf die Bosheit anderer projiziert. Heini E.

erklärte seine Behinderung und die seiner Brüder mit dem Schadenzauber einer kinderlosen alten Frau: »Sie hat was am Wochenbett meiner Mutter gemacht.« Die Bemerkung eines angetrunkenen Mitbewohners, man hätte in seinem Fall »wohl die Nachgeburt großgezogen«, ließ ihn diese, an das Mitleid appellierende Erklärung finden.[96] Der offenkundig unordentliche und wohl auch etwas arbeitsscheue Landwirt H. entschuldigte seine geringen Erträge mit einem zu zauberischen Zwecken auf dem Acker vergrabenen Brot. Die mangelhafte Pflege der Muttersau und Ferkel im Schweinehaus von Alma H. wurde mit bösen Künsten der Nachbarn erklärt.[97] Und schließlich wußte eine Mutter in K., ihr bläßlich »quiemendes« Kind gegenüber anderen stolzen Müttern besser geratener Kinder aufzuwerten, indem sie einer gewissen Person unterstellte, das arme Kind »in der Mache zu haben«.[98]

Die intensive Befragung Betroffener und ihres familiären und nachbarschaftlichen Umfelds offenbart eine weitere Funktion des Schadenzaubers als magische Erklärung für psychische Störungen. Ein angesehener unverheirateter Jungbauer unterhielt über einige Jahre zu einem Mädchen aus der Nachbarschaft ein mehr als freundschaftliches Verhältnis. Die Familie der Geliebten war der dörflichen Unterschicht zuzurechnen. Insbesondre die Mutter hatte sich Hoffnungen gemacht, ihre Tochter könnte in den Hof einheiraten. Doch der Bauer nahm ein Mädchen reicher Eltern aus dem Nachbardorf. Mit dieser standesgemäßen Hochzeit setzten bei dem jungen Ehemann die offenkundigen Zeichen einer Behexung ein: Appetitlosigkeit und ein unbestimmter Magendruck. Der Verdacht, daß die Mutter der verschmähten Liebsten die Ursache dieser Krankheit wäre, verdichtete sich zunehmend. Sie beschenkte den Bauern mit kleinen Leckereien und Aufmerksamkeiten, wohl, um die Fortsetzung einer guten Nachbarschaft damit zu erreichen, zumal die Kleinlandwirtschaft ihrer Familie gelegentlich von Hilfeleistungen des großen Hofes abhängig war. Für den Bauern und seine Ehefrau zeigte sich darin jedoch die böse Absicht einer Behexung, denn anders waren die Symptome seines Unwohlseins nicht zu erklären. Schlechtes Gewissen und Schuldgefühle, durch die unmittelbare Nachbarschaft verstärkt, führten zu jener psychosomatischen Störung.[90]

Eine Handwerkerfamilie in W. war in regelmäßigen Abständen

vom Schadenzauber einer zunächst unbekannten Person betroffen. Das Haus der Familie lag im Mittelpunkt des Dorfes und war von den großen Höfen umgeben. Das Familienleben war durch diese zentrale Lage ständig einsehbar, man fühlte sich beobachtet und kontrolliert. Die aus einer anderen Gegend Norddeutschlands zugezogene Frau litt mit der Einheirat in dieses Haus unter mancherlei Krankheiten und galt als nicht sehr belastbar, was bereits zu einem Spitznamen geführt hatte. Hämische Bemerkungen über ihre Gepflogenheit, auf der kleinen Gartenterrasse Kaffee zu trinken, hatte sie bereits veranlaßt, dies einzustellen. Ein gespanntes Verhältnis zu der Verwandtschaft ihres Ehemannes und die Vernachlässigung des kleinen Hausgartens ließen sie Gerede und üble Nachrede vermuten. Der beruflich außerordentlich angespannte Ehemann bemerkte bei ihr eine allgemeine Verstimmung und Nervosität. Doch nicht sie wurde das Opfer eines Schadenzaubers. Vermeintlich böse Leute hatten ihre 5jährige Tochter als Opfer erkoren. Nach der abendlichen Heimkehr des Vaters und dem »Gutenachtkuß« begann die Kleine zu weinen und weigerte sich einzuschlafen. Ärztliche Bemühungen blieben erfolglos, ein »Banner« mußte aufgesucht werden, der die Übeltäter benennen konnte. Ein Psychologe hätte freilich die Ursache der Schlafstörung des Kindes in den Spannungen der Mutter gesucht und ihr eine Therapie empfohlen. Der Hexenbanner half mit einem magischen Mittel und der konkreten Benennung der Täter, womit »für einige Zeit« Ruhe eintrat.[100]

Doch nicht immer lassen sich einfache Erklärungsmodelle für die dörflichen Zaubervorfälle finden. Der Bericht von Heinrich M. läßt auf den ersten Blick keine Abweichungen von den üblichen Fällen erkennen. »Ständig«, so sagte er, »hatte ich Pech mit meinem Vieh, und man hat mich so gedrückt, daß ich vor Schulden nicht aus den Augen gucken konnte. Ich war schließlich gezwungen, die Landwirtschaft aufzugeben und ein Arbeitsverhältnis im öffentlichen Dienst anzunehmen.« Die Peinlichkeiten eines wiederholten Besuches des Gerichtsvollziehers, so schien es zunächst, bedurfte einer Erklärung – hier einer Schuldzuweisung der Nachbarn. Merkwürdig waren allerdings die tierärztlich attestierten, auffällig häufigen Verluste seiner besonders sorgsam gepflegten Pferde, die trotz der Zuwendung immer wieder starben, so daß der Verdacht der Vergiftung nicht von der Hand zu weisen war. Eine eingehende Untersuchung des Pferdestalls ergab, daß ein über Jahre nicht mehr geöffnetes Fenster offensichtlich gewaltsam aufgestoßen worden war. Bei diesem Anblick war dem Geschädigten das Haar im Nacken nach oben gegangen, und er hatte sofort gewußt, daß man ihm etwas antun wollte. Obgleich, wie er immer wieder betonte, er an solche Dinge zunächst nicht geglaubt hätte, ging er auf Anraten eines Verwandten in seiner Verzweiflung zu einer bekannten Bannerin, die den Schadenzauber bestätigte. Zum Unglück von Heinrich M. war jedoch in den heiligen zwölf Nächten gezaubert worden, damit war ein Gegenzauber nicht wirksam. Mit der Bestätigung der Bannerin, es handelte sich um die Schädigung böser Leute, war es für den Betroffenen selbstverständlich, den Ratschlägen der kundigen Frau zu folgen und nicht, was aufgrund des Vergiftungsverdachts naheliegend gewesen wäre, Anzeige bei der Polizei zu erstatten.[101] Möglicherweise wäre dann in den Kadavern der Tiere jenes für Schädigungen beliebte »feine Pulver«, das durch kleinste Ritzen zu pusten ist, nachgewiesen worden. Doch für die Gläubigen ist das im Volksmund »solten Klee« genannte Mittel kein Gift, sondern ein schwarzmagisches Zauberpulver. Es handelt sich dabei um das Kleesalz, das ursprünglich in der bäuerlichen Färberei handgewebter Stoffe oder zum Bleichen verwandt wurde. Es ist das vierfach saure Salz der hochgiftigen Oxalsäure, das in den ländlichen Apotheken nicht nur für diese nutzbringenden Arbeiten angeboten wird. Auch beim Nachweis einer solchen eindeutigen Vergiftung konsultiert man den Hexenbanner.

Auch wenn sie im stillen wirken, sind Hexenbanner oder Kundige in jedem Dorfe wohlbekannt. Als Außenstehender wird man jedoch kaum Name und Adresse einer solchen Person erfahren. Ihre Glaubwürdigkeit bewahren sie nur dadurch, daß sie über ihre Kunst nicht sprechen, womit sie gleichzeitig auch Vertrauen erlangen, da der Ratsuchende sicher sein kann, nicht Gegenstand des Dorfklatsches zu werden. Ein Besuch des Kundigen würde den Verdacht der Nachbarn erwecken; aus diesem Grunde werden die Abwehrmittel zumeist in der Wohnung des Banners abgeholt. Es sind Mischungen dreierlei Ingredienzien: Asa foetida (Teufelsdreck) als schwarzmagischer Stoff sowie Weihrauch und Harze als weißmagischer Analogiezauber. Diese Zusammenstellung wird auf eine Schaufel mit glühenden Kohlen gestreut und im Kreuzeszeichen verräuchert, wobei bei jedem Kreuz ein Schritt zurückgetreten werden muß.[102] Allgemein bekannte Abwehrmittel sind auch geöffnete Scheren über den Eingangstüren oder eine Nähnadel in der Türfüllung. Letztere symbolisiert das dritte Auge, das Bezauberungen verhindert. Bei drohenden Gefahren, wie zum Beispiel dem Besuch schwarzmagisch verdächtiger Zigeunerinnen, stellt man auch einen Besen vor die Tür, den eine böse Person nicht zu überschreiten vermag. Ein weiteres gebräuchliches Abwehrmittel sind drei auf den Weg gemalte oder gekratzte Kreuze, die gleichermaßen nicht von böswilligen Besuchern überschritten werden können.[103] Neben Rezepturen der schwarzen Magie findet sich im »Sechsten und Siebten Buch Moses« auch die weiße Kunst. Als Abwehrzauber wird empfohlen: »Für böse Leute in die Ställe zu machen, daß sie dem Vieh nicht zukönnen. Nimm Wermuth, schwarzen Kümmel, Fünffingerkraut und Teufelsdreck, von jedem Stück für zwei Kreuzer, nimm Saubohnenstroh, die Zusammenkehrung hinter der Stalltür zusammengefaßt und ein wenig Salz, alles in ein Bündelein in ein Loch getan in die Schwellen, wo das Vieh ein- und ausgehet, mit Elzenbäumenholz zuschlagen, hilft gewiß.«[104]

Zuweilen befinden sich in bäuerlichem Familienbesitz noch bis in unsere Tage handschriftliche Zauberbücher, in denen weißmagische Rezepte festgehalten wurden. In einer solchen Sammlung ist folgendes Kräutermixtum gegen »die böse Verzauberung« angegeben: »Jeweils für einen Groschen hole man sich aus der Apotheke Haselwurz, Teufelsdreck, Teufelsabbiß, Hohlwurz, Zaunrüben, Mastrix, Weihrauch, Lorbeer, grauen Schwefel. Für zwei Groschen füge man Antimonium hinzu und rühre dies kräftig durcheinander.«[105]

In einem 1773 niedergeschriebenen Buch findet sich ebenfalls eine Anleitung zur weißen Magie: »Allhier will ich anheben zu erzählen all die Stücke, so wider die zauberischen Krankheiten zu gebrauchen sind: Merke, daß alle Kräuter, Blumen und Wurzeln, Bäume und Mispeln sollen gebrochen werden gegen den Mond – auch sollen sie mit keinem Eisen berührt werden, denn mit dem Eisen werden die zauberischen Krankheiten allemal bestärkt. Ein jegliches werde zu seiner Zeit gesammelt. Johannisblumen, Beifuß, wilder Gartheil, spitzer und breiter Wegerich, roter Knoblauch, Dosten, Betonienkörner, Hohlwurz, dreierlei Taurant, dreierlei Widerthon, Bärenwinkel, solche Kräuter sollen alle gesammelt werden, wenn es schön hell am Himmel ist und jedes in voller Blüte steht . . .«[106]

Solcherart Zauberbücher sind wohl kaum bäuerlichen Ursprungs, sondern vermutlich Abschriften gelehrten magischen Wissens, das im 18. Jahrhundert in gebildeten Kreisen kursierte. Möglicherweise über die sogenannten »Kiepenkerls«, wandernde Gemischtwarenhändler, gelangten diese Bücher an das Landvolk. Die Schüler einer angesehenen Schule zu Lüneburg waren bereits zum Ende des 16. Jahrhunderts im Besitz eines Zauberbuches, nach dessen Anleitung sie in der Michaeliskirche teuflische Kulte zelebrierten. Die frevlerische Tat kam an das Ohr der Obrigkeit, als der Kastellan einen abgehackten Widderkopf hinter dem Altar fand. Der untersuchende Richter konnte das »böse Buch« konfiszieren, dessen Verfasser angeblich Agrippa von Neddesheim war.[107] Gelehrtes Zauberwissen, von der bäuerlichen Unterschicht rezipiert, veränderte freilich überkommenen Brauch nur wenig. Denn auch die Rezepturen jener Bücher waren Analogiezauber, so, wie er im Volksglauben seit eh und je praktiziert worden war. Entsprechend dieser Vorstellung wurden in der bereits genannten Zauberbuchabschrift des Jahres 1773 die weißmagischen Mittel in hellem Sonnenlicht geerntet. Über das schwarzkünstlerische Rüstzeug lesen wir: »Wenn ein Mensch gar verkrümmt und verdorrt, was von der Zauberei herkommt, so sollst du dich nicht verwundern, daß der Mensch große Schmerzen und Wehtage hat, denn die Zauberischen haben die Kräuter nach dem Vollmonde und im Niedergang der Sonne gepflückt und etliche Worte gesprochen, die sie der böse Geist gelehrt hat.«[108] Noch heute folgen die Banner diesem Analogiezauber, indem sie Räuchermittel einsetzen, deren Mischung zur Vertreibung der bösen Geister stinkenden Teufelsdreck enthält. Die guten Geister werden mit den wohlriechenden Harz- und Weihrauchzugaben mobilisiert.

Gemeinhin wird bei den Kundigen ein breites Kräuterwissen vermutet, mit dem sie durch Mittel der sogenannten Volksmedizin zu heilen verstehen. Die durch den Wald streifende Hexe, die geheimnisvolle Pflanzen sammelt und daraus in einem Kessel brodelnde Tränke bereitet, aber gibt es nicht. Bis in unsere Tage arbeiten die Kundigen mit Entsprechungssymbolen und Heilsprüchen. Während die Gegenstände des Analogiezaubers zumeist individuell gewählt werden, muß der Spruch von einer Person anderen Geschlechts abgenommen worden sein. Im allgemeinen übernimmt man nur eine Kunst, »etwas zu brechen«. Der Besprecher kann mit seinem überkommenen Wissen entweder nur Rose besprechen oder Warzen entfernen, Blut stillen, Flechten heilen oder schließlich böse Menschen abwehren.

Eine Frau in S. sagte über ihre Kenntnisse: »Ich habe die weiße Magie, und das andere ist die schwarze Magie – und ihr müßt euch in acht nehmen, wenn ihr hierher kommt, um mein Haus herum sitzt all das Böse, was mir hierher gebracht wird.«[109] Nach Ansicht der Gläubigen war sie eine besonders starke Frau, deren Kraft auch nach dem Tod nicht versiegte. Auf ihrem Grab gediehen keine Blumen – so heißt es –, weil weiterhin noch Schadenzaubergeschädigte dorthin pilgerten und das Böse abluden. Wirkung versprach man sich, da man vermutete, Mutter K. hätte ihre Kunst vor ihrem Tod nicht abgeben können. Die Weitergabe der Kunst belastet zuweilen die Angehörigen; nicht jeder möchte in der Kette stehen und manch einer fürchtet sich vor der Magie. Als der Onkel des Arbeiters Herbert M. starb, bot ihm sein Chef Arbeitsbefreiung für die Teilnahme an der Beerdigung an. M. war nicht zu bewegen, daß Trauerhaus zu betreten; seine Tante galt als kundig, und er fürchtete das Ansinnen der Alten, ihm ihre Kunst zu übergeben.[110] Noch in der zweiten Hälfte des 19. Jahrhunderts wurde ein Banner von seinen Angehörigen in den letzten Lebenstagen in der Butze (einer schrankartigen Bettstätte) eingenagelt, um die Übergabe seines Wissens zu verhindern. »Er hat dort tagelang noch rumrumort«, wird bis heute erzählt.[111]

Auffallend ist, daß die Gläubigen vorrangig den wissenschaftlich ausgebildeten »Doktor« konsultieren und nur begleitend den Heiler aufsuchen. Krankheiten, die vom Arzt nicht so ernst genommen, im Volksglauben aber als gefährlich betrachtet werden, bedürfen der zusätzlichen Behandlung durch den Kundigen. Nach Ansicht der Gläubigen ist jeder Zustand, der nicht dem normalen Wohlbefinden entspricht, eine Krankheit, die zumeist durch etwas im Körper wirkendes Fremdes ausgelöst wird und nur durch einen magischen Zauber zum Weichen gebracht werden kann. Noch um die Jahrhundertwende betrachtete man auch die Schwangerschaft als gesundheitliche Störung; möglicherweise lebte noch die Vorstellung, die Gebärmutter im Körper der Frau wäre ein selbständiges Wesen, dargestellt als Kröte, die zuweilen hin und her wanderte und damit Ungemach bereitete. Beschwörende Sprüche zwangen das Tier, sich ruhig zu verhalten. Erst wenn die »Beermutter« das Kind abgab, die Schwangerschaft beendet war, trat nach Abschluß der genau festgelegten Wöchnerinnenzeit wieder die Gesundheit ein. Auch die Vorstellung, in der Zeit der Menstruation krank zu sein, ist vermutlich weniger auf die alttestamentarische Auffassung der Unreinheit zurückzuführen, als vielmehr auf die Beobachtung, daß der wertvolle Lebenssaft Blut allmonatlich ausgeschieden wird. Zahlreiche Sympathiekuren mit Blutwurz oder rotem Marmor werden noch heute bei starken Blutungen empfohlen. Darüber hinaus befehlen die Kundigen mit einem Spruch geheimnisvollen Kräften im Körper den Stillstand des Blutflusses mit den Worten: »Rille, rille, rill, Blut steh still!« Oder: »Blot gah, Blot stah!«[112]

Andere »Suchten« werden aufgefordert, den Leib zu verlassen und sich an einen fernen Ort zu verfügen. Um damit jedoch keinen neuen Schaden zu stiften, transportiert man das Leiden gern auf Leichen. Werner H. kannte einen Spruch gegen Hühneraugen. Dazu war es notwendig, während des Läutens einer Totenglocke seinen geplagten Fuß in ein fließendes Gewässer zu halten und die Worte zu sprechen, »sie bringen NN ins Grab, Krähenauge nimm mich ab«.[113] Der um das Seelenheil seiner Gemeinde besorgte Pastor W. in H. befahl seinem Kirchendiener noch in den fünfziger Jahren darauf zu achten, daß aufgebahrten Leichen nicht »Zauberkram« in den Sarg gelegt wurde: Leinenläppchen mit Eiter oder Menstruationsblut.[114] Gegen die lästige Rose murmelte Frau R. den Spruch: »Rose, Rose weiche, gehe auf eine Leiche.«[115]

Krankheiten lassen sich aber auch auf Pflanzen übertragen. In dem kleinen mecklenburgischen Dorf Stormstorf war noch nach dem Zweiten Weltkrieg eine Weide ausersehen, Zahnschmerzen abzunehmen. Kleine Holunderhölzchen wurden in den kranken Zahn gebort und anschließend in die Borke der Weide gesteckt.[116] Geeignet ist auch der Holunderbusch, vielfältige Plagen der Menschen aufzunehmen. Ein Spruch lautet: »Ahlhorn, ich klage dir, die Suchten die plagen mir, die Gälsucht, die Leidsucht, die Lungensucht, die

Jungensucht, die Bungensucht.«[117] Ebenfalls den Tieren kann ein Leid übertragen werden. Bei starkem Fieber wird empfohlen, dreimal am Tag mit dem Hund aus einem Napf zu trinken und die Worte zu sprechen: »Prost, Bruder Hund! Du das Fieber, ich gesund.«[118]

Sehr zum Ärger der Kirche pflegen die Kundigen ihre Beschwörungen mit den Worten »im Namen des Vaters, des Sohnes und des Heiligen Geistes« zu beschließen und mit den Entsprechungssymbolen ein dreimaliges Kreuz zu schlagen. Die Mahnung, dies sei Gotteslästerung, berührt die Wissenden nur wenig; sie benutzen den Namen des Herrn Jesus Christus und die Symbole der Kirche unbeirrt zu zauberischen Zwecken. Als besonders wirkungsvoll erweisen sich dabei Kirchengesangsverse: »Weicht, ihr bösen Geister, denn mein Freudenmeister, Jesus, ist bei mir.« Für Pastor T. war das blasphemischer Unfug und Teufelsspuk, doch die Bannerin Christa L. empfand sich als gute Christin, die allsonntäglich in der Dorfkirche den Gottesdienst besuchte und die Boshaftigkeit ihres Tuns nicht einzusehen vermochte, »legte doch auch Christus wundertätig die Hände auf Sieche und mit Plagen Beschwerte«.[119]

So sehr auch Kirchenmänner und philanthropische Aufklärer die schrecklichen Gefahren des Hexenglaubens der Gegenwart brandmarken, nur in den seltensten Fällen verlaufen die Schadenzaubervorfälle so dramatisch, wie sie mit Vorliebe von den Fahndern des anachronistischen Wahns geschildert werden. Freilich, psychischer Terror ist nicht selten für die Betroffenen schmerzvoll, und zuweilen sehen sie sich auch veranlaßt, die Dorfgemeinde zu verlassen. Auf der anderen Seite aber offenbaren Außenseiterbehandlung sowie Neid und Mißgunst in allen Gemeinschaften Boshaftigkeit und aggressive Repressionen. In der Gemeinde B. war ein Schadenzauberglaube nicht mehr festzustellen. In die friedliche Dorfgemeinschaft zog eines Tages eine kinderreiche Familie aus Hamburg. In der Nachbarschaft wohlsituierter Bürger erwarben sie ein kleines Haus. Sehr bald erwiesen sich diese Neubürger als lästig, ließen sie doch die Hunde unabgerichtet herumtollen, pflegten Haus und Garten nicht und bastelten an schrottreifen Autos herum. Der Schwiegersohn des Gastwirts, Filialleiter eines Schuhgeschäfts in der nahen Stadt und passionierter Jäger, sah den Wohnwert seines Hauses durch die unliebsame Nachbarschaft gemindert und erregte sich besonders über den ruhestörenden Lärm, die unartigen Hunde und die offenkundige Unangepaßtheit der Fremden. Nachbarschaftliche Konflikte wurden unausweichlich. Die üblichen Sanktionen ließen die Leute unberührt, ja, zuweilen schien es, man suchte den Streit. Als die Tochter des in den dörflichen Vereinen engagierten und daher wohlangesehenen Angestellten von einem der lästigen Hunde der Nachbarn angesprungen wurde, griff der besorgte Vater zu seinem Jagdgewehr und tötete waidmännisch ein Drittel der menschlichen Störenfriede. Als die Polizei erschien, hatte er bereits seine Waffe nachgeladen, weil dies so Jägerbrauch ist. Im anschließenden Strafprozeß erkannte das Gericht in richtiger Einschätzung der Tat nicht auf Mord, sondern Totschlag. Der Einbruch der Fremden in die wohlgeordnete Gemeinschaft hatte die Nachbarn in einen psychischen Druck geraten lassen, der nur in einem Akt der Aggression münden konnte. Der brave Bürger, so stellte das Gericht fest, hatte im Affekt gehandelt. So, wie er es gewohnt war, das überzählige kranke Wild in seinem Revier zu eliminieren, so hatte er auch das Dorf von den Außenseitern befreit und – es fand sich keiner, der dafür nicht Verständnis zeigte.[120] Zweifellos wäre der Ablauf dieses nachbarschaftlichen Dramas im Rahmen des Schadenzauberglaubens nicht so blutig verlaufen. Die Möglichkeit, Fremde mit Hilfe magischer Mittel zu vertreiben, ihnen soviel Unglück zu bereiten, daß sie das Weite suchen, schließt Tötungen aus, zumal bei den Gläubigen die Furcht besteht, schwarze Magie falle auf einen zurück. Zur Erklärung des Schadenzaubers gegen unliebsame Zugereiste bekannte Frau E.: »Na, das ist ja so, in manchen Dörfern ist die Gehässigkeit, vor allem wenn Menschen zugezogen sind, als wenn da einer geboren ist – und da sind die alten Insassen, die haben erst mal diesen abergläubischen Kram gemacht, damit die Neuen wegzogen und nicht wiederkamen. So ist das eben, die waren nicht anerkannt, also nicht eingebürgert und da haben sie ihnen manchen Schaden zugespielt, und dann hieß das hexen – und das ist ja eine wahre Begründung.«[121]

Vor jenen, die sich schwarzmagischen Künsten verschrieben haben und getrieben von Neid in blindem Haß zerstören wollen, was sie selbst nicht erlangen können, kann nur ein erfahrener Banner schützen. Seine guten Absichten erlauben es ihm, ungestraft auch Mittel der schwarzen Magie anzuwenden. Mit beschwörendem

Rauch vermag er, die boshaften Personen an den Ort ihres Zauberverbrechens zu zitieren und sie sodann mit qualvollen Strafen zu belegen. Als eine mit besonderen Gaben begnadete Bannerin einem Ratsuchenden anbot, den Schadenstifter erscheinen zu lassen, wehrte der Behexte ab und sagte: »Nee, lieber nicht. Es genügt, wenn ich über die Person Bescheid weiß.« Und auf die Frage, »Oder soll ich dem Bösen 'was antun?« konnte der Betroffene seinem Wunsch nach Rache nicht widerstehen und wünschte, daß der Unhold einmal so leiden müßte wie seine verhexten Tiere. »Ich möchte bloß eines«, so hatte er gebeten, »ich möchte, wie ich hab meine Tiere leiden sehen, eine Nacht wie diese, die gönn ich der Person«. Nach einigen Jahren erfüllte sich dieser wenig fromme Wunsch: »Die Person ist dann im Krankenhaus in W. angebunden worden, im Bett angebunden, so hat sie sich gequält.«[122]

Mutter K., eine allseits beliebte Bannerin, empfahl einer geschädigten Familie, des nachts ein Paket Stecknadeln zu kochen. Als die Hausbewohner vorschriftsmäßig zwischen 12 und 1 Uhr den Kessel mit den Nadeln aufsetzen, das Wasser sprudelte und die Nadeln im Topfe herumsprangen, erschien die bösartige Zauberin, rüttelte an der Tür und bettelte um Einlaß. Die Kundige hatte streng verboten, die Tür zu öffnen und den Hausgenossen befohlen, bis zum Tagesanbruch nicht ins Freie zu treten. »Am anderen Morgen fand sich im Dorf eine Frau«, so berichteten die Informanten, »die hatte das ganze Gesicht zerstochen, als wäre es von tausend Nadeln zerrissen worden.«[123]

Hausväterliteratur pflegt man jene belehrenden, volkstümlichen Traktate zu nennen, die im 19. Jahrhundert auch dem gemeinen Volke das Licht der Aufklärung spenden sollten. Das »Noth- und Hülfs-Büchlein oder lehrreiche Freuden- und Trauer- Geschichte des Dorfes Mildheim« von Zacharias Becker beschreibt in schönen anschaulichen Geschichten Lust und Last des Landlebens und gibt Rat und Hilfe, die Bürde der harten Arbeit leichter zu tragen: durch Liebe und Vertrauen in die Grundherrschaft und Gottesfurcht in Kirchenzucht und schließlich die Beherzigung der vernünftigen Vorschläge, wie Ackerbau und Viehzucht, Hauswirtschaft und Garten rationeller betrieben werden können. »Hexen, Druden, weiße Frauen, böse Leute und Hexenmeister« wollte das Hilfsbuch aus dem Dorfe verbannt wissen, denn »mit solchen Undingen und falschen Meinungen machen sich manche einfältige Menschen auch noch heutzutage das Leben schwer, obgleich der Aberglaube nicht mehr so herrschend ist, wie vor Alters; weil die Menschen in der Kenntnis der Natur und ihre Kräfte immer weiter kommen und sich dadurch überzeugen, daß ein weiser Gott, die Welt nach weisen und unveränderlichen Gesetzen regiert, welcher nicht gestattet, daß in derselben von solchen bösen Geistern solcher Unfug getrieben wird.«[124] Den Menschen durch die Vernunft zu veredeln, war das Ziel der Aufklärung, und dazu gehörte auch die Befestigung des richtigen Glaubens, der Glaube an den vernünftigen Gott, der die Naturgesetze bestimmte und alles wohl geordnet hatte.

Kirche und Aufklärung führten einen zähen Kampf gegen den »Afterglauben«, weil er »falsch und unecht ist und auf bloßem Wahne beruht und welcher aus Irrtum und Beschränktheit des Verstandes und Schwäche des Gemüts entsteht«.[125] Abhilfe versprach man sich durch »eine allgemeine Verbreitung richtiger Vorstellungen durch vernunftmäßige Erziehung und Belehrung des Volkes«.[126] Bis heute ist dies der Standort der wissenschaftlichen Betrachtung des Aberglaubens geblieben, eines Glaubens, der Theologen und Aufklärer gleichermaßen beleidigt.

Doch das 19. Jahrhundert schenkte uns auch die Romantik mit ihrer Suche nach den Wurzeln, die sie im mystischen Urgrund des Volksgeistes zu finden glaubte. Gebildete Männer begaben sich auf Spurensuche und begründeten die wissenschaftliche Volkskunde als »Wissenschaft vom Leben in überlieferten Ordnungen«[127], idealisierten Brauch und Sitte des gemeinen Volkes und entdeckten zuweilen unter dem Schutt der Zivilisation die Volksseele. Aus dem Wurzelwerk völkischen Urgrunds barg man aber auch den von Theologie und Aufklärung geschmähten Aberglauben, in dem man nun Spuren einer anderen Denkebene zu erkennen glaubte, die nicht mit der Ratio zu erfassen war. »Man wird von rationalistischer Basis ausgehend, nur erklären können, was in der rationalisierten Welt entstanden ist, die mythischen Bezirke fordern einen mythischen Grund«, schrieb 1960 Kurt Ranke in einem Grußwort an seinen Lehrer Will Erik Peukert.[128] Andere, vielleicht nicht so weit in die Tiefen der Volksseele vorgedrungene Wissenschaftler mochten dem nicht folgen, sahen sich der Aufklärung verpflichtet und wollten im primitiven Geisterglauben nicht einen erhaltenswerten »Urkeim menschlichen Denkens und Handelns« erkennen.[129]

In der Produktwerbung der Lebensmittelindustrie finden wir sie noch, den Landmann und die Landfrau, auf gesundem Acker oder unter prächtigem Vieh auf grüner Weide. Das Bild soll nostalgische Erinnerungen wecken und staniolverpackten Käse und Brot in Plastiktüten besser verkäuflich machen. Die industrielle Revolution, marktwirtschaftliche Zwänge haben kaum eine Berufsgruppe mehr verändert als den Bauernstand, der ohne Rationalisierung kaum überlebt hätte. Ungeachtet dieses technischen Fortschritts in der Landwirtschaft überdauerten alte magische Glaubensvorstellungen, weil sich in den Dörfern die soziale Einbindung in die von Brauch und Sitte geprägte Gemeinschaft erhalten konnte. Technik und Naturwissenschaft versprechen eine sorglose Zukunft sowie Sicherheit, und die industriellen Nutznießer predigen Fortschrittsglaube. Doch was neopositivistischer Optimismus verspricht, kann nicht gehalten werden. Neue, andere Ängste und Hilflosigkeit gegenüber Katastrophen aus Menschenhand lassen den Zeitgenossen sich auf jene Denkebenen besinnen, die fern des christlich-abendländischen Weltbildes und der aufklärerischen Vernunft überdauerten. Die Rückbesinnung auf Magisch- Mythisches, die Suche nach neuen Glaubensinhalten mögen zuweilen belustigende Züge tragen, aber, ob wir es wahrhaben wollen oder nicht, irgendwo in uns versteckt bewahrten sich magisches Denken und die Bereitschaft, an Dinge zu glauben, von denen unsere Schulweisheit nicht zu träumen wagt. Dennoch, sie hatten recht, die alten Aufklärer, die Aberglauben mit Unwissenheit gleichsetzten. Ängste entstehen aus Nichtwissen – und dann erst glauben wir: an der Schwelle des Todes, bei schmerzvollen Verlusten und in ausweglosen Situationen. Tröstlich zu wissen, daß eine unerforschliche Fügung einen glauben läßt und damit das Leid zu lindern vermag. Die Geisteswissenschaft pflegt hier zu schweigen, ihr wissenschaftliches Rüstzeug reicht zur Beantwortung der in unserer heutigen Zeit besonders drängenden Fragen nicht aus.

Glaube versetzt Berge, und zuweilen tötet das angstvolle Wissen um schädigende böse Mächte. Der Allgemeinmediziner Dr. Frank N.

berichtete vor der Kamera über seine Erfahrung mit dem Schadenzauberglauben:

»Es war im November 1988 während einer Grippewelle, als mich eine 60jährige Patientin hier aus dem Landkreis H. mit einer Erkältung aufsuchte. Die Dame hatte eine akute Bronchitis, das heißt also, sie hatte Husten, Fieber mit schleimig gelbem Auswurf, etwas, was für die Jahreszeit typisch ist und häufiger vorkommt. Mir fiel allerdings auf, daß diese Patientin sehr ängstlich war, und sie fragte mich dann, als ich ihr ein entsprechendes Rezept ausgestellt habe: ›Herr Doktor, kann das auch sein, daß ich verhext bin?‹ Ich konnte auf diese Frage natürlich nichts antworten und sagte ›nein‹, und die Patientin ging. Am nächsten Morgen rief mich der Mann an, in heller Aufregung und sagte, ich müsse bitte sofort kommen und einen Hausbesuch machen, es sei ganz furchtbar dringend. Ich fragte, ob sie irgendwie Atemnot bekommen hätte, ob irgendwelche anderen Zeichen einer Verschleimung der Bronchitis aufgetreten seien; nein, das könne er am Telefon nicht sagen, ich müsse bitte sofort kommen. Ich kam also hin, fand die Patientin eigentlich in einem vergleichbaren Zustand zum Vortage, er hatte sich nicht verschlechtert, aber beide hatten furchtbare Angst und baten mich inständig darum, die Patientin in ein Krankenhaus einzuweisen, sonst passiere ein Unglück. Nun weist man normalerweise jemanden mit einer akuten Bronchitis nicht in ein Krankenhaus ein, aber es wurde dermaßen dringend darum gebeten und es war soviel nackte Angst in beiden Gesichtern drin, daß ich mich eben – in Erinnerung an die Frage vom Vortage, ob es auch verhext sein könne – dann dazu entschloß, sie in ein nahes Kreiskrankenhaus einzuweisen. Dort wurde die Patientin dann entsprechend weiterbehandelt, die Diagnose wurde bestätigt, es war eine akute Bronchitis. Man behandelte sie über einen gewissen Zeitraum, sie besserte sich recht zusehends und war bald, wie man mir später erzählte . . . rauchte wieder, sie war im Aufenthaltsraum und die Entlassung stand an. Diese Entlassung versuchte die Patientin immer noch hinauszuschieben, und dann passierte am Tage vor der Entlassung, wo sie praktisch gesund war, etwas ganz Dramatisches, denn die Patientin bekam einen akuten Atemstillstand. Sie wurde auf die Intensivstation gelegt und trotz intensivmedizinischer Bemühungen gelang es nicht, ihr Leben zu retten, und sie verstarb, ohne daß letztlich, auch in einer späteren Sektion, eine wirklich dafür faßbare Ursache gefunden wurde.«

Frage: »Haben Sie eine Vorstellung, was da passiert ist – ich will nicht fragen, war sie wirklich behext? Was war passiert?«

Dr. N.: »Die Patientin war von einer furchtbaren Angst getrieben. Und ich kann mir schon vorstellen, daß es eher die Angst war, verhext worden zu sein, ich möchte nicht sagen, daß sie es tatsächlich war.«

Frage: »Hatte sie einen konkreten Verdacht geäußert?«

Dr. N.: »Nein, sie hatte keinen konkreten Verdacht geäußert.«[130]

Aufgeklärte Skeptiker verweisen zur Erklärung von Wunderheilungen und mysteriösen magischen Vorfällen auf den Zufall. Die amerikanische Ärztezeitschrift »Jama« veröffentlichte zum Ende der 70er Jahre die Krankengeschichte einer 28jährigen philippinischen Frau, die an systemischem Lupus erythematodes, einer schweren Hautkrankheit, litt. Ärztliche Kunst versagte, und erst als die Frau ihren heimatlichen Medizinmann aufsuchte, wurde sie gesund.[131] Es bedurfte zur Heilung nur einer Geisterbeschwörung und der Abnahme des bösen Fluchs. Doch nicht nur den exotischen Medizinmännern und Schamanen ferner Länder gelingen derartige Zauberwunder, auch den heimischen Kundigen sagt man nach, Rose zum Weichen gebracht und anderes Ungemach »weggebötet« zu haben. Der Mikrobiologe Novera Herbert Spector von der Medical School der University of Alabama lieferte mit einem Versuch den Ansatz für eine wissenschaftliche Erklärung derartiger Phänomene: Drei Stunden mußten Mäuse Kampfer einatmen. Danach untersuchte das Wissenschaftlerteam die Abwehrlage der Versuchstiere und stellte fest, daß die Imunabwehr unverändert geblieben war. Im zweiten Teil des Versuchs wurde einer Mäusegruppe, zusammen mit dem Kampfergeruch, die Chemikalie Polyinosinin-Polycytidilin-Säure injiziert, ein Mittel, das die Aktivität eines körpereigenen Abwehrstoffes, nämlich die sogenannten Killerzellen, mobilisiert. Neunmal wurden die Mäuse mit dem Kampferduft und der Spritze behandelt, die erwartete Aktivität der Killerzellen stieg. Beim zehnten Versuch ließen die Forscher die Spritze weg und setzten die Tiere nur noch dem Kampferduft aus, bei den Mäusen zeigte sich auch ohne die Injektion erhöhte Killerzellenaktivität.[132]

Brust frei im Kampfgewühl:

Die weise Frau der Dichter, Denker und Ideologen

Swanahild die greise Drude
Ritzte Runen, Zauberzeichen
Warf die Stäb und raunte Sprüche
Gram und Siechtum zu verscheuchen[1]

In schönen Versen reimte F. W. Weber das Bild einer germanischen Seherin, einer weisen Frau. Sein Epos heißt »Dreizehn Linden«, entstanden in der zweiten Hälfte des 19. Jahrhunderts. Germanisches Wesen, von Tacitus als Chronist beschrieben, findet hier poetische Ausschmückung. Freilich, der Dichter nahm sich auch die legitime Freiheit, die spärlichen Nachrichten aus dunkler Zeit mit eigener Phantasie zu bereichern. Swanahild, die greise Drude, Priesterin und wahrsagende Heilkundige, hat es so wohl kaum gegeben. Sie ist eine literarische Figur der Romantik. Dichter schufen die weisen Frauen, die im Waldesdickicht, in Felshöhlen eine zauberische Praxis ausübten oder »heilige Haine« bewachten. Es ist schwer vorstellbar, daß Frauen außerhalb der Geborgenheit des Sippenverbandes in der Wildnis eine Chance hatten, das Greisenalter zu erreichen.

Verweilen wir bei den Quellen, die Dichter und Gelehrte die »weisen Frauen« erschaffen ließen. F. W. Weber ehrte in einem Vers den Gewährsmann nordischer Art, Tacitus, den er den letzten Römer nannte, weil er seinen dekadenten Landsleuten sittenstreng die Tugenden Germaniens vor Augen hielt und den Frauen jenseits der Alpen als »heilige Wesen mit Sehergabe« ein ewiges Denkmal setzte. Der große Gelehrte kannte Germanien nicht aus eigener Anschauung. Aus älteren Quellen, den Berichten Cäsars und vor allem des Plinius sowie aus Beobachtungen von Zeitgenossen schuf er aus der

Sicht des gebildeten Römers einen Sittenspiegel der unverdorbenen Germanen.

Ein anderer Römer, Juvenal, beschrieb in beißenden Satiren den geistig-sittlichen Verfall des Imperiums, benannte die Untergangserscheinungen, Zauberer und fremde Kulte aus den entferntesten Winkeln des Weltreichs: armenische Eingeweidebeschauer, Isispriester, kleinasiatische Göttermutterkulte, chaldäische Astrologen und jüdische Traumdeuter.[2] Die vornehmen römischen Damen waren ihr Klientel und belebten zunehmend den nichtrömischen Aberglauben. Grollend erblickte auch Tacitus darin Zeichen des Niedergangs. Mit Seitenhieben auf die Weiberherrschaft und die sich für ihn daraus ergebende Sittenlosigkeit erinnerte er an die Tugenden der Germaninnen, die durch ihre Sittsamtkeit eine allgemeine Hochachtung erfuhren. Freilich bemerkte er auch, daß die Germanenmänner mit harten Strafen über die Moral der Frauen wachten, sie bei Verstößen im Moor ersäuften.[3] Über die Götter der Barbaren wußten ihm seine Gewährsleute wenig zu berichten, und so füllte er Unbekanntes mit römischen Vorstellungen, ging davon aus, daß es nur eine Götterwelt gab, die auch von den Germanen verehrt wurde: Mars, Jupiter und Ceres. Die Kulte entsprachen, abgesehen von einigen Besonderheiten, römischem Brauch, freilich rein und nicht durch fremden Aberglauben verfälscht. Hausherren und Priester orakelten mit Runenstäben, huldigten in heiligen Hainen der Natur. Ähnlich den Auguren kündeten wissende Männer die Zukunft. Daneben beschrieb er auch Frauen mit mantischer Begabung, Veleda und Albruna, hochgeachtet wie die weißgewandeten Jungfrauen im Tempel der römischen Göttin Vesta.

Die Nachwelt rühmt zu Recht bei Tacitus die Prägnanz in der Beschreibung des Wesentlichen. Daß der Extrakt mit Interpretationen und Mutmaßungen gefüllt und die Absicht des Römers ignoriert wurde, in einem Sittenvergleich die Gefahren, die aus dem Norden drohten, aufzuzeigen, ist dem großen Gelehrten nicht anzulasten.

Im Puzzlespiel der Rekonstruktion der heidnischen Vergangenheit auf deutschem Boden fand sich zum Nachweis weiser Frauen der Matronenkult der Süd- und Westgermanen. Belegt durch eine Vielzahl kunstvoll bearbeiteter Weihesteine wissen wir von der Verehrung namentlich benannter Frauen im Herrschaftsbereich der römischen Okkupanten in Norditalien, Gallien, am Rhein und in Britannien. Die Inschriften lassen römischen Einfluß vermuten. Auf dem Weihestein der Ambiamarcae lesen wir: »Zu Ehren des göttlichen Hauses und des Schutzgeistes des Ortes der Ambiamarcae, Ambiorenes, des siegreichen Mars, Merkur, Neptun, der Ceres und allen Göttern und Göttinnen.«[4] Das klingt wenig germanisch und läßt uns annehmen, daß romanisierte Germanen römischen Fruchtbarkeitskult übernahmen. Vermutlich mischte sich dieser mit dem ähnlichen nordischen Disenkult, der Verehrung weiblicher Halbgötter, die uns im Zusammenhang mit skandinavischen Opferplätzen bekannt geworden sind.

Doch damit haben wir die Spur zu den weisen Frauen verloren. Unter germanisch- römischen Halbgottheiten sind wohl kaum die wissenden Kräuterfrauen und runenritzenden Priesterinnen zu verstehen.

Auf skandinavischen Felszeichnungen sind eindeutig Priesterinnen auszumachen, und auch Strabo berichtete über grauenerregende Greisinnen, die, weiß gewandet, aus dem Blut geopferter Gefangener weissagten[5], wonach zu vermuten ist, daß im Zusammenhang mit Opfern und Fruchtbarkeitskulten Frauen an Kulthandlungen beteiligt waren. Darin Relikte eines Matriarchats zu erkennen, verbietet sich aus Gründen der dürftigen Quellenlage.

Im Herbst des Jahres 1948 fanden Bewohner des Dorfes Braak im Holsteinischen beim Torfabbau zwei überlebensgroße Holzfiguren, die als »Braaker Götterpaar« heute im Landesmuseum in Schleswig verwahrt werden. Unbekannt wird bleiben, welche Kulthandlungen und welche Vorstellungen die Menschen der vorchristlichen Eisenzeit damit verbanden. Nicht weit von dieser Fundstelle entdeckten die Archäologen verglühte Steine, Brandspuren und Scherben – vielleicht eine Opferstelle.[6] Jahre später wurde dieser Fund in Wittemoor durch ein weiteres »Götterpaar« ergänzt.[7] Bei aller Fragwürdigkeit einer Interpretation sei darauf verwiesen, daß die Darstellung einer männlichen und weiblichen Figur dafür sprechen kann, daß trotz eines, auch bei den Germanen zu vermutenden Geschlechtsantagonismus der Dualismus als Schöpferwille anerkannt war und in Fruchtbarkeitsritualen das Weibliche und Männliche zu einer Einheit verschmolzen.

Dies würde durch das Wirken von Priester und Priesterin unterstrichen, ungeachtet der strittigen Frage, ob jahreszeitlich festgelegte Kulte geschlechtsspezifisch dominierend waren beziehungsweise durch Priester oder Priesterin zelebriert wurden. Ergänzung erfährt dieser Gedanke durch die germanische Anthropogonie: Die Götter schufen das erste Menschenpaar aus zwei Baumstämmen, Ask und Embla.[8]

Doch verlassen wir den Boden der Spekulation und folgen einer anderen Spur auf der Suche nach den weisen Frauen. Als weitere Quelle ihres Nachweises werden jene Chronisten herangezogen, die zumeist im Auftrag der Kirche die Geschichte der Heidenbekehrung beschrieben: Columban, Bonifatius und Beda oder die Historienschreiber Orosius, Jordanes und Gregor von Tours.

Zuweilen berichten sie vom »alten Glauben«, wobei nicht immer festzumachen ist, aus welchen Quellen sie schöpften. Es waren gebildete Männer, die aus den Schriften der Kirchenväter zitierten und damit heidnische Glaubensvorstellungen generalisierten, römischen Aberglauben auf die Germanen übertrugen. Es war nicht ihre Aufgabe, den alten Glauben zu dokumentieren, sondern einen Erfolgsbericht der Missionierung zu überliefern. Die regionalen Erscheinungsformen waren unerheblich, also übernahm man, was bereits die Kirchenväter über das Wirken der Dämonen festgehalten hatten. Das Heidentum galt es vor allem zu diskreditieren und als teuflisches Werk zu entlarven. Gruselige Geschichten wurden erdacht oder Gehörtes aufgegriffen, um die alten Glaubensvorstellungen dem Volke madig zu machen. So berichtet Gregor v. Tours über die schreckliche Erfahrung einer Frau, die in heißer Mittagssonne auf einem Feld von einem Teufel angefallen und zu Boden geworfen wurde. Stunden habe er sie in tiefer Ohnmacht belassen.[9] Nicht von ungefähr griff der Teufel mit Vorliebe die Weiber an, die Kirchenväter hatten dies so bestimmt und theologisch untermauert, folglich kolportierten es die missionierenden Priester, die – folgt man den Äußerungen Childberts – bis zum 7. Jahrhundert überwiegend aus dem fernen Rom kamen.[10] Es waren Fremde, die offensichtlich Mühe hatten, sich der Mentalität der Germanen anzupassen.

Zur Mitte des 8. Jahrhunderts tagte unter dem Vorsitz des Bonifatius die »Synode von Liftinae«. Auf der Tagesordnung standen auch die Gebräuche der Heiden, die den Christen auszuüben verboten waren und bei Zuwiderhandlungen mit 15 solidi bestraft werden sollten. Erhalten ist nur das Verzeichnis der Frevel, 30 »gotteslästerliche Gebräuche«; die beschreibenden Ausführungen fehlen, so daß aus dieser Quelle kaum germanisches Brauchtum reklamiert werden kann. Im letzten Punkt des Kataloges lesen wir: »Von dem Glauben, daß Frauen den Mond bezaubern, so daß sie nach heidnischem Wahne die Herzen der Menschen wegnehmen können.«[11] Für den Autor des SS-Ahnenerbe, Hans Strobel, war diese Aufzählung »ein treffliches Beispiel für die mißbegriffene Tätigkeit der germanischen Seherin und Heilkundigen und zugleich schon ein Beispiel dafür, wie der Hexenwahn kirchlich verbreitet wurde, indem man der deutschen Frau Zauberei unterstellt, wie sie in völlig blutsfremden Völkern vielleicht getrieben wird«.[12]

Strobel alterierte sich umsonst, die germanische Seherin und erst recht die deutsche Frau waren wohl kaum von den frommen Kirchenmännern gemeint. Eher ist zu vermuten, daß sie die Mondkulte der Hekate und den damit verbundenen Schadenzauber brandmarkten. Überdies waren die kirchlichen Auseinandersetzungen mit dem Heidentum mehr theoretischer Art, wobei nicht zu übersehen ist, daß durch jene Aufzeichnungen (weitere folgen in regelmäßigen Abständen) und Beschreibungen der vielfältige Aberglaube aus dem weiten Einflußgebiet der Kirche subsumiert wurde und eine überregionale Verbreitung erfuhr. In diesem Sinne verbreiteten die Missionare nicht nur das Christentum, sondern beförderten auch die Kenntnisse fremden Widerglaubens in neue Missionsgebiete.

Illustratoren hielten seit der Mitte des 19. Jahrhunderts in Öl, Holzschnitt und Lithographie fest, was sich uns tief einprägte: entschlossene Verkünder der Christenheit, die mit Waffengewalt und drohend erhobenem Kreuz Zwangstaufen durchführten, weise Frauen und Zauberinnen vertrieben. Heute wissen wir, daß sich die Christianisierung subtiler und überdies auch mit psychologischem Fingerspitzengefühl vollzog. Bischof Daniel von Winchester ermahnte in einem Schreiben an Bonifatius im Jahre 723, bei der Heidenbekehrung vorsichtig zu Werke zu gehen, »die Heiden nicht durch Hohn und Spott in ihren religiösen Gefühlen zu verletzen. Bemühe dich vielmehr vorsichtig und maßvoll mit ihnen zu reden und nur zwischenhinein und gleichsam beiläufig ihre abergläubischen Vorstellungen mit den christlichen Glaubenslehren zu vergleichen. Auf diese Weise läßt es sich am ehesten erreichen, daß die Heiden nicht in ihrer Meinung befangen bleiben, sondern irre an ihnen werden und sich ihrer Torheit schämen.«[13]

Der Prähistoriker Claus Ahrens, langjähriger Direktor des Hamburger Museums für Archäologie, bestätigt diese Vermutung mit eindrucksvollen Grabungsergebnissen eines spätsächsischen Friedhofs in Ketzendorf bei Hamburg. In seinem Grabungsbericht heißt es: »Zum Vorgang der Christianisierung sind differenzierte Angaben möglich. Dafür stehen vorwiegend die als christliche Bestattungen anzusprechenden W-O Gräber zur Verfügung.« Die Ausrichtung der Gräber nach christlichem Brauch in W-O Richtung im Gegensatz zur S-N Richtung der Heiden sowie die unterschiedlichen Grabbeigaben belegen dem Wissenschaftler ein kontinuierliches Anwachsen des christlichen Anteils der Bestattungen und die Vermutung eines über Generationen andauernden Synkretismus vor der allgemeinen Christianisierung.[14] Offensichtlich wurden auch dort nach der für das 9. Jahrhundert anzusetzenden Missionierung vereinzelt Heiden bestattet. Damit wird archäologisch bestätigt, was zahlreiche Quellen belegen: Die Missionierung war weniger von Gewalttaten überschattet als häufig angenommen.

Vielfältig war die Missionsarbeit, Dämonisierung und Spott, Wunder und Gruselgeschichten. Gregor von Tours läßt den Heiden Agila zum Bischof am Frankenhof sagen: »Lästere nicht den Glauben, den du nicht teilst, auch wir lästern nicht, was ihr glaubt, und zweierlei Glaube wird bei uns nicht als Verbrechen angesehen, denn bei uns gilt das Wort: Es macht nichts, wenn jemand, der zwischen heidnischen Altären und einer christlichen Kirche hindurchgeht, beiden seine Ehrfurcht bezeugt.«[15]

Intolerant hingegen zeigte sich die Kirche und damit auch die weltliche Obrigkeit bei Verstößen gegen das fünfte Gebot: Du sollst nicht töten. Im »Paderborner Kapitular« aus dem Jahre 785 wird mit dem Tode bedroht, »wer einen Menschen dem Teufel opfert und ihn in heidnischer Sitte den bösen Geistern darbringt«.[16] Opfertötungen und Schadenzauber waren für die Christen fluchwürdige Verbrechen, während Heilzauber zumindest toleriert, bisweilen sogar von frommen Männern selbst frequentiert wurde. In hohen Tönen preist Gregor von Tours ein magisches Grabsteinpulver, das ihm Besserung und Labsal schenkte, mehr als das ihm eigentlich von der Kirche anempfohlene fürbittende Gebet.[17]

Weise Frauen, so es sie denn gegeben, die heilend und damit im guten Sinne wirkten, erweckten wohl kaum den Unwillen der Kirche, zumindest findet sich kein Hinweis, daß mit Machtmitteln gegen sie vorgegangen wurde. Nachzuweisen ist jedoch das Bemühen der Kirche, alte Glaubensvorstellungen in den christlichen Jahreslauf zu integrieren, heidnischen Wunderglauben in die Heiligenverehrung einzubinden. »Schließlich«, so schreibt Papst Gregor I. an Melittus von Canterbury, »kann man den rohen Gemütern nicht auf einmal alles abschneiden, denn auch der, der auf die nächste Stufe steigen will, kommt nur durch Schritt und Tritt, nicht durch Sprünge in die Höhe.« Und er empfiehlt, alte Glaubensrituale in kirchlichen Ritus aufzunehmen und umzudeuten, wenn er fortfährt: »Weil sie zu Ehren der Götter viele Ochsen schlachten, soll auch dies in ein Fest verwandelt werden, wenn man ihnen äußerlich einige Vergnügen zugesteht, werden sie sich an die innerlichen Freuden umso leichter gewöhnen.«[18]

Sollte es sie gegeben haben, die Druden, weisen Frauen, sie werden in jener Zeit die gleiche Toleranz erfahren haben wie Winkelpriester an »wilden Orten«. Doch suchen wir weiter nach neuen Spuren, die uns die weisen Frauen entdecken lassen. Das »Grimmsche Wörterbuch«, in seinem Bemühen, die etymologische Wurzel der Hexe zu deuten, glaubt an eine Herleitung aus der Zusammensetzung der Worte »hag« und »zussa«. Ein Hag ist eine Einfriedung, ein Wall, aber auch Wald und Buschwerk und entsprechend der frühen Nutzung des Waldes ein Weideplatz. Zussa bedeutet Schädigen. Die »Hagazussa« wäre demnach ein Wesen, das einen Hag, vielleicht ein eingefriedetes Flurstück schädigt, wobei auf die altnordische Tunripa verwiesen wird, die unheilstiftende Zaunreiterin.[19] Jacob Grimm verwarf den Hag und schlug die altnordische Bezeichnung für klug gleich »hagr« vor, also die kluge, listige Schädigerin.[20]

Karl Simmrock assoziierte bei seiner Deutung: die weise Frau in einem heiligen Hain, wenn er die Wortbildung aus »hag« und »dise« (weise Frau) vermutete. »Hagedisen« wären danach hochgeachtete

Frauen in einer eingefriedeten Flur. Die Mutter Maria wird im »Heliand« eine Dise genannt, die verehrte Himmelskönigin. Doch finden wir die Disen auch als Bezeichnung für arme, reiche, nicht mit besonderen Vorzügen ausgezeichnete Frauen.[21]

Zu Beginn des 13. Jahrhunderts entdecken wir die weisen Frauen. Hagen von Tronje begegnet ihnen am Main: »Er hörte wazzer giezen, losen er began, in einem schönen brunnen täten daz wisiu wip . . .« Es sind Meerweiber, die im Nibelungenlied vom Degen Hagen beim Baden in einem Brunnen überrascht werden. Als er ihnen ihre Kleider entwendet, bieten sie ihm für die Rückgabe eine Zukunftsdeutung an.[22] Der Dichter des »Nibelungenliedes« bezeichnete seine Nixen, Hadeburg und Winelind, als weise Frauen, weil sie die Kunst des Weissagens beherrschten. Weise bedeutet ursprünglich die Kenntnis der Prophetie. »Endi the cuning selbo gebod swido heraldico hero Judeano them wisun manun«[23], heißt es im »Heliand«, denn die Männer aus dem Morgenland waren Magier, die aus den Sternen die Ankunft des Königs der Juden gedeutet, geweissagt hatten. Weise Männer, weise Frauen waren Wahrsager, Zukunftsdeuter, die ihre Kunde aus den Gestirnen, Stäben, Holztafeln, Eingeweiden und anderen divinatorischen Hilfsmitteln erfuhren. Die Meerweiber, denen Hagen von Tronje begegnete, waren mythisch-literarische Gestalten, doch bereits Gregor von Tours berichtete von der Existenz zauberischer Magier, die zu seiner Zeit periodisch immer wieder auftraten und Unruhe verbreiteten.

Es waren Winkelpriester, die bereits der Papst Zacharias beklagte, in deren Gefolge auch assistierende Frauen auftraten, die freilich wenig mit den uns so vertrauten, »weisen Frauen« gemein hatten. So beschrieb Gregor von Tours ein sonderbares Pärchen aus der Gegend um Bourges. Der Mann, so erzählte man sich, wurde eines Tages von einem Fliegenschwarm überfallen, anschließend wäre er von Weisheit erfüllt gewesen. In Felle gekleidet, zog er durch das Land, predigte wie ein Geistlicher, bezeichnete sich bisweilen als Christus, seine Begleiterin war dementsprechend Maria. Arme und Reiche, selbst Geistliche lauschten seinen Worten und reichten ihm als Zeichen der Verehrung kostbare Geschenke. Seine Prophetien und Zukunftsdeutungen machten ihn zu einem weisen Mann. Für Gregor von Tours freilich war er ein Diener des Teufels.[24] Das war kein Einzelfall, der Boden war wohl bereitet. In einer Zeit des Umbruchs, des religiösen Aufbruchs erscheint es naheliegend, daß aus den vielen Glaubensvorstellungen, die im Christentum zusammenflossen, dem alten Glauben, den christlichen Sektierern, dem römischen, aus vielen Wurzeln gespeisten Aberglauben stets neue Bewegungen entstanden, Leute auftauchten, die an den Wundererwartungen des Volkes partizipieren wollten. Das war nicht ein Aufbäumen des alten Glaubens gegen das Christentum, sondern die Gunst der Stunde, an der Glaubensbereitschaft der Menschheit teilhaben zu können.

Aus den zahlreichen besorgten Klagen der Kirchenmänner, daß Männer und Frauen unautorisiert an Steinen, Quellen und Hügeln »in alter Gewohnheit« sich versammelten[25], ist nicht zu folgern, daß die Kirche darin eine ernsthafte Gefahr sah, der mit entschiedenen Machtmitteln entgegenzutreten war. Die Kirche war sich ihres kraftvollen Glaubens sicher. Biblisch begründet sorgten sich die Kirchenväter und -lehrer vielmehr um die Frauen. Denn sie waren nach ihrer Ansicht besonders gefährdet, vom Teufel angefochten zu werden.

Der isländische Gesetzessprecher Snorri Sturluson übertrug diese Vorstellung auch auf die nordischen Frauen. Er war ein gelehrter Mann, der seine Bildung aus christlich-römischer Wurzel bezog. Zwei Jahrhunderte nach der Christianisierung Islands sammelte und zeichnete er den alten Götterglauben auf und bewahrte damit ein einmaliges Dokument der alten Glaubensvorstellungen. Daß er christliche Vorstellungen in seine Sammlung mit einfließen ließ, schmälert nicht seine große Leistung. Ein Beispiel ist seine Beschreibung des Göttervaters Odin. Danach war er der Meister der Magie. Odin kannte das Schicksal der Menschen und die Gefahren der Zukunft und ebenso, wie man Menschen Tod, Unglück und Krankheit bringt. Snorri fährt fort: »Aber mit dieser Weisheit war so viel Schande verbunden, daß die Männer meinten, sie könnten sie nicht ohne Schande ausüben, und darum brachte man diese Kunst den Priesterinnen bei.«[26]

Snorri folgt hier der Dämonenlehre der Kirchenväter. Danach hatten die gefallenen Engel, von denen bei Moses 1.6 berichtet wird, Dämonen gezeugt, unsaubere Geister, Heidengötter. Von Tatian übernahm Snorri die Vorstellung von der gewaltigen Überlegenheit der heidnischen Götter durch die Kenntnisse der Zauberei, und von Origenes wußte er, daß Odin als Dämon die Zukunft zu deuten verstand und Schadenzauber ausübte. Der Kirchenvater Clemens Alexander überlieferte der Christenheit die Meinung, daß die Dämonen, also die Heidengötter, ihre Kenntnisse gern den Weibern mitteilten und übertrugen.[27] Christliche Interpretation und altnordische Glaubensvorstellungen sind in den Berichten Snorris zusammengeflossen, kaum noch voneinander zu trennen und auf die reinen Wurzeln zurückzuführen. Generationen von Gelehrten haben dies versucht und besondere Hoffnungen in die Archäologen gesetzt, die mit Spaten, Grabungsergebnissen und neu entdeckten Fundstellen die überlieferten Quellen ergänzen sollten.

Wie sehr auch dabei gültig gewordene Meinung die Interpretation beeinflußte, zeigt die Übersetzung einer Felsinschrift in Skandinavien. Snorris christliche Auffassung von der Schande der Männer, Magie zu betreiben, schien sich zu bestätigen. Auf einer Insel südlich von Bergen fand sich die Runeninschrift: »ek gudiga ugandiv«. Sie wurde mit: »Ich der Priester, der sich nicht mit Zauber befaßt« übersetzt. Bei kritischer Prüfung könnte es aber auch heißen: »Ich der Priester, dem der Zauber nichts anhaben kann.«[28]

Im Bemühen, den weisen Frauen Gestalt zu geben und bis auf die Gegenwart Kontinuität zu verleihen, entdeckten Wissenschaftler bereits im 19. Jahrhundert die Hebamme. Die etymologische Forschung führt die Bezeichnung für diesen zweifellos nützlichen und wichtigen Beruf auf das Wort »hetianna, hevanna« zurück, eine Komposition der Worte Heben und Ahn. Unter »anna« sei die nächste weibliche Verwandte zu verstehen. Die Wortbedeutung beschreibt einen Brauch, der sich in einigen Rechtsaltertümern findet: Die hevanna nahm nach der Geburtshilfe das Neugeborene vom Boden auf, nachdem sie durch Orakelkünste die Zukunft des Kindes gedeutet, geprüft hatte, ob das Kind der Sippe nützlich, der Vater der Erzeuger, es überlebensfähig, also gesund war.[29] Ohne Mitwirkung der Mutter wurde von ihr entschieden, dem Vater die Annahme oder Ablehnung des Kindes empfohlen. Erst mit der Übernahme in die Arme des Vaters war der Geburtsvorgang abgeschlossen, erfuhr das Kind seinen Schutz. Nahm der Vater aufgrund eines negativen Spruches der hevanna das Kind nicht an, wurde das Neugeborene durch

Nadelstiche in das Köpfchen getötet oder unter einem Baum ausgesetzt. Die divinatorischen Praktiken der Hebamme machten sie zu einer weisen Frau.

Weissagung und Kindesmord fanden die entschiedene Mißbilligung der Kirche, die mit dem Hinweis auf das fünfte Gebot diesen Brauch bekämpfte. Durch den Einfluß der Kirche wurde die Kindestötung zu einem schweren Verbrechen, und noch in unserer Gegenwart ist der Schutz der Kinder eine besondere gesellschaftliche Verpflichtung. Das ist zweifellos auf den Einfluß der Kirche zurückzuführen. Im Kampf gegen den Aberglauben umwarb die Kirche die Hebammen und ermahnte sie, darauf zu achten, daß abergläubische Handlungen in der Wöchnerinnenstube zu unterlassen wären. Besonders verwiesen sie auf das Recht des Laien, die Nottaufe zu vollziehen, und forderten sie auf, dafür Sorge zu tragen, dieses bei Gefahr für das Kind notfalls selbst zu tun. Damit war der Hebamme ein kirchliches Amt überantwortet.[30]

Während es auf dem Lande wohl kaum professionelle Hebammen gab, erhöhte sich in den rasch anwachsenden Städten seit dem 16. Jahrhundert mit Sicherheit der Bedarf an Geburtshelferinnen. Hebammenordnungen der Räte aus dieser Zeit verdeutlichen die Notwendigkeit des lenkenden Eingriffs und eines Schutzes der Frauen vor Quacksalberei und Aberglauben. Wie sehr es einer Überwachung und Kontrolle bedurfte, zeigten die heftigen Auseinandersetzungen der konkurrierenden Heilkundigen. Entsprechend der Zunftordnungen wurden Rechte und Pflichten auch dieser Profession festgelegt, insbesondere den Hebammen die alleinige Versorgung der gebärenden Frauen gesichert. Vielfach wurde den Männern generell, auch Ärzten, die Geburtshilfe untersagt. In einigen Städten bedrohte man einen Verstoß gegen diese Regelung sogar mit dem Tode. Dem Arzt Dr. Vieth in Hamburg warf man die Versorgung einer Frau im Wochenbett vor und verurteilte ihn entsprechend dieser Verordnung und mit dem Vorwurf der Zauberei zum Tode auf dem Scheiterhaufen.[31]

Entgegen der auch heute noch vorherrschenden Meinung, durch Zauberwissen seien besonders Hebammen von der kirchlichen und weltlichen Obrigkeit bedroht gewesen, ist festzustellen, daß ihr Anteil an Zauber- und Hexenprozessen auffallend gering war. Nur in Einzelfällen standen Hebammen vor einem Hexenrichter. Zwar wurden ihnen im »Hexenhammer« teuflische Künste unterstellt und der Administration ihre Kontrolle und ständige Beobachtung empfohlen, doch erinnerte Institoris damit offensichtlich an jene, in den Rechtsaltertümern beschriebenen Tötungspraktiken an Neugeborenen, die für ihn als heidnischer Brauch dämonischen Ursprungs waren. Die bisweilen geäußerte Vermutung, Hebammen, wie auch andere Kundige verfügten über »altes Kräuterwissen« im Sinne pharmakologisch wirksamer Mittel, ist zweifelhaft. Wahrscheinlich heilten sie ausschließlich mit Segenssprüchen und in diesem Zusammenhang mit Entsprechungssymbolen, die im Glauben, daß »Gleiches auf Gleiches« einwirke, ausgesucht wurden. Es waren »sympathische Mittel«, die weniger von den Kundigen tradiert, sondern für das jeweilige Krankheitsbild individuell ausgesucht wurden. Die Römer legten diesen Mitteln das lateinische Verb »placere« bei, um damit deutlich zu machen, daß ein Medikament dem Patienten gefallen, also sympathisch sein müßte. Das Geheimnis der Wirksamkeit der »Sympathie« beschäftigt bis heute die wissenschaftliche Medizin, die davon ausgeht, daß etwa 75 Prozent aller Leiden mit dem Placebo-Effekt gelindert, beziehungsweise geheilt werden können.[32] Noch heute bereitet es den pharmakologischen Forschern bei der wissenschaftlichen Überprüfung eines Medikamentes Schwierigkeiten, eine Placebo-Heilung auszuschließen. Bei Hunderten, durch die Volksmedizin und durch Apothekerwissen tradierten Rezepturen ist die Wirkung wissenschaftlich nicht nachzuweisen, allein der Glaube an deren Kraft verschafft Linderung und zuweilen auch Besserung.

Für die magischen Heiler, die Scharfrichter, Schmiede, Schäfer und Hebammen war der Glaube an die Verknüpfung aller Dinge und deren gegenseitige Einwirkung Grundlage ihres Heilwissens. Bis heute hat sich dieses Wissen erhalten, wobei es müßig ist, in den Anwendungsformen und Rezepturen tradierte Kenntnisse zu suchen, da der Kundige sich eigene Entsprechungssymbole schafft. Ein mir befreundeter Medizinmann in Afrika benutzt zum Austreiben einer Krankheit einen Dosenöffner, mit der Erklärung, er müsse den Menschen wie eine Dose öffnen, um das Böse herauszuholen. Eine Kundige in der Lüneburger Heide bestrich noch 1985 Warzen und andere Hautkrankheiten mit einer Schere, mit dem Hinweis, daß sie

Warzen und Flechten abschneide, und ein Apotheker in Tostedt hörte von seinen Kunden, Safran machte nicht nur den Kuchen ›gel‹, sondern würde durch seine gelbe Farbe auch Heilung bei Gelbsucht versprechen.[33]

Bereits vor den Kreuzzügen erreichten über Spanien arabische medizinische Kenntnisse Mitteleuropa. Berühmte Ärzte, wie ar Rasie, hatten im 8. Jahrhundert aus griechischen und ägyptischen Quellen Rezepturen gesammelt und vervollständigt. Neben alten magischen Mitteln finden sich zahlreiche, pharmakologisch wirksame Medikamente, durch wissenschaftlich anmutende Beobachtungen überprüft und noch heute im Gebrauch. Im 14. Jahrhundert ist das bedeutenste Werk ar Rasies das einzige Buch der Pariser medizinischen Fakultät, eine Sammlung des gesamten Heilwissens jener Zeit.[34] Nach diesen Anweisungen unterhielten Mönche und Nonnen in Klostergärten Herbarien, um Heilsuchende mit Kräutern zu versorgen, Kräuter, die bisweilen giftig waren und bei unsachgemäßer Darreichung erhebliche Schädigungen hervorriefen. Heilkundige, die solcherart Giftpflanzen übernahmen und in ihre sympathischen Kuren einbezogen, setzten sich leicht dem Vorwurf des Schadenzaubers aus, wenn sie zum Beispiel alkaloidhaltige Pflanzen als Entsprechungssymbol wählten und damit Unwohlsein hervorriefen.

Der Umgang mit pharmakologisch wirksamen Mitteln war bei dem allgemein dürftigen Wissensstand der mitteleuropäischen Heiler und Ärzte außerordentlich gefährlich. Aus diesem Grunde war in den Rechtsvorschriften die mißbräuchliche Anwendung von Giften als Schadenzauber strafbar. Noch in der peinlichen »Hals-Gerichtsordnung« Karls des V. heißt es auch für die studierten Ärzte, daß nach »gestalt und gelegenheit gestrafft« werden solle, »der auß unfleiß oder unkunst und doch unfürsetzlich jemand mit seiner artzeney tödtet«.[35] Ärzte freilich finden wir in jener Zeit nur an den Residenzen der Fürsten und in den Ratskollegien der großen Städte. Als »gelahrte Herren« oblag es ihnen nicht, für die Gesundheit des Volkes zu sorgen, sondern die Nobili zu betreuen und daneben auch naturwissenschaftlich zu bilden. Die große Masse der Mittel- und Unterschicht suchte Hilfe bei den tradierten Kundigen: Badern, Schmieden, Schäfern, Scharfrichtern, Hebammen und guten Nachbarn, Männern und Frauen, die über spezielle Künste verfügten. Das zuweilen zu Unruhe und konkurrierenden Auseinandersetzungen führende Überangebot an Heilkundigen veranlaßte die Obrigkeit, mit Verordnungen und Einschränkungen einzugreifen, zumal reisende Wunderheiler und possenreißende Quacksalber auf den Märkten den ansässigen Heilern die Kundschaft nahmen. Die Ausübung der schwarzen Magie war streng verboten: der Schadenzauber und die Wahrsagerei. Divinatorische Praktiken, wir hörten es bereits, wurden allgemein als »weise Kunst« bezeichnet. Für Luther war dies schändliche Magie, und so warnte er nachdrücklich vor weisen Männern und Frauen: »magos heizzen wyr auff deutsch die weyssager, nitt wie die propheten weyssagen, sondern auch schwarze Kunst, wie die Thatern odder Tzigeuner pflegen, daher man nennet die weyszen menner oder weyszen frawen, die den leuten allerley dings sagen können, viel heymlicher Kunst wissen und ebentheuer treyben.«[36]

Erst mit den aufklärerischen Bemühungen philanthropischer Bürger, die auch dem »rohen ungezügelten Volke auf dem platten Lande« eine medizinische Versorgung zuteil werden lassen wollten, betrachtete man mit Mitleid die katastrophale Situation der Heilkunde. In einem Bericht über die Lage im Ravensburgischen klagt ein Pastor Schwager 1786 darüber, »daß man noch immer zu Quacksalbern, Scharfrichtern, alten Weibern, Hufschmieden und Hebammen geht, zu denen man hier mehr Zutrauen bei Krankheiten hat, als bei wahren Ärzten«.[37] Die hohe Sterblichkeit der Frauen im Kindbett, die epidemischen Darmerkrankungen mit Todesfolge, die hohe Säuglingssterblichkeit, Schwindsucht und schließlich der erschreckende allgemeine Gesundheitszustand der Unterschicht bedurften nach Ansicht dieser Menschenfreunde vielfacher obrigkeitlicher Maßnahmen, vor allem aber einer Hebung der Volksbildung. Nur so könnte der Aberglaube mit seinen verhängnisvollen Folgen bekämpft werden. Die sogenannten »weisen Männer«, beschrieben im Henneberger »Idiotikon«, »Scharfrichter und Hufschmiede, die aus Krystallkugeln den dieb einer gestohlenen Sache erkennen«[38], waren durch ihre Unfrieden stiftenden Beschuldigungen gleichermaßen gefährlich wie die »Kundigen«, die mit verwesenden Totenköpfen, dem Moos, das auf den Gebeinen Gehenkter wuchs, Hundemilch und Katzenblut oder dem Badewasser eines wundertätigen Babys Heilungen versprachen. Der lange mühevolle Weg der aufklärenden gebildeten

Bürger wurde freilich im Verlauf des 19. Jahrhunderts durch die segensreiche Arbeit braver Landärzte belohnt, denen es gelang, die hohe Sterblichkeit zum Beispiel der Frauen drastisch zu senken.

Beschließen wir unsere Suche nach den »weisen Frauen«, die – romantisch verklärt –, angefochten von Kirche und Wissenschaft, »uraltes Kräuterwissen« bis in unsere Tage hinüberretteten, die greise Drude Swanahild, die aus germanischer Vorzeit wissend und heilend alle Zeitläufe überdauerte. Aus vorsichtig geäußerten Vermutungen der Wissenschaftler des 19. Jahrhunderts formten Künstler, Dichter, Ideologen ein Bild, das freilich bei kritischer Betrachtung zu Schemen verblaßt. Sicher gab es zu allen Zeiten Männer und Frauen, die magische Heilungen vornahmen, wobei bestimmte Berufsgruppen besonders prädestiniert waren, darunter auch die Hebammen, die nur dann als »weise Frauen« bezeichnet wurden, wenn sie auch die Zukunft des Kindes voraussagen konnten, so wie der in Kristallkugeln blickende Scharfrichter mit dieser divinatorischen Praktik zum weisen Mann erklärt wurde. Daneben ist entsprechend der Arbeitsteilung der Geschlechter die häusliche Krankenpflege den Frauen zuzuordnen, die neben Kochrezepten auch den Gebrauch mehr oder minder heilender Kräuter zu erlernen hatten, so wie die Männer von den Alten Kenntnisse der Tierheilkunde und des Wettervorhersehens übernahmen. In diesem Sinne gab es wohl ein besonderes Männer- und Frauenwissen, doch die allwissende »weise Frau« ist eine Fabel, sie gab es nicht.

Männerträume und Frauenglück:

Emanzipation des Geistes,
Fleisches und der Sinne

Der Abdruck eines Mutter-Tochter Briefwechsels im »Journal des Luxus und der Moden« im November 1787 war nicht als kritisch-ironischer Beitrag zur Frauenfrage gedacht. Der töchterliche Hilferuf an die Mutter, ob es schicklich wäre, mit den Damen der Gesellschaft im Négligé ein Gartenfrühstück einzunehmen, war eine so wichtige Frage der Etikette, daß die Mutter für die Beantwortung sechs Seiten beschrieb. Das Négligé wurde mißbilligt, gleichwohl als ortsüblicher Brauch im Hinblick auf die Stellung des Ehegatten empfohlen. Sich zu widersetzen, hieß »prätentiös« zu sein, eine zweifellos größere Unschicklichkeit. Der dreifache Beruf der Frau bestimmte den Tagesablauf, der zeitig zu beginnen hätte, um den Anforderungen des Gatten zu genügen: Hausfrau, Mutter und Geliebte zu sein.[1] Zwei Jahre später berichtete der eigens in Paris akkreditierte Korrespondent des Blattes durchaus positiv über die weltbewegenden Ereignisse nach dem 19. Juli, wohlwollend wurde die Öffnung der erstarrten Gesellschaft am Beispiel der sich wandelnden Mode vermerkt.[2] Über den Aufbruch der französischen Frauen, ihre Clubs und Auftritte im Convent erfuhren die deutschen Leserinnen nichts. Sie partizipierten über die modischen Accessoires am bürgerlichen Wandel.

Der Fanfarenstoß für die Frauenemanzipation kam aus dem fernen Königsberg. Beseelt vom Geist der Aufklärung verfaßte der gestrenge Polizeidirektor der Stadt, Theodor Gottlieb von Hippel, eine geistreiche Arbeit über die Ehe. Seine Freunde erahnten den Grund seines Interesses an diesem Thema: Hippel war Jahre zuvor in heftiger Liebe zu einem reichen und ungewöhnlich schönen Mädchen aus bester Gesellschaft entbrannt, doch zu einer Heirat fehlte dem damaligen Hauslehrer die notwendige »bürgerliche Nahrung«. Von seinem dringenden Wunsch zu ehelichen beflügelt, absolvierte er in unvorstellbarer Kürze ein Studium der Rechtswissenschaft. Doch mit wachsender Gelehrsamkeit schwand seine Lust sich zu binden, er entsagte dem Ehestand, um sich seinen ausgeprägten Passionen ungehemmt widmen zu können: der Literatur und der sinnlich leidenschaftlichen Zuwendung zum anderen Geschlecht. Doch Widersprüche quälten den zuweilen pedantischen Beamten: zum einen seine bigotte Frömmelei und Tugendhaftigkeit, zum anderen die nicht nur auf eine bloße Verehrung beschränkte triebstarke Neigung zu schönen Frauen. Er lobte den ordnenden und die Sitten hebenden Ehestand, gleichzeitig war er ihm aber voller Ängste abhold. Sein Frauenideal fand er in der Literatur, der Kunst und sogar in den Staatsgeschäften zahlreich manifestiert. In einer weiteren Schrift »über die bürgerliche Verbesserung der Weiber« nennt er die Namen der für ihn wichtigen Frauen, die den Beweis erbringen, daß »überall wo Genieflug und Kunstfleiß der Menschen hinreicht, Weibernamen anzutreffen sind«. Und: »Nur die Furcht des Mannes, das andere Geschlecht könne ihn beherrschen«, so befindet Hippel, »ist der Grund zur Herrschaft über dasselbe«.[3] Seine mönchische Tugendhaftigkeit einerseits und die sinnlich-leidenschaftliche Sexualität andererseits führten immer wieder zu bedrückenden Konflikten, die er mit aufklärerischer Vernunft zu lösen suchte. Sein Frauenideal fand er in der emanzipierten Frau, gleichberechtigt sollte sie die gleiche Bildung erfahren wie der Mann, und selbst Staatsämter sollten ihr offen sein. Denn: »Was die Weiber sagen, fließt weit mehr aus dem Herzen, was Männer tun.«[4] Die alte Sehnsucht nach der Harmonie zwischen den Geschlechtern – für Hippel war durch die Gleichberechtigung zu erreichen, was durch angstvolle Unterdrückung andere Männer zu erzwingen versuchten. Für seine Kritiker waren die Forderungen Verstiegenheiten eines Egozentrikers, und selbst seiner glühenden Verehrerin Amalia Holst ging sein emanzipatorischer Einsatz zu weit: »Laßt uns an unserem dreifachen Beruf uns genügen«, ermahnt sie die Frauen, »und unsere Ehre darin setzen, dieselbe zu erfüllen«. »Dann aber«, so fährt sie fort, »erlaube man uns auch, die Pflichten des Menschen in einer zweckmäßigen und harmonischen Ausbildung aller unserer Kräfte nicht zu erschleichen, sondern von rechtswegen zu erfüllen.«[5]

Amalia Holst wollte im Sinne der Aufklärung Vernunft walten lassen, strebte nicht danach, das lutherische Hausmutterbild im Kern in Frage zu stellen.

Doch da sind auch andere Frauen, zumeist dem Kreis der Romantiker zuzuordnen, jener deutschen Bewegung, die starre Konventionen und bedrängende Normen aufzubrechen suchte. Emanzipation war für sie weniger das Hineindrängen in die Männerwelt, sondern aufklärerisch ausgedrückt, die Emanzipation des Fleisches. Zu nennen sind Caroline Schlegel und Dorothea Veit, zusammen wohnten sie unter einem Dach. Ihre für die damalige Zeit höchst unschicklichen Liebesbeziehungen waren für Friedrich Schlegel Inspiration für seinen Roman »Lucinde«. Literarisch verdichtet entsteht ein neuer Frauentypus; von einem Mann geschaffen, verkörpert er die alte Männersehnsucht nach Harmonie, die in einer »Vereinigung sinnlicher und geistiger Wollust« mündet.[6]

Eine andere Männerschöpfung ist die Heldin Violette des Clemens von Brentano in seinem Erstlingswerk »Godwi oder Das steinerne Bild der Mutter«.[7] Eine Gigi der Romantik, Tochter einer femme libre, deren Lust nach Aufgabe ihrer Jungfrauenschaft eine Reise voller prickelnder Abenteuer und eine bewußte Protestation gegen den Ehezwang ist. Die Ehe ist für Violette die Manifestation des Oberflächlichen, ein Gefängnis für das emanzipatorische Streben nach Höherem. Tugend ist Laster, weil sie unter dem Zwang der Konventionen steht. Violettes Religion ist die Sinnlichkeit. Andächtig kann man nicht als Mensch, sondern nur als Mann oder Frau sein, sagt sie. Das entsagende Christentum sei nur Geist und deswegen werde das Heidentum den endgültigen Sieg erringen, weil es als männliches Prinzip stärker sei. Provozierend läßt Brentano seine Heldin den entsagenden Christen das Bekenntnis entgegenschleudern, sie sei eine Heidin und ihre Götter seien die Männer, denen sie sich heidnisch hingebe. Violette, ein Offenbarungsweib romantischer Männerphantasien voller sinnlicher Wildheit und wahrer Natürlichkeit. Phantastische Männerschöpfungen sind Lucinde und Violette, Ideale, nicht aus dieser Welt, sondern aus zeitlosen Träumen Liebender geboren.

Im fernen Paris sollte sie geschaffen werden, die Offenbarungsfrau der Saint-Simonisten, zur sozialistischen Madonna verklärt.

Im Jahre 1831 etablierte sich in der Rue Monsigny, im Zentrum von Paris, die »Familie« der stetig wachsenden Gemeinde der Saint-Simonisten, um im kleinen das Ideal der künftigen Gesellschaft vorzuleben. Elemente der urchristlichen Katakombengemeinschaft verschmolzen mit modernen sozialistischen Ideen zu einer das Christentum veredelnden Glaubensbewegung. Zunächst galt es, lediglich die Ideen der bürgerlichen Revolution – Freiheit, Gleichheit, Brüderlichkeit – mit Sinn zu erfüllen. Die Revolution hatte zwar die Leibeigenschaft abgeschafft, doch damit die Ausbeutung des Menschen durch den Menschen nicht verhindern können. Im Gegenteil: Die wachsende Zahl des verelenden Industrieproletariats war Ausdruck einer tiefgreifenden gesellschaftlichen Krise. In über 4000 Werkstätten praktizierten die Saint-Simonisten als Antwort auf diese Entwicklung tätigen Sozialismus. Gleichzeitig aber sollte die Idee einen religiösen Überbau erhalten, die Gemeinschaft in einer sozialistischen Theokratie organisiert werden. Barthelmy Prosper Enfantin erhob sich zum »peres supreme« und stellte den Grundsatz auf: »Alles ist durch Gott, folglich ist auch der unüberwindliche, sich in jedem Tag manifestierende Trieb des Genusses göttlich.« Das Christentum, so Enfantin, behaupte das Gegenteil und bringe damit den Antagonismus in die geistige Welt, den Kampf zwischen Geist und Fleisch. Da nun das Christentum diesen Dualismus heilige und gebiete, das Fleisch durch den Geist zu besiegen, werde es die Menschheit nicht zur Vollendung führen.[8] Dreißig Jahre zuvor ließ Brentano seine Violette das Gleiche sagen, und fortan werden wir es immer wieder hören: Durch den Dualismus Fleisch und Geist wird das Christentum unterliegen.

Gegen den Willen vieler seiner Weggefährten forderte Enfantin die »Gemeinschaft der Weiber«. Das saint-simonistische Weib müsse alles enthüllen können, was es fühle, wünsche und von der Zukunft verlange. Der Mann hingegen dürfe keinem Weibe ein Gesetz auferlegen, seine einzige Stellung zur Frau sei, sich unfähig zu erklären, sie beurteilen zu können. Wieder hören wir die Violette der phantastischen Romantik, wenn Enfantin verkündet: »Mann und Frau zusammen bilden das soziale Individuum«. Neben dem Vater, dem saint-simonistischen Hohenpriester, sollte fortan eine Offenbarungsfrau einen zweiten Thron einnehmen. Doch so sehr man sich auch bemühte, die Offenbarungsfrau wollte nicht erscheinen, zu hoch war das Ideal, das die Brüder dieser Gestalt auferlegten. Bälle und Soireen wurden arrangiert, sie verschlangen das Vermögen der Gemeinde, die sozialistische Madonna blieb ihr versagt.

Als im Predigersaal in der Rue Taitbout Julie Fanfernaut fast unbekleidet ihr saint-simonistisches Bekenntnis ablegte, schritt die Polizei ein. Die Folge war ein langer Prozeß im Pariser Justizpalast; Enfantin wurde bestraft, anschließend ging er nach Afrika, um dort nach seinem Offenbarungsweib zu suchen.[9]

Halten wir fest: Männer schufen Frauenideale, aus traumatischen Bildern und widersprüchlichen Erfahrungen idealisiert und erhaben placiert, für den persönlichen Bedarf gebrauchsfertig modelliert. In der muffeligen Altherrenbibliothek sind sie verwahrt, subsumiert in den Altmännerpornographien sogenannter kulturgeschichtlicher Untersuchungen, wie der »Kulturgeschichte des Weibes«. Es sind die Offenbarungsfrauen endloser Männergenerationen: Gestalten aus Boccaccios Hymnen »Triumph der Frauen«, vergötterte Teufelinnen masochistischer Träume, die kokette Hausmutter aus dem »Journal des Luxus und der Moden«, Hippels emanzipierte Staats- und Geistesfrau, Lucinde und Violette und schließlich die verklärte sozialistische Madonna, mit der es jeder mal darf. Sie alle und viele mehr sublimieren die facettenreichen Wünsche, Hoffnungen und Gelüste von Männern, die, so die »Real-Encyklopädie für die gebildeten Stände«, doch voller Widersprüche sind, weil die schönsten Frauen »wohl manche Leiden über ihre Verehrer verhängen«.[10]

Wenden wir uns einem weiteren Frauenbild zu, von den patriotischen Romantikern in schicksalsschwerer Zeit geformt.

Im Jahre 1808 hatte Napoleon den greisen Wieland zu sich befohlen. Im Verlauf der Unterhaltung kam das Gespräch auf Tacitus, den der Kaiser nicht sehr schätzte, weil er nicht wahrheitsgetreu wäre. »Vielleicht«, so bemerkte Wieland, »finden Sie Tacitus' Griffel wahrhafter, wenn er die Tugenden unserer Vorfahren, der tapferen Germanen, schildert.« Der Korse, leutselig gnädig, entgegnete: »Bah, Tugenden der Germanen! Er (Tacitus) übertreibt die Laster der Kaiser wie die Tugenden der Völker. Tugenden der Germanen! Er hat sie erfunden. Sehen Sie sich doch Ihre Landsleute näher an. Oh, diese tugendhaften, tapfren Germanen!«[11]

In schwerer Zeit der Erniedrigung und des schmachvollen Franzosenjochs suchten die vorzüglichsten Gelehrten über die Ursachen des Unglücks nachzusinnen und nach den ewig gültigen Werten der Deutschen zu fahnden. Der unter Napoleon so machtvoll geeinten französischen Nation sollte Gleiches entgegengesetzt werden. Angesichts der partikularistischen Zwistigkeiten der Fürsten hieß es, die gemeinsamen Wurzeln aller Deutschen zu finden, nach dem Untergang des Heiligen Römischen Reiches Deutscher Nation den Begriff der Nation neu zu definieren. Die Landesherren schreckte Volkeswille, und so erschien es den Revolutionären unverfänglich, der neuen Bewegung ein Fundament aus der ruhmvollen Vergangenheit zu geben. Freilich müßte tief geschöpft werden, denn deutsche Zwietracht war eng mit der feudalen Vergangenheit und Gegenwart verknüpft.

Die Spur wies der von Wieland zitierte Tacitus. Durch diese »Römers unsterbliche Schrift«, so schrieb Jacob Grimm, »war Morgenroth in die Geschichte Deutschlands gestellt worden, um das uns andere Völker zu beneiden haben«.[12]

Die Spurensuche der Gelehrten nach der Wurzel schloß das weibliche Geschlecht nicht aus, und wie stets in schicksalsschweren Kriegszeiten appellierte man auch an die Frauen, Kriegspflichten zu erfüllen, die nicht darin beschränkt sein sollten, die Feldherren von Jungfrauenabordnungen bekränzen zu lassen.

Das Frauenideal, zum Beginn des 19. Jahrhunderts gebildet, wird uns noch lange bewahrt bleiben. Jede Zeit bedarf eines Typus, und entsprechend des wachsenden Nationalismus hatte sich auch die Frau Leitbildern zu fügen. Hermann der Cherusker einte die germanischen Stämme, um die römischen Eroberer zu vertreiben. An der Spitze germanischer Krieger focht er im Teutoburger Wald. So wünschte man sich einen deutschen Fürsten, der sich den Feinden entgegenstellt und die Nation eint.

Die patriotische Offenbarungsfrau freilich war gefunden: Luise, Königin von Preußen. Noch während des Aufstandes, 1811, starb sie »am gebrochenen Herzen«, wie es hieß, »über das Unglück, das über die Nation hereingebrochen war«. Zu einer Heiligen verklärt, verkörperte sie »eine ächt deutsche Frau, holdselig, fromm, tugendhaft, des Volkes Freundin und vom Volk wie ein Schutzgeist geehrt«.[13] Hinzu kam ihre treulich erfüllte Aufgabe als Geliebte, Mutter und Vorsteherin des königlichen Hofes. Den zum Widerstand bereiten jungen Offizieren gab sie Mut und stärkte den zaudernden König, den Patrioten Gehör zu schenken. Entsprach sie nicht jenen germanischen Frauen, die Tacitus beschrieb? »Wie überliefert wird, haben die Frauen schon manches wankende oder gar zurückflutende Heer wieder zum Stehen gebracht durch inständiges Bitten und dadurch, daß sie sich ihren Männern mit entblößter Brust entgegenwarfen und auf die unmittelbar drohende Gefangenschaft hinwiesen.«[14] Für die französische Presse war die Königin eine Amazone und kampfeslustige Armide.[15] Ihren Söhnen empfahl sie den Tod, eh sie sich den Feinden unterwürfen. »Ja, die Germanen«, so heißt es bei Tacitus, »erblicken in den Frauen so etwas wie heilige Wesen mit Sehergabe, daher beachten sie deren Ratschläge und richten sich nach ihren Weissagungen.«[16] Im Felde schreibt Theodor Körner ein Gedicht: »An die Königin Luise. Du Heilige! Hör Deiner Kinder Flehen, Es dringe mächtig auf zu Deinem Licht. Kannst wieder freundlich auf uns niedersehen, Verklärter Engel! Länger weine nicht.« Und weiter: »So soll Dein Bild auf unsern Fahnen schweben, Und soll uns leuchten durch die Nacht zum Sieg. Luise sei der Schutzgeist deutscher Sache, Luise sei das Losungswort zur Rache!« [17] Das königliche Vorbild ließ Frauen aller Stände diesem Ideal nacheifern: Frau von Bonin, die an der Spitze einer Kavallerieeinheit den Franzosen 22 000 Taler Kassengelder abjagte. Später nahm sie, als Amazone kostümiert, einen französischen Kurier gefangen.[18] Frauen aus dem Volk drängten zu den Waffen, gleich den germanischen Schildmädchen, die Grimm aus mythischen Wurzeln schöpfte.

Germaniens Schildfrauen, kriegerische Amazonen, die mit den Feldzeichen in den Kampf zogen, sind ein schönes Bild in heroischer Zeit. Edle Frauen, die mit ihrer Kühnheit Männer beschämten, füllten die Gedenkbücher der Freiheitskriege. Jacob Grimm entdeckte diese Tugenden im deutschen Altertum: im Sagenschatz, wo Helden in Kampfesnöten der geliebten Frau gedachten, sie ansahen oder ihren Namen nannten, um so gestärkt aufs neue sich in das Kampfgewühl zu stürzen. Aus Mythen, Legenden und patriotischen Heldentaten Frauen aller Stände gestalteten vaterländische Historienschreiber ein neues Frauenbild und ließen Grimm vermuten, »daß der Volksglaube den engen Bezug der Frauen zum Kampf und Sieg festgehalten hat.«[19] Tacitus, erinnert Grimm, habe darüber berichtet, daß ein großes Schlachtfeld an der Weser »Frauenwiese« benannt wurde, weil hier unter der Leitung hehrer Frauen gesiegt worden sei. Der erste Merseburger Zauberspruch war nicht dazu bestimmt zu heilen, sondern war ein Bindespruch, mit dem Heere aufgehalten werden konnten. Andere Frauen, so Grimm, sammelten Pflanzen, aus denen sie hemmende Binden oder Kränze dem Sieger zu fertigen gedachten.[20] Ein Brauch, der noch immer lebendig war: Weißgekleidete Jungfrauen kränzten die Sieger von Leipzig und Waterloo. Waffenglück und Siege wurden in alten Zeiten von kundigen Frauen geweissagt, und auf ihre Orakelsprüche hörten die Helden, denn »Männer verdienen durch ihre Taten, Frauen durch ihre Weisheit Vergötterung«. Der griechische Geograph Strabo hatte sie beschrieben, die kaiserzeitlichen Priesterinnen der Cimbern, die grauhaarig, barfüßig und in einem weißen Gewand mit ehernen Spangen gegürtet gefangene Krieger schlachteten und aus deren Blut im Opferkessel weissagten. Aus diesen und zahlreichen anderen Quellen folgerte Grimm, daß »nach deutscher Ansicht Aussprüche des Schicksals im Munde der Frauen größere Heiligkeit erlangen, Weissagungen und Zauber im guten wie bösen Sinn sind vorzugsweise Gabe der Frauen und vielleicht hängt damit noch zusammen, daß die Sprache Tugend und Laster durch Frauen allegorisiert.«[21]

Damit ist für die Frauen der Platz in der Gesellschaft bestimmt. Greifen wir noch einmal zur »Allgemeinen deutschen Real-Encyklopädie für die gebildeten Stände«, in der zusammengefaßt ist, was die Zeit für gültig hielt. Unter dem Stichwort Frauen heißt es: »Während Männer die Repräsentanten des Gesetzes, der Gedanken, der Pflicht und des Handelns sind, obliegt es den Frauen, für Sitte, Gefühl und Schamgefühl einzutreten.« Hören wir weiter, was der Verfasser des Beitrags über die Rolle der Frau in der Gesellschaft und emanzipatorische Bestrebungen jener Zeit zu sagen hat: »Man hat in jüngster Zeit dem Weibe Funktionen zuweisen wollen, die nur dem Manne zugewiesen sind, aber schon die äußere Bildung, Stimme, Gang und Haltung beweisen auf den ersten Blick, auch wenn man die Erfahrung einer tausendjährigen Geschichte nicht zu Rathe ziehen wollte, wie verschieden die Natur der beiden Geschlechter ist, wie verschieden also auch ihre Aufgaben innerhalb der geistigen Entwicklung der Menschen sein muß.«[22]

Die Natur also hat der Frau Grenzen gesetzt, sie aber dennoch nicht benachteiligt. Von ihrer naturgegebenen Bestimmung erfährt sie eine Gleichberechtigung; an der Seite des Mannes übernimmt sie »innerhalb der geistigen Entwicklung der Menschheit« den weiblichen Part: Wahrung der Sitten, Religion und schließlich des Familienlebens.[23]

In diesem Sinne waren Germaniens Frauen das urväterliche Vorbild. Deutschlands Frauen sollten Hüterin der Familie und Förderin der Geselligkeit sein, denn »dadurch befördern sie die Entwicklung der Intelligenz und veredeln und verschönern sie. Durch die Familie wirken sie für die Geschichte selbst. Je reiner und sittlicher das Familienwesen, desto reiner der Kern einer Nation, desto edler und reiner ihre Geschichte.«[24]

Dementsprechend war den Männern die Verehrung der Frauen anempfohlen, so wie die Germanen des Tacitus die Frauen als heilige Wesen verehrten. Lesen wir noch einige Zeilen im Beitrag über die Frauen in der Realenzyklopädie: »Für das consequente logische Denken des Mannes, hat das Weib sein instinktartiges, orakelhaftes und ahnungsvolles Auffassen zum Ersatz.«[25]

Grimm und Generationen gelehrter Wissenschaftler nach ihm haben an dem Frauenbild gewebt: subsumierten germanische Schildfrauen, weissagende weiße Frauen, Matronen und schließlich die heldenbegleitenden Walküren zu weisen Frauen. Freilich, das aufgeklärte 19. Jahrhundert beklagte zuweilen dieses »orakelhafte Wesen« der Frauen, wenn es als Relikt des Aberglaubens ruchbar wurde, drunten im Volk, bei Kartenlegerinnen, Kaffeesatzleserinnen und in Kristallkugeln blickenden Orakelfrauen. Doch das war eine Frage der Bildung, die, so die »Real-Encyklopädie«, »von der Bildung des männlichen Geschlechts ab, und mit ihm zusammenhängt«.[26] Das Bild der achtunggebietenden germanisch-deutschen weisen Frau, geformt in der nationalen Aufbruchzeit des 19. Jahrhunderts, erfuhr seine Abrundung durch den Hinweis, daß Tugendhaftigkeit und Sittenstrenge der Frauen bei anderen Völkern nicht Brauch gewesen wären. Bei dem Untergang und Zerfall der alten Staaten hätte sich betrüblich gezeigt, daß der Einfluß weiblicher Verderbnis eine Erscheinung wäre, die sich überall in fast gleichen Symptomen kenntlich gemacht hätte und sich stets wiederholte. Denn, »es liegt in der Natur der Sache, daß das Weib in Zeiten der allgemeinen Verderbnis und Entsittlichung öffentlicher und kenntlicher hervortritt, als in Zeiten der Sitte und Unverdorbenheit, wo es nur durch das geheime Medium der Familie auf die Männer und durch diese auf die Geschichte selbst Einfluß hat«.[27] Roms Schicksal vollzog sich unausweichlich durch das Lotterleben der Huren und untreuen Frauen, ihr Intrigenspiel und ekelhafte Unzucht. Das wollüstige Treiben beendeten die Germanen, denn: »Freilich hätte ohne Zutritt des Germanismus, von dem eine Erneuerung und Veredelung der stockenden Säfte nach allen Seiten ausgehen sollte, das Christentum innerhalb der verderbten römischen Welt schwerlich mehr als eine stille Gemeinde gebildet, aber das reine kräftige Urvolk der Germanen befruchtete sich mit den bildenden Ideen des Christentums und gab so dem Staats- und Familienleben eine neue Gestalt.« Dabei hatte die germanische Frau ihren gebührenden Anteil als »Hüterin der Sitte und des Brauches«.[28]

Zum Beginn des 20. Jahrhunderts war das germanische Frauenbild für kommende schwere Zeiten idealisiert ausgeformt: »Die Frau als ursprünglich vollkommen gleichberechtigte Gefährtin des Mannes, besonders geeignet zum Dienst am Heiligen, bevorzugt begabt mit dem sechsten Sinn, der die unsichtbaren Kraftquellen des Lebens sich zu erschließen weiß, und zu Weissagung und Schicksalsverkündung befähigt; besonders begabt auch in der Heilkunst, dem Wetter wie der Erdfruchtbarkeit eng verbunden; dann als Hausfrau, Herrin im Haus, dem Gesinde gebietend, über die Aufnahme von Gästen mit entscheidend, für die Erfüllung religiöser und sittlicher Pflichten der Sippe Sorge tragend; aber auch am Festgelage teilnehmend, im Rate der Männer gehört, auf Neulandsuche mit ausfahrend, in Schicksalsstunden die Waffe ergreifend und bisweilen zu politisch leitender Stellung erhoben: Das ist die altgermanische Frau in der Zeit vor dem Glaubenswechsel.«[29] Der Erste Weltkrieg hatte die »Gefährtin des Mannes« erfordert und den Frauen allerdings nur in Kriegszeiten Bürden auferlegt, die ihnen im Frieden wieder abgenommen wurden. Gleich den germanischen Frauen sollten sie in friedvollen Zeiten sich wieder der Sippe zuwenden dürfen.

Felsbilder im fernen Skandinavien, der Spaten heimischer Archäologen, römische Chronisten und schließlich christliche Gelehrte untermauerten die Forschungsergebnisse nationalistischer Wissenschaftler. So, wie sich in germanischer Zeit die Frage nach Frauenrechten nicht stellte, so kannte auch der Führer einige Jahre später »keine Männerrechte und keine Frauenrechte, sondern für beide Geschlechter nur ein Recht, das zugleich die Pflicht ist, für die Nation gemeinsam zu leben«, und die Führerin der Nationalsozialistischen Frauenschaft erinnerte an das »ungeschriebene Gesetz der deutschen Frau«, neben die Wehrhaftigkeit der Volksgemeinschaft »die Erhaltung der ungebrochenen inneren und religiösen Kraft des Volkes zu stellen«.[30]

Die Nationalsozialisten waren angetreten, alle Stände des deutschen Volkes in Wehrhaftigkeit zu einen. Alles Trennende sollte dem gemeinsamen Kampf untergeordnet werden. Dies galt auch für die Geschlechter, freilich nicht im Sinne liberalistischer Gleichmacherei, sondern in der Zuweisung der von der Natur vorgegebenen Aufgaben. Dabei gab es zunächst unterschiedliche Auffassungen von der Rolle der Frau in der Gesellschaft.

In den zwanziger Jahren hatte der Germanist und Volkskundler Herman Wirth unter dem indogermanischen Swastika, dem Hakenkreuz, eine Gemeinde gesammelt, die aus seinen Forschungsergebnissen eine nordisch-religiöse Weltanschauung bezog. Aus archäologischen Funden, Felsbildern und Kulturvergleichen glaubte Wirth, ein urgermanisches Matriarchat entdeckt zu haben. Aus Bachhofens Mutterrechtstheorie und eigenen Forschungsergebnissen gestaltete er eine »Allmutter Gottes«, mit der er bei dem Reichsführer SS, Heinrich Himmler, Anerkennung fand und dieser dem Berliner Lehrstuhlinhaber im SS-Ahnenerbe eine weitere wissenschaftliche Heimstatt gab. Besonders gefiel dem mächtigen SS-Führer die Blut und Boden-Theorie Wirths, die er aus dem sogenannten Odalsrecht bodenständigen germanischen Bauerntums entwickelt hatte. Danach hatten Mann und Frau von »Gott und der Sonne« den Boden zum Lehen erhalten, das sie in eine Vererbungspflicht nahm und so in die göttlich gewollte Ordnung einband.[31]

Noch in der Kampfzeit der Bewegung, in den Jahren 1928 bis 1932, griffen völkische Feministinnen Herman Wirths »Heilige Urschrift der Menschheit« dankbar auf und schufen eine nationale frauenemanzipatorische Theorie. Sophie Rogge-Börner bemühte sich, deutsch-völkischen Rassismus in die Frauenbewegung einzubringen. Hüterin des Odals war die Frau, Bewahrerin der Rasse und des Erbgutes. Deutschlands Frauen sollten, wie ihre Schwestern in der Vorzeit, mit dem weiblich angeborenen Urwesenhaften den blutsgebundenen Geist fortpflanzen.[32] Für Rogge-Börner war die Emanzipation der Frau nur durch die Wiederherstellung der alten vorchristlichen Ordnung »in den nordischen Blutsbezirken« zu erreichen. Das Christentum trug die Schuld an der Unterdrückung der Frauen und der im Verlauf der Geschichte des christlichen Abendlandes zunehmenden Rechtlosigkeit. Solcherart Anwürfe hörten die NS-Ideologen gern. Weniger genehm waren hingegen Töne, die Leonore Kühn anschlug. Ihre deutliche Männerfeindlichkeit trübte das Bild vom Schulterschluß des gesamten Volkes im Kampf um nationale Ehre. Vermutlich ohne es zu ahnen, gab die streitbare Feministin dem NS-Ideologen Rosenberg Munition gegen den von Himmler geförderten Herman Wirth, dessen »Allmutter Gottes« der Kühn zum Ausgangspunkt einer Abrechnung mit den Männern diente. Für sie war der Mann der »Vereinzelte und Zerrissene, der sich vom Urgrund am weitesten gelöst hatte«. Dahingegen war die Frau einheitlicher, ganzheitlicher geblieben, dem Leben und der Erde als Lebensspenderin näher. Der Mann hatte den Geist vom Körper getrennt und die Wollust zur Sünde erklärt. Im Namen der großen Mutter appellierte Leonore Kühn an die Männer, wieder die Einheit und Ganzheit der Liebe zu verwirklichen. Der gestaltenden Männerwelt des Geistes galt es, den dunklen Urgrund, das chaotische und ungestaltete Reich der »Großen Mutter« zu eröffnen; in diesem Sinne sollten alle Frauen Priesterinnen und Töchter der Göttin sein. Die Männer waren es, die den ganzheitlichen Weg verlassen hatten, weil sie den Leib von der Seele spalteten und die Liebe verloren, in der Umarmung wie Fremde in beobachtender Distanz sich vom Weib entfernten. Frauen hingegen gaben sich ungeteilt, Kraft aus dem Schoß der Mutter Erde empfangend. Die Rückbesinnung auf die Dreifaltige Göttin – die leibliche Mutter, die Mutter der Elenden und die Mutter des Geistes – sollte die Männerschuld am Untergang der Magna Mater tilgen, die Männer wieder zur Ganzheit führen und damit die Emanzipation des Weibes ermöglichen.[33] Verargt wurde Leonore Kühn der Rückgriff auf die Große Mutter-Verehrung im alternden Rom, an der doch der Zerfall deutlich sichtbar geworden war.[34]

Aus Urzeitmythen schöpfte auch Alfred Rosenberg das nationalsozialistische Frauenideal. Zum Beispiel den Nornen, die, in einem kosmischen Gesetz eingebettet, das Schicksal versinnbildlichten. Denn das Schicksal eines Volkes lag für Rosenberg in der Obhut der Frauen. Der Mann als der Gestaltende, war Schöpfer des Staates, die Frau Hüterin der Rasse. Der Niedergang einer Rasse hieß Sittenverfall und Untergang. Womit sollte der Mann gestalten, wenn die Frauen nicht für Bluterhaltung und Rassevermehrung sorgten? Ausdruck des liberalistischen Niedergangs zeigte sich in jedem Ansatz einer angestrebten Frauenherrschaft, denn mit der Frauen eigenen Lyrik und Humanität verhinderten sie notwendig harte Entscheidungen der Männer. Nur in verrotteten Staatswesen war der Nährboden für frauenemanzipatorische Tendenzen zu erkennen: Emanzipation des Geistes bedeutete Gefühlsduselei, Emanzipation des Fleisches Rassenschande mit »Niggern, Juden und Chinesen«.[35] Ließe man sich auf die Forderungen der Frauen nach einem Frauenstaat ein, drohte die Verweichlichung des Mannes, so, wie es in den Großstädten bereits zu beobachten war: »zarte trippelnde Männchen in Lackschuhen und lila Strümpfen, mit Armbändern behangen, mit zarten Ringen an den Fingern, mit blau untermalten Augen und roten Nasenlöchern«. Gegen diese Vision eines »Frauenparadieses« setzte Rosenberg den mannbaren Staat, in dem die Frau ein gleichberechtigter Partner des Mannes sein sollte. Aufgabe der nationalsozialistischen Frau war es, eine Welt zu vertreten, »die in ihrer Schönheit und Eigenart der des Mannes nicht nach-, sondern ebenbürtig gegenübersteht«.[36] Aufmüpfige Frauen wurden jedoch gewarnt: Rosenberg drohte mit der harten männlichen Hand, und Unbelehrbaren kündigte er an, daß »einmal der Tag kommen werde, da auf Rassenschande Zuchthaus und Todesstrafe stehen werde«.[37]

Mit dieser Einstellung zur Emanzipation der Frau fand das Amt Rosenberg die Anerkennung des Führers. Herman Wirth fiel mit seinem »mutterrechtlichen Germanien« in Ungnade. Er erhielt Schreibverbot und mußte das »Ahnenerbe« verlassen. Grollend zog er sich zurück, um erst nach dem Krieg die alten und neuen Getreuen wieder um sich zu scharen. Das Hakenkreuz wurde durch die Odalsrune ersetzt. Unter diesem Zeichen sammelte sich die orientierungslose äußere Rechte in altgermanischen Kulten. Bis zum Anfang der siebziger Jahre war heidnischer Götterkult deutsch-völkischen Gruppierungen vorbehalten: dem Bund für Gotterkenntnis, den Gylfiliten, die sich der weisen Frauen erinnerten und zu Schwester Urda pilgerten, die Runen warf und ahnungsvollen völkischen Seelendienst leistete. Unter der Lebensrune versammelten sich die Goden, die Götterdienste zu den alten heidnischen Jahresfesten zelebrierten. Sie alle beriefen sich auf Erforschtes und Erahntes einer hundertjährigen Mythen- und Germanenkenntnis, das über Klangbilder und pompöse Kulissenarchitektur wagnerischer Opern, historisch genotzüchtigte Volksmärchen und schließlich nordische Mythendichtung sich zu einem volkstümlichen Germanenbild zusammenfügte.

Wir werden noch festzustellen haben, daß nicht nur zur Selbstfindung nationalen Bewußtseins ein tiefer Rückgriff in die Geschichte gehört. Weltanschauungen und Ideologien benötigen offensichtlich die Kontinuität der Geschichte, den Nachweis, daß der Keim ihrer Tugenden, selten der Laster, vor Urzeiten programmiert wurde. Das zu irgendeiner Zeit einmal zum Allgemeingut gewordene historische Klischee eignet sich besonders gut zu einer Untermauerung zeitgeistbedingter weltanschaulicher Bedürfnisse. Der mit dem Satz »Schon die alten Germanen . . .« beginnende Schulaufsatz war stets prädestiniert, mit einer guten Note bewertet zu werden. In der Dorfchronik heimatpflegender Schulmeister darf der Hinweis nicht fehlen, daß vor der ersten urkundlichen Erwähnung des Gemeinwesens bereits dort Germanen siedelten. Der historische Rückgriff belegt auch eine Kontinuität von Werten und erinnert an allgemeingültig gewordene Idealvorstellungen einer stets »besseren Welt« vor undenklichen Zeiten. Eine dürftige Quellenlage ermöglicht die phantasievolle Interpretation, wobei sich fern Zurückliegendes zeitlich raffen läßt, um schließlich mit Wertvorstellungen der Gegenwart bereichert zu werden.

Zum Ende der sechziger Jahre erschreckten Vorgänge im sonnigen Kalifornien die amerikanische Nation. In San Francisco versammelten sich Tausende junger Leute, in exotische Gewänder gehüllt und mit einem farbenfrohen Make-up auf der Haut. Sie nannten es »be in«. Eine chaotische Fröhlichkeit erfüllte die Stadt, und obgleich alles friedvoll verlief, reagierten die Bürger der Stadt erschrocken und forderten Polizisten auf, dem Treiben Einhalt zu gebieten. Die aber saßen verstört in ihren Einsatzfahrzeugen und verstanden die Welt nicht mehr. Die Jugendlichen hatten eigene Ordnungshüter: Rocker, die sich Hell's Angels nannten. Ihre Kleidung bestand aus Leder, geschmückt mit Emblemen der Nazis: Reichsadler und Hakenkreuz. Den Kopf bedeckten Mützen, wie sie SS-ler in Hollywood-Filmen trugen. Es waren die Fetische der bürgerschreckenden Rocker, deren martialisches Aussehen im Kontrast zu jenen bunten Vögeln stand, die sich Hippies nannten und mit Blumen die Welt verändern wollten. Aus dröhnenden Lautsprechern erschollen Klänge, die sie alle einten und das neue Lebensgefühl lautstark unterstrichen. Doch in jener Zeit war der jugendliche Aufbruch bereits von Industriestrategen in festem Griff: Plattenfirmen und Bekleidungsindustrie verbreiteten weltweit das kommerzialisierte Lebensgefühl der Hippies.[38]

Die Wurzel der Bewegung ist zeitlich und lokal einzugrenzen. Mitte der fünfziger Jahre sammelte sich in San Franciscos Stadtteil North Beach eine kleine Gruppe junger Leute, die mit der starren mittelständischen Gesellschaft der USA gebrochen hatte. In kleinen Lebensgemeinschaften wollten sie nach eigenen Gesetzen außerhalb der kleinbürgerlichen Normen ihre persönliche Freiheit entfalten. Ihre tägliche Erfahrung im Job, in der Schule, in den institutionalisierten Kirchen hatte sie gelehrt: Die amerikanische Gesellschaft war nicht zu verändern, also hieß es, sich von ihr zu trennen, eine eigene, neue Lebensform zu entwickeln. Deutlich galt es, sich abzugrenzen, aus einem Stadtgebiet ein Ghetto für Gleichgesinnte zu schaffen und so zu leben wie jene, die von der freiheitlichen Gesellschaft der Welt in Elendsquartiere ausgegrenzt wurden: Neger und Einwanderer aus Mittelamerika. Das war ein unaggressiver Protest, der gleichwohl mit aggressiver Ablehnung aufgenommen wurde. Der saubere Stolz der Nation, die mittelständischen verhätschelten Jungen und Mädchen, die bislang in Familie, Staat und Kirche eingebunden gewesen waren, ließen sich wie Wilde die Haare wachsen und kostümierten sich mit exotischen Gewändern, die das Geschlecht nicht mehr erkennen ließen. Alle verband der Hochmut der Minderheit und die Ablehnung der verlogenen Tugenden der guten Amerikaner, die in Veteranenvereinen, Frauenverbänden und christlichen Glaubensgemeinschaften über Moral und Sitte wachten.

Der Traum von der Befreiung aus den Fesseln dieser Gesellschaft zerstob 1961. Ein großes Polizeiaufgebot vertrieb die Beatniks aus North Beach. In einem bunten Exodus zerstreuten sich einzelne Gruppen über das Land, suchten ihr Heil in anderen Staaten. Doch eine kleine Gemeinde blieb in San Francisco, fand im Stadtteil Haight Ashbury eine neue Heimat und bewahrte dort den Geist des friedvollen Beatnik Widerstandes. Nicht nur die Vertreibung durch die Staatsmacht ließ die Beatnikbewegung stagnieren, sondern insbesondere die Hoffnung, die ein Großteil der amerikanischen Jugend in den 1960 zum Präsidenten gewählten Senator John F. Kennedy setzte. Die Ermordung dieses für die Bürgerrechte sich einsetzenden Politikers löste einen Schock aus. Die Tat nährte die alten amerikanischen Ängste vor dunklen undurchsichtigen Verschwörungen. Die Underground Scene in Haight Ashbury wurde erneut Zentrum jugendlicher Außenseiter, viele kehrten zurück nach langen Wanderungen »on the road«, die ihnen keine Erkenntnis gebracht hatten. Sie waren rastlos, wie ihr Idol Jack Kerouac und der Held seines Romans Dean. Ein anderer, der zu ihnen gehörte, war Allan Ginsburgh. Er war nach Indien gefahren, um »diesen wohlbekannten verfaulten Ginsburgh« loszuwerden. Als er zurückkehrte schreibt er »The Change«; darin schildert er seine Erleuchtung, die Erkenntnis, daß Freiheit sich selbst zu lieben heißt, um dann auch die Menschen lieben zu können.[39]

Eine weitere Heilsbotschaft wurde begierig aufgegriffen. Ihr Prophet war Timothy Leary, Harvard Psychologe, der mit dem 1943 bei Sandoz in Basel entdeckten Halluzinogen Lysergsäurediäthylamid (abgekürzt LSD) intensive Experimente durchführte. Mit dem Medikament war bereits zuvor in der Psychiatrie gearbeitet worden, da man mit LSD eine experimentelle Geisteskrankheit auslösen konnte.[40] Für die Suchenden der Hippie- Generation wurde es jedoch zu einer Rauschdroge; bereits die Geschichte signalisierte Okkultes: LSD war aus jenem legendären Mutterkorn entwickelt, das im Mittelalter verheerende Epidemien verursacht hatte. Damals nannte man es Ignis sager, heiliges Feuer. Für die Suchenden in Haight Ashbury sollte LSD das heilige Feuer der Erkenntnis werden. Die Droge versprach die totale Befreiung und, so Leary, »die Öffnung des Gehirns für verborgene Bereiche, die Enthüllungen Gottes für alle Zeiten«. Die Erkenntnis der Forscher, daß man den Rauschverlauf, die Bilder manipulieren konnte, indem man visuelle und gedankliche Vorgaben gab, griff Leary auf. Seine Botschaft lautete: Die westliche Zivilisation wäre dem Untergang geweiht, die Erneuerung wüchse aus fernöstlichen Weisheiten. LSD machte den Meister überflüssig, ersparte den langen Weg der Übung unter der Aufsicht und Leitung eines weisen Lehrers. Es bedurfte nur der Einnahme der entsprechend dosierten Darreichung und selbst der zivilisationsgeschädigte Amerikaner konnte auf die Reise in ihm bislang unerschlossene Bereiche seines Ichs gehen.[41] Im wahrsten Sinne zerflossen die vom Christentum okkupierten religiösen Vorstellungen. Die bis dahin eingegrenzte Wahrnehmung löste sich auf, Farben und Formen wurden transparent, und es ließ sich hinter die Dinge schauen. »Der Tempel unserer Religion«, verkündete Leary, »ist der Körper. Unter Religion verstehen wir den Versuch herauszufinden,was was ist, ... herauszufinden, wer man ist ..., sich in eigenen unvorstellbaren Energien zu versenken. LSD ist ökumenisch. Gott ist kein Christ. Wenn man mit Gott Kontakt aufnimmt, so, wie wir es taten, wird man bemerken, daß seine Macht schon lange da war, bevor der Mensch versuchte, diese Kraft beim Namen zu nennen.«[42] Um die Erfahrungen zu lenken, schlug Leary LSD-Zelebrationen vor: die Erleuchtung des Buddhas, die letzte Reise Laotses oder den Tod und die Wiedergeburt Jesus Christus. Andere schöpften aus dem verborgenen Ich altes Schamanenwissen und naturreligiöse Glaubenserfahrungen.[43]

Aus den Beatniks wurden Hippies mit festen Vorstellungen einer künftigen Gesellschaft, die wie Utopia jenseits des Traumes lag. Die jugendlichen Suchenden fanden auch Autoritäten, alte Männer, die gleich ihnen mit der Gesellschaft gebrochen hatten; Reverend Greek ernannte sich zum Bischof der Hipp-Church, mit der er sich auf die urchristlichen Gemeinden besann. Das Zusammenleben und die Wirkung nach außen sollte trotz der feindlichen Welt die Liebe sein. »Love« müßte die ganze Welt umspannen, zunächst in kleinen Lebensgemeinschaften, »families«, die als Netzwerk des neuen Geistes Zeugnis abzulegen hätten von der künftigen friedvollen Welt.[44] Das hieß, der »großen Maschine«, der Verstädterung zu entfliehen, in dörflichen Siedlungen sich selbst zu versorgen, zur Natur zurückzukehren. Sie war nicht neu, die Verheißung vom einfachen Leben, doch für die Hippies war es nicht kasteiende Selbstversagung, sondern ein fröhlicher Aufbruch zu sinnlichem Erleben der Welt in der Gemeinschaft Gleichgesinnter. Blumen, Bäume und Früchte wollte man wachsen sehen, sie verehren, wie es jene getan hatten, die als Heiden von den Christen geschmäht worden waren. Zum Zeichen dieser Naturverehrung bemalte man sich mit blumigen Farben und zeigte sich in einem schrill-bunten Outfit.

Die psychedelische Revolution erreichte Europa zu einer Zeit, da studentische Unruhen, zunächst in Frankreich, später auch in Deutschland die Hochschulen erschütterten. Die verhätschelte Nachkriegsgeneration versuchte sich aus der Bevormundung einer vergreisten Führungsgeneration zu lösen, deren Antikommunismus Mitteleuropa zu einem stickigen Treibhaus gemacht hatte. Scheiben gingen zu Bruch, ehrwürdige Professoren wurden entthront, muffige Politiker erhielten lautstarken Widerspruch. Demonstrationen beunruhigten die Bürger, die Beifall zollten, wenn Gummiknüppel der Staatsmacht auf Studenten eindroschen. Kernzellen des Widerstandes waren auch in Deutschland Kommunen, Wohngemeinschaften, die freilich sich mit den amerikanischen alternativen Lebensgemeinschaften nicht vergleichen ließen. In verzehrenden Diskussionen werkelten die jungen Genossen am Klassenkampf. Einen Weg zu finden zwischen dem Sozialismus stalinistischer Prägung und dem Kapitalismus, der in Vietnam sein brutales Gesicht offenbarte, war das Ziel. Die Forderung lautete: Zerstörung der Autoritäten in Ost und West. Auch die deutsche revolutionäre Jugend entstammte der Mittelschicht, aus geordneten Akademikerfamilien. Wohlversorgt hatten sie ihre Kinder auf den Lebensweg geschickt, Hindernisse beiseite geräumt und mit dem Weltbild bürgerlicher Ordnung ausgestattet. Gegen diese deutsche Ordnung, befrachtet mit dunkler Vergangenheit, die ihre Schatten in die Gegenwart warf, galt es zu rebellieren. Das Zusammenleben in Kommunen, der Auszug aus dem Elternhaus waren bereits Protest, doch das Zusammenleben in der Gemeinschaft offenbarte ein Dilemma. Hier, wo begierig aufgenommen wurde, was der weltweite Jugendprotest im Kampf gegen das Establishment entwickelt hatte, verlor sich die Theorie in selbstzerstörerischen Krisen. Gruppengespräche am Küchentisch verliefen wie Szenen einer Ehe, anklagend, larmoyant, selbstkritisch und aggressiv, mit Freud, Adler und Jung nicht in den Griff zu bekommen. Draußen, in der Konfrontation mit den »Bullen«, war man sich einig, da war man Genosse. In der häuslichen Gemeinschaft versagte das zum Ideal erhobene proletarische Klassenbewußtsein.

Für einige lag es an der Stadt, in der das Krankheitsbild der Gesellschaft sich so deutlich zeigte. Sie griffen die Erfahrungen amerikanischer Hippies auf, verließen die Ballungsräume, suchten sich abgelegene Gebiete, möglichst im unterentwickelten Zonenrand, um dort den Traum vom einfachen Leben in der unbefleckten Natur zu verwirklichen. Im bäuerlichen Dorf, draußen in der Provinz gründeten sie landwirtschaftliche Arbeitskommunen. Auf maroden Resthöfen züchteten sie Vieh, ließen Hühner biologische Eier legen, bei geringem Einkommen bestritt man den Lebensunterhalt mit Malerarbeiten. Aus selbstgewonnener Wolle strickte man erdfarbene Pullover oder nähte Patchworkdecken. Mythen, Sagen, Märchen und altväterliche Esoterik ließen eine diffuse Mystik wachsen. Man las von Werwölfen, Vampiren, weisen Kräuterfrauen und Hexen, daneben räucherte man indisch, pendelte und orakelte nach chinesischer Anleitung, probierte heimische Atropine: Fliegenpilz und Bilsenkraut.

Zum Ende des bewegten Jahrzehnts kam es noch einmal zu einer Konfrontation zwischen den unterschiedlichsten Richtungen auf der Burg Waldeck. Die längst schon arrivierten Liedermacher der Folkmusik, studentische Hochschulverbände, Freaks und Landkommunarden sowie die Hausherren der Burg, die Bündischen, trafen sich zu Gesang und Diskussion. Die politisierenden Revolutionäre waren die Mehrheit und belächelten jene, die bereits abseits standen, Heimat im Mystisch-Mythischen gefunden hatten. Sie nannten sich Wassermannleute, hatten eine »family« im Wendland, der Eifel oder im Fränkischen. Sie besangen den Regenbogen, den Mond, suchten nach der verschütteten Weisheit alter Frauen. Man sprach vom »ewigen Brauch« als Alternative zum Chaos dieser Welt, den Modetrends und dem Konsum. Doch die Suche nach der Wurzel war für die späten Jünger der Hippies in Deutschland nicht leicht. Die okkulten

Quellen waren versiegt, und zu jenen, die sie hüteten, den alten und neuen Nazis, hatte man keinen Kontakt. Das historisch mythisch-mystische Fundament versuchte der in der Schweiz lebende Okkultforscher Sergius Golowin aufzubereiten. Dafür kreierte er eine neue wissenschaftliche Disziplin, die »Untergrund Volkskunde«: Die Hippiebewegung ist eine Untergrundbewegung, die historische Vorläufer hat, so erklärt Golowin. Bereits im Mittelalter gab es abseits der feudalen Ordnung konspirative Kräfte, die »Rotten der Nacht«. In Mythen, Sagen und Legenden sind ihre Spuren zu entdecken. Die Urväter der Hippies waren Magier, zauberkundige Naturkinder wie die Zigeuner, und schließlich weise Frauen, die von der Kirche dämonisiert, als Hexen im Untergrund wirkten. Über die Treffen dieser Gruppen habe bereits Paracelsus im Zusammenhang mit dem Volksglauben an das »Wütende Heer« berichtet. Für Golowin bestand kein Zweifel, daß es diese »Höllenkonspiration« wirklich gegeben hatte. Fahrendes Volk sammelte sich an abgelegenen Orten, das in der Einsamkeit wilde zuchtlose Feste feierte, zu denen auch Mitglieder der seßhaften Unterschicht geladen wurden. Zur Tarnung trug man dämonische Masken, um unerkannt zu bleiben.[45] Sie gab es also, die Hexenbünde, von den Reichen gefürchtet, von den Armen passiv unterstützt, sozialistische Gemeinschaften, die für ein wenig Gerechtigkeit in der von den Besitzenden so ungerecht geordneten Feudalzeit sich einsetzten. Die Untergrund-Volkskunde Golowins kam über eine neue Forschungsmethode zu einer revolutionären Erkenntnis, der Rückprojektion: Die Existenz der Hippiebewegung bewies die alten Hexenbünde. Denn: »Man kann ruhig sagen, daß die Hippies und Untergrundgruppen seit der Mitte der 60iger Jahre gegenüber den Tatsachen der Volkskunde ungefähr die gleiche Arbeit vollzogen, wie etwa die Anatomen, die Leichen aufschnitten.«[46] An die Stelle des geistreichen Philosophierens, »wie es wohl sein könnte«, stellte man den Versuch der genauen Beobachtung. Der Versuch war von Leary vorgeschlagen, der Trip mit Hilfe der Droge war wie eine Zeitmaschine: »Aus den tiefsten Schichten der Seele«, so Golowin, ließen sich dann »Gesichte« erschließen.[47] Auf diese Weise war die Realität der Hexenzusammenkünfte zu beweisen. Es waren Treffen jener Unterschichten des Volkes, die der »satanischen Wirklichkeit der Kreuzzüge und der Inquisitoren auf eigene Traumplaneten« entflohen. Metier der Hexen war es, rauscherzeugende Kräuter zu sammeln. So waren die traumatischen Mären und Sagen des Volkes entstanden, reale Bilder, die in Rauschzuständen sich in Phantasien auflösten. Die Hexenbünde waren, wie die Hippiebewegung, konspirativ, deshalb wurden sie von der Obrigkeit ausgerottet. Insbesondere hatte man jene Frauen eliminiert, die kräuterkundige Geheimnisse in sich trugen und damit eine Gefahr für das männerbeherrschte Europa darstellten. »Niemals«, so folgerte Golowin, »hätte Europa zu dem werden können, wie es sich uns heute zeigt, wenn jene Bünde der Nacht nicht mit Feuer und Schwert ausgerottet worden wären und ihr Einfluß auf das Volk sich durch die Jahrhunderte verstärkt hätte.«[48]

Mit dem Griff in die alte Mythenkiste verband sich wieder einmal die übliche Rückbesinnung auf Werte, die für eine politische Auseinandersetzung zu nutzen waren. »Die Untergrundgruppen«, forderte Golowin auf, sollten »die Anregungen aus den auf gewaltige Überlieferungen zurückgehender Subkulturen der Vergangenheit verwerten, um durch diese kulturellen und teilweise religiösen Bewegungen das politische Bewußtsein der Linken zu vertiefen.«[49]

Zwanzig Jahre später tagten in Hamburg die sogenannten »neuen Hexen« und berichteten über ihre Hexenzelebrationen an schon Fähnleinführern der HJ bekannten Kultplätzen. Kritische Frauen waren erschrocken über die gemeinsamen Wurzeln. Eine der Wortführerinnen der Hexen beschwichtigte mit dem Hinweis, daß zwar alte Kulte von den Nazis befleckt worden wären, man sich deswegen altes Brauchtum aber nicht nehmen lassen dürfe.[50] Da heißt es nachfragen, ob die Quellen, aus denen sie alle schöpfen, so klar sind. Golowin war sich des drohenden Vorwurfs wohl bewußt und vermied es, lediglich mit germanischen Mythen seine Theorie zu untermauern. Er verweist auf die »sozialistischen« Untergrundkulturen der Zigeuner, Voodoogläubigen und Indianer, um damit ein erdumspannendes Netzwerk der Außenseiter zu belegen.[51]

Im Februar 1969 sah New York ein außergewöhnliches Schauspiel: eine hexische Brautmesse im Madison Square Garden. Männer waren dazu nicht zugelassen.

Zumeist junge Frauen, als Hexen verkleidet, ausgerüstet mit Besen und Hexenbrautkleidern, versammelten sich unter dem Motto »Zorn und Liebe«. Zorn über die patriarchalischen Strukturen der amerikanischen Gesellschaft, Liebe zu den Schwestern, den verbrannten Hexen des Mittelalters und den noch immer diskriminierten Frauen der Gegenwart. Organisiert hatte das Treffen die größte radikale Frauenvereinigung der USA, die »Womens International Terrorist's Conspiracy from Hell«, abgekürzt: WITCH.[52] Der Name war Programm für die konspirativen terroristischen Frauen der Hölle; Hexen waren auch für sie »Rotten der Nacht«, wie Golowin sie beschrieb. Der Hexensabbat sollte Folgen haben, in Amerika und damit auch in Europa. Auf unterschiedliche Weise entdeckten Frauen die Hexe. Auf dem Weg zum Hexenbewußtsein der Frauen lagen bittere Erfahrungen, die sie weniger mit dem Establishment der starren amerikanischen Gesellschaft gemacht hatten, sondern vielmehr mit den Männern der neuen Linken im gemeinsamen Kampf. Die sexuelle Befreiung, eine Grundforderung des jugendlichen Aufbruchs, war doch nicht so leicht. Als der Bürgerrechtler Stockey Carmichael gefragt wurde, welche Position die Frauen in der revolutionären Bewegung einnähmen, antwortete er: »Auf dem Rücken«.[53] Diese Bemerkung charakterisierte treffend den Standpunkt der führenden Männer des Protests. Für die Hippies war »Liebe machen« Ausdruck des neuen Bewußtseins, ein Schlachtruf, der impotenten Gesellschaft entgegengeschleudert. Amerika konnte in Vietnam einen Vernichtungskrieg führen, dem hielten die Blumenkinder eine bessere Beschäftigung entgegen: Make love, not war.

Die sexuelle Befreiung freilich ist ein alter Knackpunkt sozialistischer männlicher Theoretiker. Die Ehe als Grundeinheit des Staates war eine bürgerliche Forderung und stets mit Besitzansprüchen und Unterdrückung verknüpft. Schon vor den Saint-Simonisten gab es sozialistische Bewegungen, die für die Auflösung der Ehe und Familie eintraten. Zuweilen hatte man auch alternative Lebensgemeinschaften probiert, mit wenig Erfolg. Im nachrevolutionären Rußland gab es zuletzt entsprechende Experimente, sie fanden sehr bald die Mißbilligung des Volkes. Die Parteiführung wurde gezwungen, den liberalen Tendenzen Einhalt zu gebieten.

Die neue Linke entdeckte den großväterlichen marxistischen Theoretiker Wilhelm Reich, der bereits in den 30er Jahren die Ansicht vertrat, daß alle früheren Gesellschaftsformen, und erst recht die kapitalistische als Mittel der Unterdrückung dem Menschen die sexuelle Befreiung versagten. »Durch die Einwirkung der Sexualunterdrückung Ehe und Familie entsteht die Struktur des Untertanen, der gleichzeitig sklavisch gehorcht und rebelliert.«[54] Dies schrieb Reich zu einer Zeit, da die Nationalsozialisten bereits an die Tore der Macht klopften und solche Äußerungen begierig aufgriffen, um das staatszerstörende Geschäft der Kommunisten und Juden zu belegen. Reich mußte die Partei verlassen, seine Zukunftsvision künftiger sozialistischer Sexualität erreichte die Leser nicht mehr: »Im Sozialismus wird die Sexualität wie die Arbeitsproduktivität erblühen.«[55] Junge Amerikaner entrissen ihn der Vergessenheit. In seinem Sinne wurde nun sozialistische Liebe gemacht, die durch eine späte Erkenntnis Reichs eine okkulte Bereicherung erfuhr: Seine Entdeckung des Orgons, ein sowohl im Organismus als auch im Kosmos existierendes biophysikalisches Fluidum. Dieses Orgon bot reichlich Stoff für spekulative Theorien, insbesondere schuf es eine Brücke von der Psychologie zu Okkultthesen, wie jenen des Gerald Brosseau Gardener, der eine Hexenaura entdeckt zu haben glaubte. Solche Vorstellungen eröffneten neue Dimensionen in den sexuellen Beziehungen und animierten weitere Sexapostel dazu, die sogenannte psychodelische Liebe zu entwickeln.

In Amerika und Europa erhielten Wohngemeinschaften und Kommunen den pikanten Ruch der »freien Liebe«, die Mütter und Väter mit neidischem Entsetzen erfüllte. Die Rolle der Frauen beschränkte sich auf alte Grundmuster partnerschaftlichen Zusammenlebens. Sie waren die passiven Gefährtinnen der zeitgeistbestimmten Helden, der »Typen«: Che Guevara, der in der Kampfpause die Kalaschnikoff beiseite legte und verschwitzt sich ein Mädel hernahm, der Agitator, der sich aus der Hühnerschar ein »chick« griff, oder der verträumte Hippie, der sich mit Mutter Erde vereinte. In Amerika regte sich erster Frauenprotest; die Freundin des revolutionären Idols Paul Potters klagte wütend, daß die Männer Versager wären, sie hätten als »Bringer einer neuen Befreiung für uns alle posiert, eines neuen Lebensstils, den sie durch Blumen und Bomben schaffen wollten. Das alles war nur ein Mythos und eine der üblichen Männerlügen, derselbe alte männliche Egoismus und derselbe fanatische Eifer, die Frauen ›fraulich‹ zu erhalten.«[56] Sie war nicht allein, drei andere Frauen rechneten Ende der 60er Jahre ab: »Immer waren wir die Sekretärinnen und Dreckarbeiter der Bewegung; wir servierten Essen, machten die Post fertig und malten die besten Plakate, waren die Erdmutter und die Sexobjekte für die Männer der Bewegung. Wir waren die ›chicks‹ der freien Bewegung, frei, mit jedem ins Bett zu gehen, der es verlangte, und wenn wir das nicht wollten – frei, mit den Wörtern wie verschroben, bourgeois und verklemmt belegt zu werden. Wir waren frei, auf Sitzungen still zu bleiben – oder, wenn wir das nicht wollten, waren wir frei, im Sinne der Männer zu sprechen. Wenn eine Frau eine Idee hervorzubringen wagte, die nicht in das begrenzte ideologische Schema paßte, wurde sie ignoriert oder lächerlich gemacht . . .«[57]

Seit 1967 sammelten sich Frauen an den amerikanischen Hochschulen in Gruppen, um bei striktem Ausschluß der Männer ihre persönlichen Probleme zu besprechen. Die Erfahrungen mit jenen Männern, die doch angeblich die Gesellschaft von Grund auf verändern wollten, bedurften eines kritischen Überdenkens. So viel stand fest: Eine Gesellschaft, in der Frauen lediglich die Rolle des Lustobjekts zu spielen und auch sonst nur zur Verfügung zu stehen hatten, war für die Frauen nicht das Ziel der künftigen Gesellschaft. Hier in den Frauengruppen der Hochschulen reifte der Sündenbock künftigen frauenemanzipatorischen Kampfes: the male chauvinist.

Doch zurück nach Deutschland. In jener Zeit waren Hippies hier noch wunderliche Exoten. Die politische Auseinandersetzung überwog beim bürgerlichen Entsetzen. Doch zunehmend wurden besorgte Eltern, insbesondere von aufmüpfigen Töchtern, beunruhigt. Spätestens nach Erreichung der Volljährigkeit lockte die WG, und spätestens jetzt wurden heikle Themen angesprochen: Vater und Mutter erinnerten an moralische Werte und daß da gewisse Dinge wären und in Wohngemeinschaften bestimmte Gefahren lauerten. Die drohenden Gefahren standen im »Praktischen Hausarzt«, aus dem bereits vor Jahren heimlich eine spärliche Aufklärung erlesen worden war. Aber gerade dieser betulich peinlichen Sexualität wollte man entrinnen. Den vom Haushalt und Kinderaufziehen gezeichneten Müttern sollte es bewiesen werden: andere Lebensformen zu erleben und die Zukunft anders zu gestalten. Der strengen Erziehung und der verlogenen Moral setzte man bewußt eine provozierend ordinäre Sexualität entgegen. Im Rahmen eines Hamburger Forschungsprojektes antwortete die Prostituierte Lisa auf die Frage, welche Männererfahrung sie hätte: »Ich bin zum Teil selbst durch eine harte Schule gegangen, zum Teil habe ich einiges aus nächster Nähe miterlebt, APO-Zeiten, Kommune, jeder mit jedem. Viele Frauen sind damals kaputtgegangen, weil sie das nicht durchgehalten haben . . .«[58] Freilich, die sexuelle Emanzipation hatte aufgeräumt mit kirchlicher Sündenangst und bürgerlichem Muckertum. Doch für die Männer der Linken bedeutete dies nicht, die Frauen an politischen Entscheidungen mitwirken zu lassen. »Wer zweimal mit der Gleichen pennt, gehört schon zum Establishment« war einer jener Männersprüche, die deutlich machten, welche Rolle die Frauen zu übernehmen hatten. Linke Blätter benutzten unverhüllte Frauenkörper als lockende Aufreißer auf den Titelseiten und kreierten provokativen Politsex. Der Traum von der sozialistischen Revolution erfüllte sich nicht, doch die Sexrevolution wurde dankbar auch von den liberalen Bürgern aufgegriffen. Der von staatsanwältlichen Tugendwärtern kontrollierte Markt wurde aufgebrochen, die Unzuchtparagraphen des altväterlichen Strafgesetzbuches ad absurdum geführt. Der schwarze Markt des Sex, ehedem in Pissoirs und verschämten Anzeigen unter der Rubrik »Ehehygiene« angesiedelt, wurde ausgetrocknet. Offiziell durfte in Sexverbrauchermärkten angeboten werden, was bislang aus Skandinavien eingeschmuggelt werden mußte. Der mündige Bürger entdeckte den Sex, durfte an der sexuellen Revolution der Aufbruchgeneration teilhaben.

»Ach ich liebte einen Mann, von Zehen bis zu den Haaren, habe gut bei ihm geschlafen, doch dann bin ich aufgewacht . . .«[59] sang die Frauengruppe »Schneewittchen« und bekundete damit den wachsenden Widerstand vieler Frauen gegen diskriminierenden Sexismus. Auch in Europa sammelten Frauen sich in kleinen Gruppen, um über ihre Situation nachzudenken, aus gemeinsam gemachten Erfahrungen zu lernen und vor allem zu einem »neuen Bewußtsein« zu gelangen. Der politische Kampf an der Seite der Männer hatte keine Veränderungen für die Frauen erbracht, gestattete es nicht, über sich selbst nachzudenken oder auch nur persönliche Nöte zu erörtern. Es war »individualistischer Scheiß«, den man sich angesichts der revolutionären Auseinandersetzung mit dem Klassenfeind nicht leisten konnte. Auch in den Landkommunen lief es nicht so, wie es einstmals erträumt worden war. Dort, wo junge Frauen in einem an faschistische Lebensbornrituale erinnernden Zeremoniell in runenbestickten Kissen mit Hilfe der Hebamme Kinder gebaren, zerfloß sehr bald das Glück und überwogen die Alltagsprobleme lediger Mütter. Die Geborgenheit der Kommune endete bei den individuellen Problemen, die romantische Stimmung der Aufbruchzeit zerrann mit dem Gang zum Sozialamt und den Unterhaltsprozessen vor den Familiengerichten. Aufgewacht, erkannten viele Frauen, daß sich ihre Situation von der ihrer Mütter nicht wesentlich unterschied. Die eigene Identität, die von der patriarchalen Ordnung dieser Welt verschüttet zu sein schien, galt es zu suchen. Aus den amerikanischen Frauengruppen erwuchs eine weltweite Bewegung, die sich von den bisher etablierten Frauenorganisationen wesentlich unterschied. Man forderte nicht mehr die Gleichberechtigung, die Teilhabe an der patriarchalen Männergesellschaft, die grundsätzlich nicht mehr akzeptiert wurde. Die Frauen suchten nach alternativen Formen des Zusammenlebens der Geschlechter und forschten nach Ursachen frauenfeindlicher Strukturen der Gesellschaft. Auf dieser Suche entdeckte man eine eigene Frauengeschichte, eine Geschichte voller Widersprüche, aber auch hoffnungsvoller Ansätze einer Neuorientierung.

Das war nicht neu. Bereits frühere Generationen waren auf die Suche nach der Urfrau gegangen. In der bürgerlichen »Gartenlaube« fand sich 1906 in der Frauenbeilage ein Beitrag mit dem Titel »Die Urfrau«. Da war nachzulesen, daß die Wissenschaft die Eskimofrau durchaus als Rudiment archaischer Weiblichkeit betrachtete. Als schwächerer Teil dem Manne untertan und mit wenig Rechten ausgestattet, der Willkür des Gatten ausgesetzt, wäre sie dennoch durch Kunstfertigkeit im Nähen, Kochen und der Kinderaufzucht der Träger der spärlichen Kultur. Zu beklagen wären die »bedenklichen sexuellen Freiheiten und die wenig ausgeprägten Moralvorstellungen, sowohl der Männer als auch der Frauen«. Die fragmentarische Spurensuche der Archäologen, so in der »Gartenlaube« nachzulesen, wäre durch die Ethnologie zu ergänzen und erlaubte Rückschlüsse auf die Urfrau archaischer Zeiten. Auch in vorgeschichtlicher Zeit der Jäger und Sammler, wäre die Frau durch gleiche Vorzüge wie die der

Eskimofrau ausgezeichnet gewesen. Vor allem aber hätte das Steinzeitweib die große menschliche Revolution ausgelöst: den Übergang zum Neolithikum. Frauen hätten Pflanzen und Beeren gesammelt, hinter die Hütte geworfen, was übriggeblieben wäre und so den Pflanzenanbau entdeckt, Hausgärten angelegt und die Feldwirtschaft entwickelt. Damit wäre es die kulturgeschichtliche Leistung der Frauen, daß die Menschheit aus der nomadisierenden Horde zu seßhaften Bauern aufstieg. Doch diese hohen Verdienste der Frauen blieben unbelohnt, denn: »Durch den Ackerbau erhielt ja der Boden einen neuen höheren Wert, und nunmehr mußte der Mensch seinen Acker auch gegen Mitmenschen verteidigen ... In der Geschichte der Menschheit brach das Zeitalter der Kriege aus, und in ihm stand der Mann im Vordertreffen ... Die Bedeutung der Frau sank immer mehr, ihr ursprüngliches Verdienst geriet völlig in Vergessenheit.«[60]

Eine späte Ergänzung des Wissens um die Urfrau entdeckte die amerikanische Psychiaterin Mary Jane Sheffrey. Sie schockierte mit der These, daß »die weibliche Sexualität ein unersättlicher Trieb sei, der gewaltsam unterdrückt werden mußte, um überhaupt erst die Voraussetzung für eine bäuerlich-seßhafte Gesellschaft zu schaffen. Die erotisch ungezügelte Frau wäre niemals für ein geordnetes Familienleben zu disziplinieren gewesen. Die Grausamkeit der Unterdrückung ... erkläre sich aus der Stärke des Triebes, den es zu unterdrücken galt.«[61] Die Ursache dieser sexuellen Triebhaftigkeit hatten bereits in den 60iger Jahren die Amerikaner Masters und Johnson durch komplizierte wissenschaftliche Methoden bewiesen: Jahrhundertelang wären die sexuellen Beziehungen von einem Mißverständnis bestimmt gewesen und von Sigmund Freud verfestigt. Nicht die Vagina wäre entsprechend des männlichen Penis das zentrale Lustorgan der Frau, sondern die Klitoris.

Lesbierinnen wußten dieses bereits schon immer und auch sonst war vordem schon beschrieben, was jetzt so sensationell erschien. Nicolai Venette, Doctor med. und Professor in Rochelle beschrieb 1711 die »Anatomie clitoris oder die weibliche Ruthe«. Für den gelehrten Mann war hier der Sitz, das weibliche Organ der »hitze und des Rasens der Liebe, allwo die natur den Trohn ihrer Wollust und Begierde gesetzt«. Die freimütige und heftige Schrift wäre der Zensur wohl anheimgefallen, hätte sie nicht auch erwähnt, daß »diese Clitoris es ist, welche die Weibsbilder oftmals zu ihrer Geilheit mißbrauchen. Nimmermehr würde die Sapho aus Lesbia eine so schändliche Nachrede sich zugezogen haben, wenn sie dieses Teil etwas kleiner gehabt hätte . . .«[62] Die Wiederentdeckung der von der Frauengruppe »Schneewittchen« sogleich besungenen »klitze-klitzekleinen Stelle« löste Jubelschreie des Entzückens aus und versprach eine weitere Reise zum »Ich«.

Folgte man der Theorie Jane Sheffreys, dann eröffnete die Beschäftigung mit dem eigenen Körper weitere Dimensionen der tradierten Frauenunterdrückung durch die Männer und gab Anregung zur Überwindung überkommenen Frauenfrusts. Eine Lesbengruppe vertrieb eine Broschüre mit dem Titel »Hexengeflüster« und reklamierte damit den Vorteil sinnlich-lustvoller Frauenerotik. Das erbärmliche »Schwanzficken«, so priesen die Autorinnen, könnte durch klitorale Praktiken ersetzt werden.[63] In alternativen Läden Amerikas war das lächerliche Gebilde, der Penis, aus Stearin in Altarkerzengröße zu erwerben, den die Flamme zu einem Stümmelchen verzehrte.

Die Reaktionen der Männer gab den Frauen recht: Der Angriff auf den Fetisch Penis, den Stolz männlicher Sexualität, entthronte »the male chauvinist« und machte den sich bislang zum Oberspielleiter der Liebe erhobenen Mann entbehrlich. Jahrhundertealter Frauenfrust, aber auch Unterdrückungsmechanismen der Männer sowie brutale Verhaltensnormen ließen sich mit männlichen Ängsten und Unsicherheiten erklären. Was war er mehr, der Mann, als nur ein Papiertiger?

Am Rande der »Provo«-Szene in Holland zogen die »Dollen Minnas« lärmend durch Amsterdams Straßen. Provokativ gingen sie Männern an die Hosen, kniffen ihnen in den Po oder belästigten sie mit verbalen Obszönitäten.

Die Entrüstung der Öffentlichkeit entzückte die Minnas: Frauen hatten diskriminierende Anzüglichkeiten der Männer hinzunehmen; der Spieß umgedreht, erweckte schockiertes Entsetzen. Andere Frauen demonstrierten mit weißem Make-up und dunkel geschminkten Augenrändern hexische Verworfenheit, konfrontierten Männer mit aggressivem Gebaren, spielten Vamp und weideten sich an den hilflosen Reaktionen. In feministischen »happenings« verulkte man männliches Brunftgehabe und rührte damit an der Grundfeste maskulinen Sexismus. So lustig sich hexischer Mummenschanz auch ausnahm, mit dem Hexensabbath im Madison Square Garden und den anderenorts ähnlichen Veranstaltungen sollte auch bekundet werden, daß die Sprach- und Hilflosigkeit der Männer gegenüber den Forderungen der Frauen auch eine andere Facette hatte: aggressive Unterdrückungsmechanismen als ultima ratio männlichen Unvermögens, Konflikte anders als mit Gewalt zu lösen. Frauengeschichte war reich an Opfern: Ketzerinnen, Hexen und schließlich Frauen, die bis in die Gegenwart unter der Männergewalt litten, die sich in vielfacher Gestalt offenbarte.

Lassen wir Revue passieren, was Männer seit der bürgerlichen Revolution auf ihrer Suche nach der »Bestimmung der Frau« und deren Rolle in der Gesellschaft herausgefunden hatten: Hippels emanzipierte Frau des Geistes, Brentanos heidnisches Naturkind Violette, die sozialistische Madonna Enfantins, und schließlich das nationalistische Heldenweib, die »hohe Frau« als tugend- und sittenstrenge Männergefährtin. Sie alle erfüllten die männliche Sehnsucht nach erotisch-mütterlicher Zuwendung. An mystischer Verklärung orientierte sich das Ideal. Doch welche Frau konnte diesem »Überweib« entsprechen?

Wohlgemeinte emanzipatorische Ratschläge der um das Frauenwohl besorgten Männer erwiesen sich als Meßlatte männlicher Wünsche, die bereits Helene Lange um die Jahrhundertwende beunruhigten.

Zum Anfang des 20. Jahrhunderts waren nicht wenige frauenemanzipatorische Ziele erreicht, Männerbastionen gefallen. Doch es blieb Unbehagen, nicht nur über die zähen Fortschritte bei der Realisierung des gesetzlich Erreichten; insbesondere führten Erfahrungen jener Frauen zum Nachdenken, die bereits in die Männerägiden eingebrochen waren. Gleichberechtigung, das erfuhren sie jetzt, bedeutete Integration in die bestehenden männlichen Herrschaftsstrukturen. Außerhalb der den Frauen zugewiesenen Berufe, speziell in Führungspositionen, hieß Gleichberechtigung Anpassung und Übernahme männlicher Verhaltensnormen. Die Nestorin der Frauenarbeit, Helene Lange, erkannte dieses bereits um die Jahrhundertwende und hielt fest, was viele Frauen damals forderten: »Es erwacht bei uns Frauen stärker und stärker das Gefühl für den Wert unseres Eigenlebens und wir beanspruchen daher die selbständige Gestaltung unseres inneren Lebens.«[64] Die Kernfrage, die sich mit dem wachsenden Selbstbewußtsein stellte, war die Frage nach der wirklichen Bestimmung der Frau. Die Beantwortung konnte nur in einem Prozeß der Selbstfindung gesucht werden. Leonore Kühn fand bei Bachhofen und Wirth den radikalen Ansatz einer feministischen Befreiungstheorie. Sie war ihrer Zeit voraus, denn noch einmal mußten Frauen erfahren, was es heißt, »Männergefährtin« zu sein: in dem schrecklichsten Krieg, der Europa heimsuchte. Die Töchter jener mißbrauchten Frauengeneration suchten einen neuen Aufbruch und scheiterten.

Längst waren die alten Hippieträume verweht, der Aufbruch jugendlicher Subkultur als gesellschaftsverändernder Protest gegen Unterdrückung und verkrustete Gesellschaftsstrukturen in Vergessenheit geraten, love rush und psychodelic in kleine Randgruppen gedrängt, da griffen Frauen zum Ende der 70er Jahre die Untergrundideen noch einmal auf und formierten sich zu der Bewegung der »Neuen Hexen«. Aus den Trümmern der jugendbewegten Stimmungen zweier Jahrzehnte suchten sie Mystisch-Mythisches zu retten, ließen Okkultes, Heidnisches zusammenfließen und reklamierten Magie als Waffe im Kampf gegen patriarchalische Herrschaftsansprüche. Auch sie forderten nicht die Gleichberechtigung, sondern den radikalen gesellschaftlichen Wandel durch die Wiederherstellung des vermeintlich untergegangenen Matriarchats. Der Glaube der Männer, ihr alttestamentarischer Herrschaftsanspruch, die Normen und Werte der patriarchalen Ordnung galt es zu überwinden. Die amerikanische »Hexenpriesterin« Starhawk verkündete den Tod des biblischen »Gott Vater« und seiner männlichen Hierarchie, im Himmel und auf Erden. An die Stelle des Vaters setzte sie die »Große Göttin«, die freilich nicht den klassischen patriarchalen Gottheiten entsprach, sondern allgegenwärtig spürbar sich in jeder Frau manifestierte. Uraltes magisches Wissen wollte man neu entdecken, auf Spurensuche gehen, um das verlorene und verschüttete Wissen der weisen Frauen, Hexen und Hebammen von den Mißdeutungen der Männer zu befreien, um sie mit den »Erkenntnissen der heutigen bewußten Frau . . . zu verknüpfen, zu einer Synthese werden (zu) lassen«.[65] Wie die alten Hexen, die verbrannten Schwestern wollte man die »ganzheitliche Welt« erfahren. Der männliche, zum Prinzip erhobene Dualismus von Geist und Materie, Mann und Frau, war angetreten, die Natur zu beherrschen, sie Untertan zu machen, so wie er die der Natur verbundenen Hexenkulte unterdrückte und zerstörte. Über Jahrhunderte hinweg vermochten dennoch kundige Frauen in hexischem Untergrund zu überleben, sie waren die oppositionelle Kraft, Rudimente matriarchaler Urreligion. Die Hexen waren »Schöpferinnen, das heißt sie konnten ihren Vorstellungen und Wünschen Gestalt geben, sie formen und besaßen das uralte Wissen um Leben und Tod, Krankheit und Schmerz, Heil und Wiedergeburt«.[66]

In Frauenzirkeln, kleinen Gruppen oder in »spirituellen workshops« ländlicher Frauenkommunen war zu erfahren, wiederzuentdecken, was in jeder Frau noch ruhte und wie dieser Schatz zu heben war. Freilich war es schwer geworden, die von den Männern geschundene Welt ganzheitlich zu erspüren, folglich bedurfte es ritualisierter Übungen und hexischer Zelebrationen, um aus dem magischen Schatz schöpfen zu können. Menstruationskulte versprachen kosmische Einbindung in die Natur, ist doch der monatliche Zyklus eine Offenbarung der schöpferischen Ordnung, die Raum und Zeit zu einer Einheit werden läßt.[67] Der Lauf der Gestirne, das Wachsen und Gedeihen, Werden und Vergehen, alles ist miteinander verwoben, voneinander abhängig und aufeinander einwirkend. Frauen, menstruierend und gebärend, sind ein Teil dieser Ganzheit. Der patriarchale Gott schuf den Mann als göttliches Ebenbild und gab ihm den Auftrag, sich die Welt untertan zu machen. Die wiederentdeckte Göttin hingegen beherrscht nicht, sie ist das weibliche Prinzip: »Leben schaffend und erhaltend, allumspannend, allwissend und heilend . . .«[68] In den USA und insbesondere in Deutschland besannen sich die Neohexen auf die alten heidnischen Jahresfeste, die von der christlichen Kirche okkupiert und mißbraucht, bereits von NS-Brauchtumsforschern reaktiviert worden waren. Zwei dieser Feste beinhalten gesellschaftspolitische Ausblicke: künftige Lösungen der Beziehungen beider Geschlechter im erstrebten Matriarchat. Am Fest der Ostara, zum Ende des März, empfängt die Göttin den Heros in liebender Umarmung. Am 20. September, Erntedank und Herbstanfang, wird nach getaner Pflicht Heros dem Opferfest anheimfallen und den Tod durch die Göttin erleiden.[69] Freilich, noch ist den Männern zumeist die Teilnahme an den Zelebrationen nicht gestattet – auch nicht in der Opferrolle. Die Idee jedoch findet zunehmend Gefallen. Volkshochschulen bieten Hexenkurse und lassen auch jene Hausfrauen an der neuen Religion teilhaben, denen Batik, Töpfern und Makramee für die Selbstverwirklichung nicht reichte. Heute fahren sie mit ihrem Suzuki-Geländewagen zu hexischem Mummenschanz.

Anmerkungen

Einleitung

1 Reinstorf, Ernst, Lüneburger Heimatbuch. Bremen 1914, S. 509.
2 Kruse, Johann, Hexen unter uns? Hamburg 1951, S. 8.
3 Hamburger Abendblatt. 81/67.
4 Nordheide Wochenblatt. Februar 1986.

Symbol des Schicksals und der Angst: Die Märchenhexe

1 Rossmann, Willi, Das Leben in einem kleinen Heidedorf um 1900. Unveröffentlichtes Manuskript. Tostedt 1971, S. 5.
2 Ebd.
3 Ebd. S. 6.
4 »Meine, des Maurermeisters Meyer in Stelle Lebensgeschichte«. Unveröffentlichtes Manuskript. S. 3 ff.
5 Grimm, Gebrüder, Kinder- und Hausmärchen. Köln o. J., S. 44.
6 Ebd. S. 405.
7 Schulz, Heinrich, Chronik von Sahrendorf im Kreise Harburg. Hamburg-Harburg 1963, S. 100.

Satan, Dämonen und böse Geister: Der Engelsturz und seine Folgen

1 Befragungskartei. 8/85.
2 Brief der VeLKD. 5. September 1983.
3 Ebd.
4 Erklärung der Bischofskonferenz der VeLKD. Bad Harzburg 18. Oktober 1986. epd Nr. 186/86.
5 In der Übersetzung Dr. Martin Luther. Cansteinschen Bibel-Anstalt 1883.
6 Zitat in: Soldan-Heppe, Geschichte der Hexenprozesse. Kettwig 1986, S. 78.
7 Ebd.
8 Grünzweig, F. (Hrsg.), Biblisches Wörterbuch. Wuppertal-Zürich 1988, S. 67.
9 Henke, Allgemeine Geschichte der christlichen Kirche. Braunschweig 1806, Bd. III, S. 24.
10 Rauschen, Gerhard, Kirchengeschichte. Bonn 1922, S. 42.

11 Haag, Herbert, Vor dem Bösen ratlos? München-Zürich 1978, S. 134 ff.
12 Ebd. S. 138.
13 Soldan- Heppe, a.a.O., S. 80.
14 Ebd. S. 117.
15 Allgemeine deutsche Real-Encyklopädie für die gebildeten Stände. Leipzig 1844, Bd. IV, S. 415.
16 Ebd. S. 416.
17 Soldan-Heppe, a.a.O., S. 150.
18 Katholische Glaubensinformation. o. J., S. 14.
19 Diefenbach, Johann, Der Hexenwahn in Deutschland. Leipzig 1886, S. 288 ff.
20 Landgraf, W., Martin Luther. Berlin 1982, S. 12.
21 Luther, Martin, Der kleine Katechismus. Erstes Hauptstück. Zweites Gebot/45.
22 Reller, Horst (Hrsg.), Handbuch Religiöse Gemeinschaften. Gütersloh 1985, S. 9 und 459.
23 Koch, Kurt E., Seelsorge und Okkultismus, Basel o. J.
24 Koch, Kurt E., Okkultes ABC. Aglasterhausen 1984.

Der gute Geist im bösen Fleisch: Die Lehre von der Last der Lust

1 Spelmann, Franz. In: v. Corvin, Otto, Die Geissler. München 1981, S. 7.
2 Haag, Herbert, a.a.O., S. 161.
3 Loi, Isidoro, Hätte Gott das Weib für nützlich befunden . . . München 1987, S. 9 ff.
4 Ebd.
5 Ebd.
6 Grimm, Jacob, Deutsche Rechtsaltertümer. Göttingen 1881, S. 300.
7 Marschner-Busch. In: Biblisches Wörterbuch a.a.O., S. 110 ff.
8 2. Kor. 5/7 und Gal. 6/15.
9 1. Kor. 7/3.
10 1. Kor. 16/19 und Röm. 16/3.
11 Rauschen, Gerhard, a.a.O., S. 40.
12 Real- Encyklopädie, a.a.O., S. 415.
13 Michel, K. H. In: Biblisches Wörterbuch, a.a.O., S. 237.
14 Rauschen, Gerhard, a.a.O., S. 40.

Der Geier und die weiße Taube: Satans Kampf um fromme Seelen

1 Real-Encyklopädie a.a.O., Bd. III, S. 537.
2 Ebd.
3 Ebd.
4 Ebd.
5 Ebd.
6 Isenberg, Gabriele. In: Sachsen und Angelsachsen. Veröffentl. des Helms-Museums. Hamburg 1978, S. 105.
7 Menzel, Wolfgang, Deutsche Dichtung. Stuttgart 1858, S. 278.
8 Real-Encyklopädie a.a.O., Bd. VII, S. 315.

9 Menzel, Wolfgang, a.a.O., S. 279.
10 Schneyer, J. P. In: Exempla historica, Epochen der Weltgeschichte in Biographien. Frankfurt/Main 1984, S. 22 ff.
11 Ortega y Gasset, José, Über die Liebe. München 1983, S. 11.
12 Ebd. S. 12.
13 Menzel, Wolfgang, a.a.O., S. 412.
14 Real- Encyklopädie a.a.O., Bd. XII, S. 324.
15 Ebd. Stichwort: Johanna die Päpstin.
16 Rauschen, Gerhard, a.a.O., S. 82 ff.
17 Ebd.
18 Schneyer, J. P., a.a.O., S. 34.
19 s. a. Seeberg, Reinhold, Ein Kampf um jenseitiges Leben. Dorpat 1889.
20 Zitiert in: Exempla historica. a.a.O., S. 37.
21 Menzel, Wolfgang, a.a.O., S. 263.
22 Seeberg, Reinhold, a.a.O., S. 19.
23 Ebd.
24 Ebd. S. 58 ff.
25 Tuchmann, Barbara, Der ferne Spiegel. Düsseldorf 1980, S. 292.
26 Seeberg, Reinhold, a.a.O., S. 76.
27 Ebd. S. 13.
28 s. a. Muriel, G. (Hrsg.), Der Wolfsmann vom Wolfsmann. Reinbek 1982, S. 244 ff.

Verschwörung gegen den Frieden: Das Verbrechen gegen den Gottesstaat

1 Tacitus, Annalen. München o. J., XV/44, S. 248.
2 Ebd.
3 Ebd.
4 Rauschen, Gerhard, a.a.O., S. 10.
5 Ebd. S. 30.
6 Zitat in: Zacharias, G., Satanskult und schwarze Messe. Wiesbaden-München o. J., S. 30.
7 Ebd. S. 31.
8 Ebd.
9 Ebd. S. 32.
10 Ebd. S. 29.
11 Ebd. S. 36.
12 Ebd.
13 Ebd. S. 49.
14 Ebd.
15 Ebd. S. 52.
16 Rauschen, Gerhard, a.a.O., S. 74.
17 Koch, E., a.a.O., S. 525.
18 Zitat in: Zacharias, G., a.a.O., S. 52.
19 Hildegard von Bingen: Wisse die Wege – Scivias. Übertragen und bearbeitet von Böckeler, M. Berlin, MCMXXVIII, S. 279.
20 Franz, G., Geschichte des deutschen Bauernstandes. Stuttgart 1976, S. 47.
21 Ebd. S. 82 ff.

22 Peukert, W. E., Die große Wende. Hamburg 1948, S. 271.
23 Ebd. S. 263 ff.
24 Soldan-Heppe, a.a.O., S. 196 ff.
25 Roskoff, Gustav, Geschichte des Teufels. Nördlingen 1987, S. 218.
26 Soldan-Heppe, a.a.O., S. 216.
27 Zitat in: Malleus maleficarum. Übersetzung von Schmidt, J.W.R. Berlin 1906. Einleitung, S. 37.
28 Ebd.
29 Ebd. S. 38.
30 Ebd. S. 1.
31 Ebd. Teil I, S. 93.
32 Ebd.
33 Ebd.
34 Ebd.
35 Ebd. S. 104 ff.
36 Ebd. S. 106.
37 Ebd. S. 100.
38 Ebd. S. 96.
39 Ebd. S. 104.
40 Ebd. S. 99.
41 1. Kor. 11/5.
42 Malleus maleficarum, a.a.O., S. 99.
43 Ebd. S. 100.
44 Ebd. S. 107.
45 Ebd. S. 199.

Gottes Recht und irdische Gerechtigkeit: Dem Teufel den Prozeß gemacht

1 StGB, Elfter Abschnitt. §§ 166–167.
2 Reller, Horst, a.a.O., S. 9.
3 Hildegard von Bingen, a.a.O., S. 266.
4 Ebd. S. 267.
5 Rauschen, Gerhard, a.a.O., S. 53.
6 Mackensen, Lutz, Volkskunde der deutschen Frühzeit. Leipzig 1937, S. 43.
7 Ebd. S. 81.
8 Ebd. S. 82.
9 Ebd. S. 48.
10 Soldan-Heppe, a.a.O., S. 107.
11 Buchner, Rudolf (Hrsg.), Quellen zur deutschen Geschichte des Mittelalters. Darmstadt 1977, Bd. XXXII, S. 35 ff.
12 Ebd. S. 137.
13 Kroeschell, Karl, Deutsche Rechtsgeschichte. Reinbek b. Hamburg 1972, Bd. II, S. 136.
14 Ebd. S. 129.
15 Soldan-Heppe, a.a.O., S. 89.
16 Gloger, B. und Zöllner, W., Teufelsglaube und Hexenwahn. Leipzig 1983, S. 18.
17 Ebd. S. 20.

18 Rauschen, Gerhard, a.a.O., S. 67.
19 Zitat in: Ickert/Schick, Das Geheimnis der Rose entschlüsselt. München 1986, S. 162.
20 Roskoff, Gustav, a.a.O., S. 44.
21 Ebd. S. 99.
22 Ebd. S. 100.
23 Johannes 15/6.
24 Gloger/Zöllner, a.a.O., S. 33.
25 Ickert/Schick, a.a.O., S. 63 ff.
26 Offenbarung Johannes, 20. Kapitel.
27 Gloger/Zöllner, a.a.O., S. 59.
28 Kroeschell, Karl, a.a.O., S. 192.
29 Ebd. S. 52.
30 Ebd. S. 244.
31 Schild, Wolfgang, Alte Gerichtsbarkeit. München 1985, S. 16.
32 Kroeschell, Karl, a.a.O., S. 197.
33 Schild, Wolfgang, a.a.O., S. 156.
34 Ebd. S. 10.
35 Kroeschell, Karl, a.a.O., S. 244.
36 Ebd. S. 269.
37 Zitat in: Radbruch, Gustav (Hrsg.), Peinliche Gerichtsordnung Karls V. Stuttgart 1975, S. 3.
38 Ebd. S. 50.
39 Ebd. S. 76.
40 Soldan-Heppe, a.a.O., S. 18 ff.
41 Luther, Kleiner Katechismus. Erstes Hauptstück. 12. Gebot/45.
42 Soldan-Heppe, a.a.O., S. 194 ff.
43 von Spee, Friedrich, Cautio Criminalis. München 1982, S. 46.

Lehrlinge des Satans: Die Zauberer und ihre Kunst

1 Schulz, Heinrich, Anna und Barbara Stehr von Amelinghausen. Winsen/Luhe 1929.
2 Ebd. S. 11.
3 Roskoff, Gustav, a.a.O., S. 207.
4 Real-Encyklopädie, a.a.O., S. 326.
5 Roskoff, Gustav, a.a.O., S. 218 und Soldan-Heppe, a.a.O., S. 196.
6 Hartlieb, Buch aller verbotenen Kunst. Halle 1456.
7 Bächthold-Stäublie, Handwörterbuch des deutschen Aberglaubens. Berlin 1987, Bd. I, S. 1307.
8 Mejer, L., Hexentum und Stechapfel. Jahresbericht der Naturhistorischen Gesellschaft. Hannover 1891/92 und 1893.
9 Holzinger, Naturgeschichte der Hexen. Mitteilungen des naturwissenschaftlichen Vereins der Steiermark. 1882.
10 Diefenbach, Johann, a.a.O., S. 82.
11 Ebd. S. 87.
12 Ebd. S. 94.
13 Ebd. S. 21 ff.

14 Hartmann, W., Die Hexenprozesse in Hildesheim. Leipzig 1927, S. 7.
15 Ebd.
16 Ebd.
17 Ebd. S. 9.
18 Ebd. S. 38.
19 Malleus maleficarum, a.a.O., Teil II, S. 77.
20 Ebd. S. 79.
21 Ebd. S. 80.
22 Ebd. S. 86.
23 von Spee, Friedrich, a.a.O., S. 46.
24 Ebd. S. 47 und 146.
25 v. Buchwald, Gustav. Unveröffentlichtes Manuskript? Sammlung Mathilde v. Buchwald.
26 Ebd.
27 Ebd.
28 Wöchentlich Rostockische Nachrichten und Anzeigen. Rostock 1752.
29 Campe, J. H., Reise von Braunschweig nach Paris. In: Briefe aus Paris zur Zeit der Revolution. Paris 1790.
30 v. Bremen, Kulturgeschichtliches und Kirchliches aus Buchholz. Unveröffentlichtes Manuskript. S. 35.
31 Weber, C. J., Deutschland V. 1855.
32 Befragungskartei: Mitteilung von Walter B.
33 Schulchronik von Vahrendorf. Bd. III. Unveröffentlichtes Manuskript.
34 v. Bremen, a.a.O., S. 136 ff.
35 Ebd.
36 Harburger Kreiskalender 1974. Immenbeck 1974, S. 45.
37 Geh. Med. Rat Hesse in: Lüneburger Heimatbuch. Bremen 1914, S. 365 ff.
38 Harburger Kreiskalender, a.a.O., S. 45.
39 Lüneburger Heimatbuch, a.a.O., S. 365.
40 Gartenlaube Nr. 34/35. 1873.
41 Befragungskartei.
42 Winsener Zeitung v. 16. 9. 35, Nr. 216.
43 Auhofer, H., Aberglaube und Hexenwahn heute. Freiburg/B. 1960, S. 154.
44 Ebd. S. 155.
45 Ebd. S. 157.
46 Ebd. S. 159.
47 Ebd. S. 44. S. a. Schenk, G., Panik, Wahn, Besessenheit. Hannover 1962, S. 154.
48 Auhofer, H., a.a.O., S. 15 ff.
49 Ebd. S. 118 ff.
50 Befragungskartei.
51 Ebd.
52 Auhofer, H., a.a.O., S. 149.
53 Befragungskartei.
54 Auhofer, H., a.a.O., S. 160.
55 Ebd. S. 14.
56 Ebd.
57 Ebd. S. 15.
58 Ebd. S. 131.

59 Ebd. S. 132.
60 Sechstes und Siebtes Buch Moses. Berlin 1913, S. 428.
61 Auhofer, H., a.a.O., S. 142.
62 Zitat in: Schöck, Inge, Hexenglaube der Gegenwart.
63 Befragungskartei.
64 bis 82 Befragungskartei.
83 Rossmann, Willi, a.a.O.
84 Protokolle des Hittfelder Landgerichts. Unveröffentlichtes Manuskript.
85 Pintschovius, Joska. In: Harburger Jahrbuch XV. Harburg 1975–79, S. 113.
86 Rogge, W., Volksreime und Dorfriemels in Niedersachsen. Unveröffentlichtes Manuskript.
87 Befragungskartei.
88 Ebd.
89 Rogge, W., a.a.O.
90 Dageförde, Geschichte des Heidemuseums in Wilsede. Harburg- Wilhelmsburg 1929.
91 Blecken, Walter, Aufzeichnungen. Unveröffentlichtes Manuskript.
92 bis 103 Befragungskartei.
104 Sechstes und Siebtes Buch Moses, a.a.O., S. 224.
105 Sammlung M. v. Buchwald, a.a.O.
106 Ebd.
107 Frdl. Mitteilung von Herrn G. Stein, Stelle.
108 Sammlung M. v. Buchwald, Nachlaß G. v. Buchwald, a.a.O.
109 bis 119 Befragungskartei.
120 Befragungskartei und Welt am Sonntag vom 27. 2. 77.
121 bis 123 Befragungskartei.
124 Becker, Noth- und Hülfs-Büchlein. Gotha 1833, S. 524.
125 Ebd. S. 516.
126 Ebd.
127 Beitl, Wörterbuch der deutschen Volkskunde. Stuttgart 1974, S. 877.
128 Peukert, W. E., Verborgenes Niedersachsen. Göttingen 1960, S. 8.
129 Ebd.
130 Interview durch frdl. Vermittlung von Herrn M. Metzdorf.
131 Der Spiegel 7/85.
132 Ebd.

Brust frei im Kampfgewühl: Die weise Frau der Dichter, Denker und Ideologen

1 Weber, F. W., Dreizehn Linden. Paderborn 1883, S. 65.
2 Ruperti, Juvenalis. Leipzig 1819/20.
3 Tacitus, Germania. München o. J., S. 22 und 17.
4 Simek, Rudolf, Lexikon der germanischen Mythologie. Stuttgart 1984, S. 13.
5 Ebd. S. 346.
6 Derolez, R., Götter und Mythen der Germanen. Wiesbaden 1974, S. 62.
7 Hayen, H., Hölzerne Kultfiguren. In: Die Kunde NF 22/71.
8 Simek, Rudolf, a.a.O., S. 23.
9 Mackensen, Lutz, a.a.O., S. 41.
10 Ebd. S. 35.

11 Strobel, Bauernbrauch im Jahreslauf. Leipzig 1937, S. 25.
12 Ebd. S. 34.
13 Mackensen, Lutz, a.a.O., S. 37.
14 Ahrens, Claus, Die Belegungsgruppen im Ketzendorfer Gräberfeld. In: Hammaburg NF 3/4. Hamburg 1976/77, S. 96 ff.
15 Mackensen, Lutz, a.a.O., S. 34.
16 Ebd. S. 48.
17 Ebd. S. 55.
18 Ebd. S. 37.
19 Grimm, J. und W., Deutsches Wörterbuch. München 1984, Bd. X, S. 1299.
20 Ebd. S. 1200.
21 Ebd. S. 1300.
22 Ebd. S. 1019.
23 Ebd.
24 Mackensen, Lutz, a.a.O., S. 35.
25 Ebd. S. 43.
26 Simek, Rudolf, a.a.O., S. 247.
27 Soldan-Heppe, a.a.O., S. 77.
28 Zitiert nach Derolez, R., a.a.O., S. 259.
29 Grimm, J. und W., a.a.O., S. 715 sowie Deutsche Rechtsaltertümer.
30 Grimm, J., Deutsche Rechtsaltertümer, a.a.O., S. 455 ff.
31 Roskoff, Gustav, a.a.O., S. 295.
32 Modell, W., u. a., Medikamente und Drogen. Reinbek 1971, S. 17 ff.
33 Befragungskartei.
34 Hunke, S., Allahs Sonne über dem Abendland. Frankfurt/M. 1965, S. 115.
35 Peinliche Gerichtsordnung Kaiser Karls V. von 1533. Stuttgart 1975, S. 86.
36 Grimm, J. und W., Deutsches Wörterbuch, a.a.O., S. 1300.
37 Schwager. In: Westfälisches Magazin 1786.
38 Reinwald, W.F.H., Hennebergisches Idiotikon oder Sammlung der in der gefürsteten Grafschaft Henneberg gebräuchlichen Idiotismen. Berlin/Stettin 1793–1801.

Männerträume und Frauenglück: Emanzipation des Geistes, Fleisches und der Sinne

1 Journal des Luxus und der Moden. 11/1787.
2 Ebd. 1789/90.
3 Zitat in: Stein, Femme fatale, Vamp, Blaustrumpf. Frankfurt 1985, S. 171.
4 Ebd. S. 172.
5 Ebd. S. 174.
6 Menzel, Wolfgang, a.a.O., Bd. III, S. 310.
7 Ebd. S. 346.
8 Real-Encyklopädie, a.a.O., S. 480.
9 Ebd. S. 482.
10 Ebd. S. 553.
11 Müller-Bohn, Die deutschen Befreiungskriege. Berlin o. J., S. 206.
12 Grimm, J., Deutsche Mythologie. Berlin 1975–78, Bd. I, S. 5.
13 Müller-Bohn, a.a.O., S. 206.

14 Tacitus, Germania, a.a.O., S. 14.
15 Müller-Bohn, a.a.O., S. 45.
16 Tacitus, a.a.O., S. 14.
17 Körners Werke. Leipzig o. J., Bd. I, S. 20.
18 Ebd. S. 132.
19 Grimm, J., Deutsche Mythologie, a.a.O., S. 332.
20 Ebd.
21 Ebd. S. 329.
22 Real-Encyklopädie, a.a.O., Bd. V, S. 552.
23 Ebd.
24 Ebd.
25 Ebd.
26 Ebd.
27 Ebd.
28 Ebd. S. 555.
29 Bächthold-Stäubli, a.a.O., Bd. II, S. 1735.
30 Semmler, Erika (Hrsg.), Zeugnisse der Deutschen. Potsdam 1939, S. 14 und 117.
31 Wirth, Herman, Der Aufgang der Menschheit. Jena 1928.
32 Rogge-Börner, Sophie, An geweihtem Brunnen. Die deutsche Frauenbewegung im Lichte des Rassegedankens. Weimar 1928.
33 Kühn, Leonore, Magna Mater. Jena 1929.
34 Unger, Kurt. In: Deutsches Volkstum. Hamburg 1929, S. 703.
35 Rosenberg, Alfred, Der Mythos des 20. Jahrhunderts. München 1940, S. 506.
36 Ebd.
37 Ebd. S. 512.
38 Linde, Carsten. In: Song, Deutsche Underground Zeitschrift, Nr. 8, S. 14 ff.
39 Ebd.
40 Ebd.
41 Ebd.
42 Ebd.
43 Ebd.
44 Ebd.
45 Golowin, Sergius. In: Neutralität. Bern, September 1969, S. 18.
46 Ebd. S. 20.
47 Ebd.
48 Ebd. S. 21.
49 Ebd.
50 »Hexe Attis« anl. Hexengedenkwoche im Völkerkundemuseum Hamburg am 3. 2. 90.
51 Golowin, Sergius, a.a.O., S. 21.
52 Twen, Nr. 7, 1969. Zitiert bei Golowin, Sergius, a.a.O., S. 21.
53 Zitat in: Mehnert, Klaus, Jugend im Zeitbruch. Stuttgart 1976, S. 100.
54 Ebd. S. 302.
55 Ebd.
56 Ebd. S. 100.
57 Ebd. S.99.
58 Kolb, Ingrid, Das Kreuz mit der Liebe – der Mythos von der sexuellen Befreiung. Hamburg 1980, S. 121.

59 Schneewittchens Liederbuch. Reinbek 1982, S. 158.
60 Falkenhorst, C., Die Urfrau, in: Die Welt der Frau. Beilage der Gartenlaube. Nr. 47/08.
61 Kolb, Ingrid, a.a.O., S. 22.
62 Venette, Nicolai, Abhandlung von der Erzeugung der Menschen. Leipzig 1711, S. 17.
63 Kolb, Ingrid, a.a.O., S. 67.
64 Zitat in: Jagow-Herre, Politisches Handwörterbuch. Leipzig 1923, S. 628.
65 Gaube-Pechmann, Magie, Matriarchat und Marienkult. Reinbek 1986, S. 177.
66 Ebd. S. 170.
67 Ebd. S. 173 ff.
68 Ebd.
69 Ebd. S. 165.

Abbildungsnachweis
»Nachtfahrende« auf Tier – Foto Körber, Schleswig
Neue Hexen feiern – Foto Berger, Buchholz

Alle übrigen Bilder stammen aus dem Archiv des Autors

Hans Sebald

Hexen damals – und heute?

Mit 24 Abbildungen
Ullstein Taschenbuch 34658

Hexenwahn und Hexenverfolgung haben in Europa Hunderttausende von Opfern, vor allem Frauen, gefordert. Was fasziniert die Menschen an der Magie, was schreckt sie ab? Welche Rolle spielt der christliche Glaube?

Der Autor ist einem der grausamsten Kapitel der menschlichen Kulturgeschichte nachgegangen; er analysiert die Funktion des Hexenglaubens und erklärt, warum die Vorstellung von Hexerei so zeitlos und bis heute aktuell ist.

Ullstein Sachbuch